本专著获国家社科基金项目"大学毕业生就业中的工资落差、失业时间相关问题研究（项目号：11CRK018）"资助、"中央高校基本科研业务费专项资金"（Supported by the Fundamental Research Funds for the Central Universities，批准号：JBK1804003）资助出版。

工资期望落差

对大学毕业生就业及
职业发展的影响

谭远发　著

Gongzi Qiwang Luocha
DUI DAXUE BIYESHENG JIUYE JI
ZHIYE FAZHAN DE YINGXIANG

西南财经大学出版社

四川·成都

图书在版编目（CIP）数据

工资期望落差对大学毕业生就业及职业发展的影响/谭远发著. —成都:西南财经大学出版社,2019.12

ISBN 978-7-5504-4165-1

Ⅰ.①工… Ⅱ.①谭… Ⅲ.①工资—影响—大学生—就业—研究—中国②工资—影响—大学生—职业选择—研究—中国 Ⅳ.①G647.38

中国版本图书馆 CIP 数据核字（2019）第 225036 号

工资期望落差对大学毕业生就业及职业发展的影响

谭远发 著

责任编辑:植苗

封面设计:墨创文化

责任印制:朱曼丽

出版发行	西南财经大学出版社(四川省成都市光华村街 55 号)
网　　址	http://www.bookcj.com
电子邮件	bookcj@foxmail.com
邮政编码	610074
电　　话	028-87353785
照　　排	四川胜翔数码印务设计有限公司
印　　刷	四川五洲彩印有限责任公司
成品尺寸	170mm×240mm
印　　张	11.25
字　　数	209 千字
版　　次	2019 年 12 月第 1 版
印　　次	2019 年 12 月第 1 次印刷
书　　号	ISBN 978-7-5504-4165-1
定　　价	78.00 元

其中八成左右可归于租金效应，而且租金效应随着分位数的升高而增加。二是大学毕业生保留工资确实存在较大落差，群体差异明显。就个体而言，近七成大学毕业生的保留工资比工资报价高54.2%，近四成大学毕业生的保留工资比实际工资高22.2%。从总体上看，大学毕业生对劳动力市场工资认知是理性的，符合工作搜寻理论预期。年龄、基本能力、毕业学校类型、工程类专业和毕业时间长短是影响大学毕业生工资期望落差的重要因素。三是大学毕业生工资期望落差延长了失业持续期，保留工资每高于工资报价1%，实现就业的概率则下降0.21%，预期失业持续期也将延长0.14%；同时，失业大学毕业生找到工作的概率随着失业持续期延长而增加，这意味着失业持续期延长是有效率的，也是值得的。四是大学毕业生工资期望落差延长了首职持续期，降低了工作转换次数，工资期望偏高群体的离职发生比率是工资期望偏低群体的0.80倍，比工资期望偏低群体显著增长3.158个月。工资期望落差通过延长首职持续期进而降低了工作转换次数。大学毕业生工资期望落差是就业后频繁转换工作和首职持续期不长的原因之一，并非主要原因，不宜夸大。

上述结论对促进大学毕业生高质量充分就业的政策启示和建议在于：我们要客观理性对待大学毕业生的工资期望落差及高质量充分就业，它并非我国独有，在西方发达国家和发展中国家都普遍存在。工资期望落差是导致大学生就业难的原因之一，对中期职业发展产生了一定影响。面对就业竞争和压力，个人改变不了社会，就只能不断提高自己。降低大学毕业生就业期望值是必要的，可在一定程度上减少摩擦性失业问题，但并不能消除就业结构性问题。同时，大学毕业生工资期望落差是客观环境和主观因素共同作用的结果，不应笼统地断定其不理性，要予以客观评价。因此，为解决大学毕业生离校未就业问题和工作转换问题，既要强化大学毕业生、高校、政府以及用人单位四个主体的社会责任意识，又要优化各主体间的分工协作与整体配合。具体来说，大学毕业生既要转变就业观念、认清形势、准确定位，更要提高就业能力；高校要提升就业指导服务水平、提高人才培养质量；政府要提供全方位就业服务并全面提升服务质量；用人单位要以人为本，提高人力资源管理效能。只有这样才能充分发挥市场机制作用，让大学毕业生主动调整就业期望值，促进自身就业和未来职业发展。

本书具有以下四点创新：一是理论分析上。期望与现实落差被认为是失业的重要原因。本书首先分析了保留工资如何影响失业，从理论上阐明了就业难背景下研究大学毕业生保留工资的重要意义。其次是将大学毕业生的工作搜寻过程分为在校搜寻、离校搜寻和在职搜寻三个阶段，整合了工资期望落差、失业持续期、工作转换与首职持续期的理论关系，构建了"四位一体"的分析框架，重点研究工资期望落差对失业持续期和首职持续期的影响。最后基于工作转换理论，构建了大学毕业生工作转换模型。二是研究内容上。本书不是关注保留工资而是考察工资期望落差，它与特定参照点（例如雇主提供的工资报价、实际工资和其他人保留工资）相比是否偏高，可以解读为个体对自身的相对工资定位。依据劳动经济学理论，相对工资往往影响个体劳动供给行为。三是关键变量测量上。本书首次对通过问卷调查获得的大学毕业生保留工资与工作搜寻理论界定的保留工资进行了测量效度检验，以往研究往往都忽视了这一点。四是研究方法上。本书以实证性分析为主，同时将理论研究和经验研究以及宏观分析和微观考察相结合。经验研究主要采用了随机前沿模型、分位数回归、持续期模型和区间回归等前沿计量方法进行实证分析，并对结论进行了稳健性检验，以提供更稳健和更可靠的经验证据。

由于笔者学识有限，本书仍存在一些需要改进和完善之处。首先，由于本书样本中毕业半年后和三年后仍未就业的大学毕业生人数较少，使得研究工资期望落差对于失业持续期的影响受到一定的局限。其次，大学毕业生失业持续期和首职持续期可能影响保留工资。因为失业持续期越长，他们自身压力会越大，就会不断调整自己的保留工资，逐渐向工资报价趋近。后续研究可基于长期跟踪调查数据，寻找工资期望落差的工具变量，考察工资期望落差对失业持续期和首职持续期的影响，以消除可能存在的内生性和估计偏误。此外，本书还可以结合人力资本理论和劳动力市场分割理论来解释大学毕业生工资期望偏高及其失业后果，进而提出有针对性的政策建议。因此，本书研究还有待进一步完善。

谭远发

2019 年 9 月

目 录

1 导论

1.1 研究背景

我国从"十二五"规划及《促进就业规划（2011—2015 年）》开始，就提出要提高就业质量。在党的十八大报告中也提出，推动实现更高质量的就业。党的十九大报告提出实现更高质量和更充分就业的新目标，强调要切实做好以大学毕业生为重点的青年就业工作。2018 年 11 月 28 日，教育部原副部长林蕙青在 2019 届全国普通高校毕业生就业创业工作网络视频会议上强调："要以习近平新时代中国特色社会主义思想为指导，全面落实全国教育大会精神，努力实现高校毕业生更高质量和更充分就业。"可见，高校毕业生实现更高质量更充分就业，既是满足人民群众美好生活的需要，又是高质量发展的内在要求，还是办好人民满意教育的重要指标。

当前我国劳动就业领域的主要矛盾是就业不充分和就业质量不高，其中，就业质量不高更突出。就大学毕业生群体而言，就业形势总体稳定，就业质量有待提高。大学毕业生就业总量压力大，就业结构性问题和摩擦性失业并存，"慢就业"现象日益凸显。[①] 尽管就业难成为常态，但大学毕业生的工资期望持续偏高，就业满意度低，工作转换率高。

2001—2019 年我国大学毕业生规模和增长率见图 1.1。

---

① 郑晓明，王丹. 高校毕业生"慢就业"现象的成因与治理策略 [J]. 社会科学战线，2019（3）：276-280.

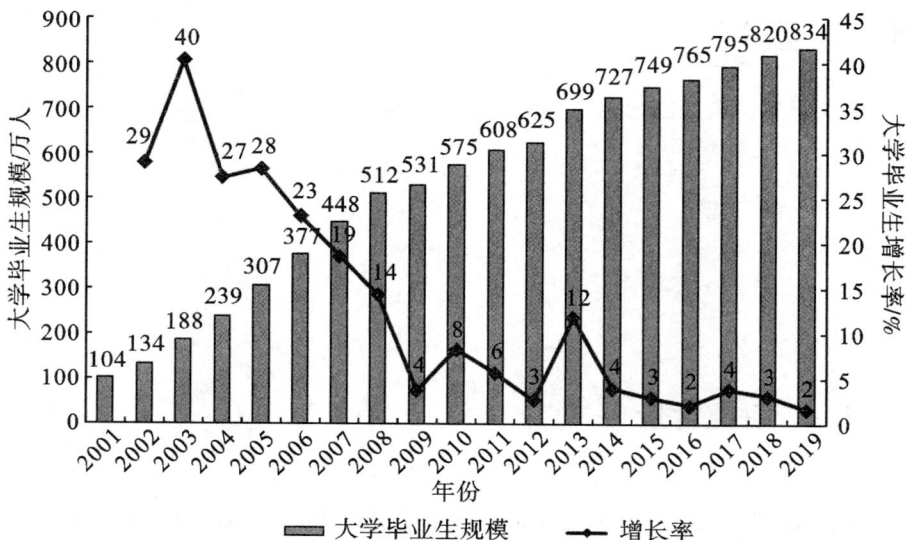

图 1.1　2001—2019 年我国大学毕业生规模和增长率

资料来源：NOW168 财经网. 毕业生规模来自中国历年高校毕业生人数一览表［EB/OL］.（2018-12-06）.［2019-09-02］. http://www.now168.com/ article/20181206/7184.html；增长率根据毕业生规模计算。

1.1.1　大学毕业生规模屡创新高，就业总量压力大

自我国高校扩招以来，大学毕业生规模逐年快速增长。2003 年毕业生规模增长了 40%，2001—2019 年增长近 7 倍；大学毕业生规模在 2014 年首次突破 700 万人，四年后突破 800 万人；2019 年我国高校毕业生规模再创历史新高，达到 834 万人，成为"史上更难就业季"。随着大学毕业生供需矛盾突出，就业难逐渐成为常态，初次就业率长期维持在 70% 左右。2003 年首批扩招大学生进入劳动力市场，当年初次就业率由 2001 年的 90.1% 降至 70%。2009 年受国际金融危机影响，我国毕业生初次就业率降至 68%。中国社会科学院《2009 年中国社会形势分析与预测》指出："估计到年底的时候，会有 150 万人难以找到工作"。① 随着大学毕业生规模屡创新高，大学毕业生也倍感压力。《2015 年中国大学生就业压力调查报告》② 显示（见图 1.2），2009—2015 届大

---

① 汝信，陆学艺，李培林. 2009 年中国社会形势分析与预测［M］. 北京：中国社会科学文献出版社，2008.

② 该调查是继 2009 年之后连续第七年开展的系列调查，于 2016 年 4 月 1 日—27 日进行，共调查 18 171 人，收回有效问卷 15 728 份。就业压力感受主要反映压力导致的生理、情绪和行为感受。

学毕业生对就业压力的主观感受均值呈现"V"形波动,虽然不像大学毕业生规模那样逐年递增,但总体上就业压力仍然偏大。《智联招聘 2018 年应届毕业生就业力调研报告》显示[①]:82.80% 的毕业生认为就业形势有难度,同比降低 5%;超九成毕业生参加过面试,超七成毕业生已获取录用,就业压力感知和就业结果均同比略有好转。

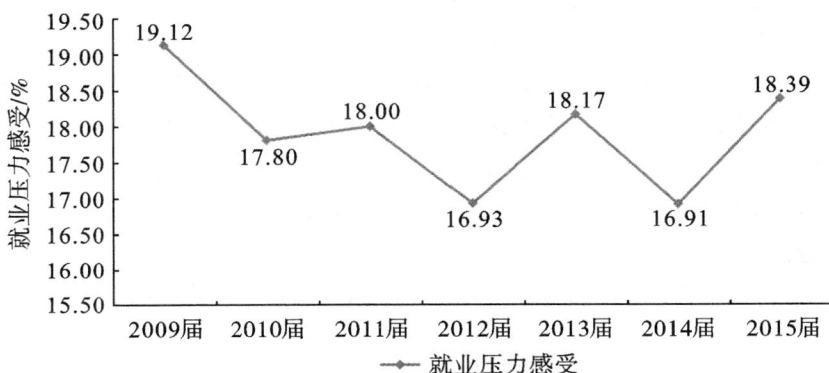

图 1.2　2009—2015 届大学毕业生的就业压力感受

资料来源:腾讯教育.2015 年中国大学生就业压力调查报告 [EB/OL].(2015-05-29).[2019-09-02]. http://edu.qq.com/a/ 20150529/032180.htm.

1.1.2　大学毕业生就业结构性问题突出

随着当前供给侧结构性改革深化,经济增长对就业的拉动作用减弱,大学毕业生供给持续增加,而有效需求不足,就业结构性问题更加突出,即大学毕业生的供给特征与社会对劳动力的需求结构不匹配。郭晋晖(2005)[②] 提供的数据显示:50% 的应届毕业生找不到合适的工作,45% 的用人单位招不到合适的人,有 35.4% 的人期望去党政机关工作,能如愿以偿找到理想工作的仅占3%。国家人力资源和社会保障部 2016 年的一项调查显示,部分大学毕业生的供给与市场需求不匹配。一些地方本科高校、部分地处三四线城市的高职高专、部分文史类专业毕业生的就业需求较少。同时,大学毕业生的工作岗位预期与市场需求不匹配。大学毕业生期望工作主要是管理岗位(45.9%)和技术

---

① 智联招聘.2018 年应届毕业生就业力调研报告 [EB/OL].(2019-03-14).[2019-09-04]. https://www.useit.com.cn/thread-22575-1-1.html.

② 郭晋晖.大学生结构性失业理想与现实的落差 [J].发展,2005(7):73-73.

岗位（34.1%），而大多数企业需要生产岗位（51.0%）和销售岗位（19.2%）。[1] 正因如此，王琦和赖德胜（2016）[2] 也指出，当前大学生就业难在五个方面，即处在"毕业季"、非重点大学、院校位于不发达地区、女生、部分"冷门"专业，毕业即创业相对困难。

从城市分布上看，如图 1.3 所示，大学毕业生主要集中在大中城市就业。"宁要大城市一张床，不要小城市一间房"的现象突出。2003—2017 年，70%以上的大学毕业生在省会城市、直辖市和地级市就业，该比例总体上呈逐年上升趋势，2005 年最低，仅为 70.7%，2013 年最高达到了 86%，然后逐年下降至 2017 年的 83.8%。这反映了我国城乡经济二元结构和地区经济发展不平衡的现实状况。从所有制结构看，企业是吸纳大学毕业生就业的主体，50%以上的大学毕业生集中在国有企业、民营企业和三资企业就业，这一比例也呈逐年增长趋势，由 2003 年的 53.5%上升至 2011 年的 76.1%，然后逐年下降至 2017 年的 71.7%。从地区分布上看，长三角、渤海湾、珠三角地区仍是毕业生青睐的首选地区。

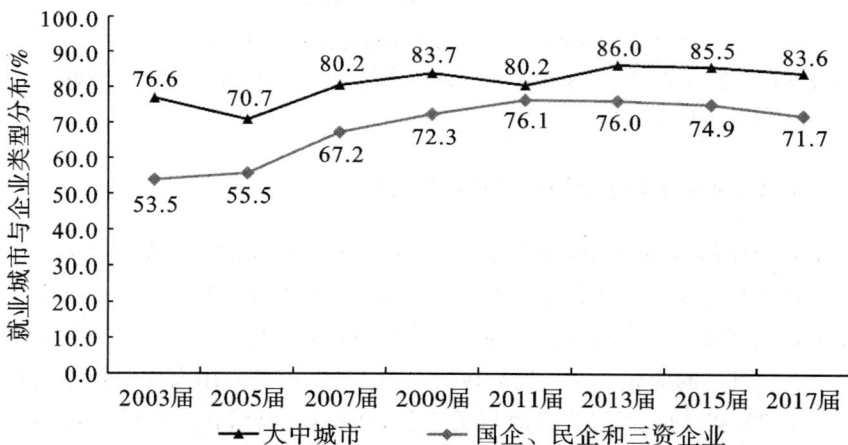

图 1.3 2003—2017 届大学毕业生的就业城市与企业类型分布

资料来源：岳昌君，周丽萍. 中国高校毕业生就业趋势分析：2003—2017 年 [J]. 北京大学教育评论，2017，15（4）：87–10.

---

① 邱玥，陈恒. 今年高校毕业生达 765 万人 岗位从经济转型中呈现 [N]. 光明日报，2016-05-23.

② 王琦，赖德胜. 基于供给侧改革背景下的大学生就业问题研究 [M] // 金维刚，莫荣，鲁士海，郑东亮，刘燕斌. 中国劳动保障发展报告（2016）. 北京：社会科学文献出版社，2016：81–98.

1.1.3 大学毕业生以摩擦性失业为主，工作搜寻时间不断延长

摩擦性失业是由于求职者在要求就业和获得工作岗位之间存在时间差而导致的失业。如图 1.4 所示，2007—2016 年大学毕业生初次就业率维持在 70% 左右，截至当年底，大学毕业生就业率达到了 90% 左右。这两项指标差距有两方面含义：一方面说明我国政府促进大学毕业生就业创业政策取得了较大成效；另一方面说明 20% 的大学毕业生是离校后半年内落实工作的，在这期间属于摩擦性失业。这是大学毕业生自愿选择的结果，他们首选在东部大城市就业，受挫后才选择中西部中小城市，就业延迟使得初次就业率和年底就业率存在较大差距。

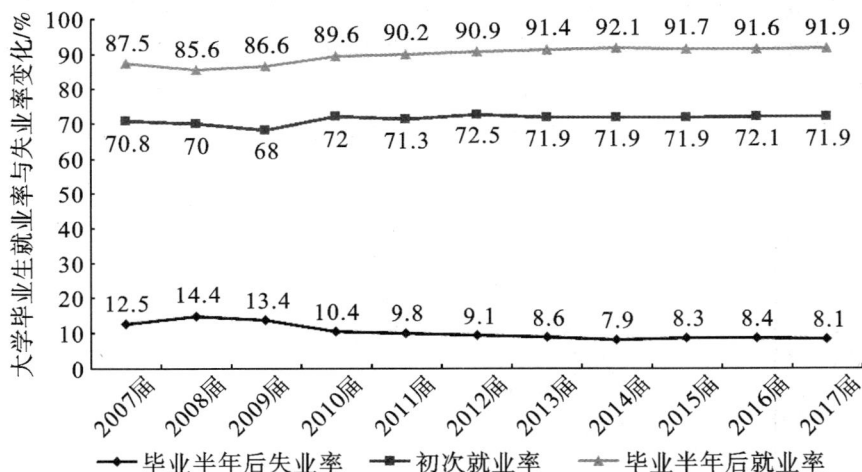

图 1.4 2007—2015 届大学毕业生就业率与失业率变化

资料来源：毕业半年后失业率与就业率来自麦可思研究院 2008—2018 年《中国大学生就业报告》；2001—2006 年初次就业率引自赖德胜、孟大虎等（2008）；2007—2013 年初次就业率引自吴克明等（2015）；2014—2017 年初次就业率根据报道"我国高校毕业生初次就业率连续 14 年超过 70%"，用四年移动平均值补充。

工作搜寻时间或失业持续期是与失业率同等重要的指标，它不仅反映劳动力市场运行效率，还反映解决失业问题的难度。自 2003 年以来，大学毕业生工作搜寻时间呈逐年增长趋势。[1] 范元伟、郑继国和吴常虹（2005）[2] 发现，

---

① 陈鹏.大学毕业生工作搜寻时间演变特征［J］.当代青年研究，2016（6）：41-46.

② 范元伟，郑继国，吴常虹.初次就业搜寻时间的因素分析——来自上海部分高校的经验证据［J］.清华大学教育研究，2005，26（2）：27-33.

本科毕业生初次就业搜寻时间为 1~3 个月。胡永远和余素梅（2009）[①] 发现，2005 届大学毕业生的失业持续期约 3 个月。谢勇和李珣（2010）[②] 发现，大学生工作搜寻时间为 4 个月左右。唐镳和孙长（2009）[③] 发现，2004—2009 年大学生工作搜寻时间由 6 个月增至 8 个月左右。北京大学教育经济研究所于2003—2015 年发布的《高校毕业生就业状况调查报告》显示，大学毕业生求职次数逐年增多，由 2003 年的 3.4 次上升至 2015 年的 13.3 次。求职费用也由2003 年的 819 元上升至 2015 年的 2 029 元。这可能与大学毕业生所求职位的地域分布广且高度集中在大城市，以及竞争激烈、工作搜寻过程更加艰难有关。

1.1.4 大学毕业生就业满意度低，工作转换率高

如图 1.5 所示，尽管大学毕业生半年后的就业满意度呈增长趋势，但总体水平偏低。2011 届大学毕业生的就业满意度仅为 47%，即在已工作半年的毕业生中，仅有 47% 的毕业生对自己的就业现状表示满意。就业满意度因学历而异，50% 的本科生对自己的就业现状表示满意，专科生仅为 44%。总体上看，

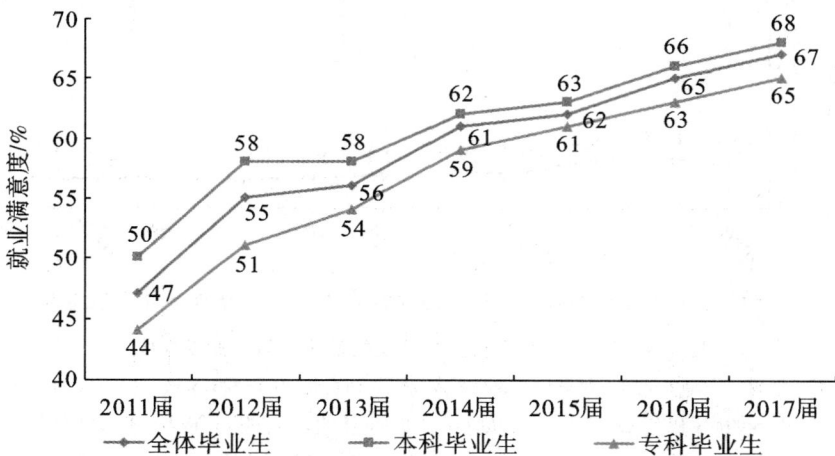

图 1.5　2011—2017 届大学生毕业半年后的就业满意度

资料来源：麦可思研究院发布的 2012—2018 年《中国大学生就业报告》。

---

①　胡永远，余素梅. 大学毕业生失业持续时间的性别差异分析 [J]. 人口与经济，2009（4）：43-47.

②　谢勇，李珣. 大学生的工作搜寻时间及其影响因素研究 [J]. 北大教育评论，2010（2）：158-167.

③　唐镳，孙长. 基于事件史分析的高校毕业生工作搜寻持续时间研究 [J]. 经济理论与经济管理，2009（9）：22-27.

毕业半年后的工作满意度呈逐年增长态势，2017届毕业生达到了67%。较之大学生毕业半年后的就业满意度，大学生毕业三年后的就业满意度更高。以2011届和2012届大学生为例，他们毕业三年后的就业满意度分别为50%和57%，比半年后高约3个百分点；本科生毕业三年后的满意度分别为52%和60%，专科生毕业半年后的满意度分别为47%和54%。从原因上看，大学毕业生对就业现状不满意的原因首先是"收入低"，其次是"发展空间不够"。

大学毕业生就业满意度低的后果是导致工作转换频繁。如图1.6所示，2010—2017届大学生毕业半年内离职率居高不下，全国有1/3的大学毕业生在毕业半年内离职，有1/4的本科毕业生在毕业半年内离职，还有1/5的专科毕业生在毕业半年内离职。《大学生职业适应状况调查报告（2012）》[①] 显示："大学毕业生三年内变动两次以上工作的占57%"，说明大学毕业生工作转换频繁。首份工作是大学毕业生进入职场的第一堂课，首份工作从入职到离职期间的持续期能够很好地反映大学毕业生首份工作质量的好坏以及忠诚度的高低。大学毕业生频繁转换工作的直接后果是首份工作持续期短，可能影响对未来职业生涯的发展。

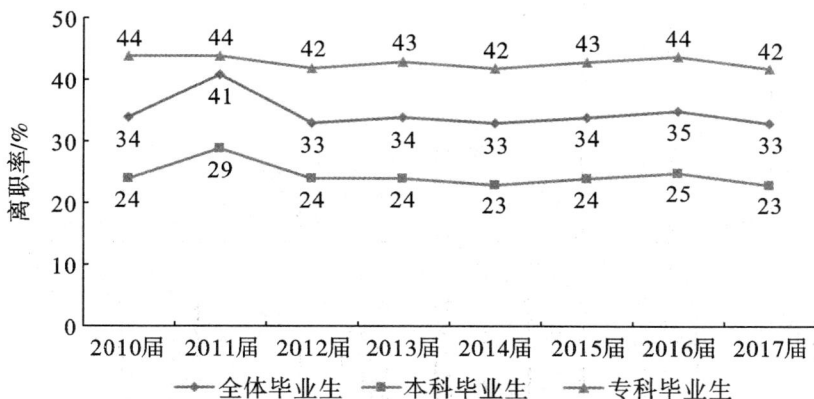

图1.6　2010—2017届大学生毕业半年内离职率

资料来源：麦可思研究院发布的2011—2018年《中国大学生就业报告》。

1.1.5　就业难背景下大学毕业生工资期望持续偏高

2010—2016年《中国大学生就业报告》显示，2009—2017届大学生毕业

---

① 于静.《大学生职业适应状况调查报告》显示：六成新人三年内跳槽超两次 [EB/OL].
(2012-11-28). [2019-09-10]. http://cppcc.people.com.cn/n/2012/1128/c34948-19723351.html.

半年后的月实际工资，在扣除物价影响后，仍低于同期大学毕业生的工资期望。《2011—2016 上海地区应届毕业生外资企业就业环境指数调研报告》显示，大学毕业生期望工资与企业计划提供工资存在较大落差，呈逐年扩大的态势。[①]《2017 年应届生就业报告》显示，2017 届毕业生的起薪和预期薪酬存在较大落差，专科生、本科生、硕士生和博士生的起薪比预期薪酬分别低 700 元、900 元、600 元和 1 100 元。[②] 如图 1.7 所示，智联招聘发布的《2018 应届毕业生就业力调研报告》显示，2018 年应届毕业生工资期望与现实仍存在明显落差，期望就业月薪主要集中在 4 000 ~ 4 999 元以及 3 000 ~ 3 999 元，占比分别为 26.03% 和 24.83%，而实际签约月薪占比最高的是 3 000 ~ 3 999 元以及 2 000 ~ 2 999 元，占比分别为 27.50% 和 25.45%。总体来看，应届毕业生实际签约月薪比期望值下降一档。

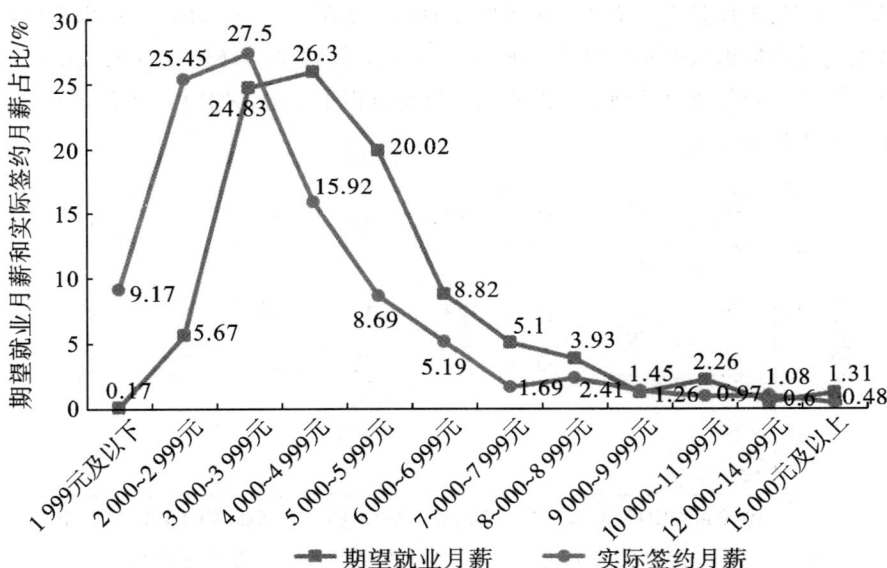

图 1.7　2018 年应届毕业生期望就业月薪与实际签约月薪对比

资料来源：智联招聘. 2018 年应届毕业生就业力调研报告 [EB/OL].（2019-03-14）.［2019-09-10］. https://www.useit.com.cn/thread-22575-1-1.html.

---

①　徐瑞哲. 大学生就业"薪酬差"历年最大 招聘应聘双方预期落差 1 762 元 [N]. 上海观察，2016-12-19.

②　代丽丽. 2017 年应届生就业报告发布 本科生起薪比预期低 900 元 [N]. 北京晚报，2017-05-03.

当然，大学毕业生期望工资持续高于起薪或半年后工资，并非一定是期望过高，也可能是由于起薪或半年后工资过低。因为高校扩招使毕业生规模激增，弱化了教育的信号功能，导致用人单位通过降低工资标准或提高学历要求，以降低逆向选择的风险，则期望工资就显得过高。① 中国社科院发布的《中国人口与劳动问题报告：2009 人口与劳动绿皮书》显示，大学毕业生和青年农民工工资待遇逐渐趋同，甚至刚毕业大学生工资比同龄农民工略低。② 吴克明、余晶和卢同庆（2015）③ 研究显示，2007—2013 年大学毕业生月平均工资明显低于全国城镇职工 300~1 000 元，但明显高于青年农民工 300~800 元，而且两者的工资差距呈逐年扩大趋势。岳昌君和周丽萍（2017）一项研究再次提供了佐证，2007—2017 年高校毕业生的实际起薪低于期望的比例经历了"U"型变化趋势，先从 2007 年的 63.9%下降至谷底 2011 年的 40.3%，再持续回升至 2017 年的50.6%（见图 1.8）。平均来看，近五成的高校毕业生的收入低于期望水平。这些数据共同说明大学毕业生实际工资并不低，而是他们的工资期望偏高。

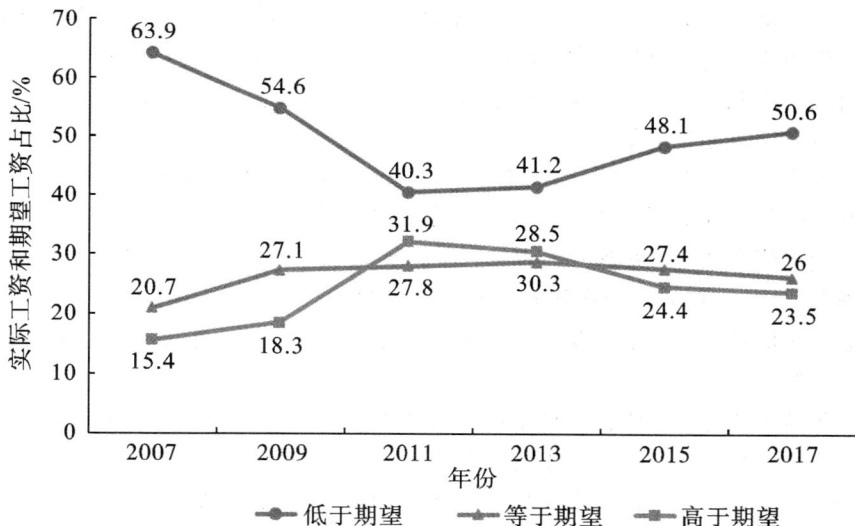

图 1.8　2007—2017 年高校毕业生的实际工资和期望工资比较

资料来源：岳昌君，周丽萍. 中国高校毕业生就业趋势分析：2003—2017 年 [J]. 北京大学教育评论，2017，15（4）：87-10.

① 马永霞，高晓英. 高校毕业生薪酬期望的理性分析：基于筛选理论的视角 [J]. 教育学术月刊，2013（5）：52-58.

② 蔡昉. 中国人口与劳动问题报告：2009 人口与劳动绿皮书 [M]. 北京：社会科学文献出版社，2009.

③ 吴克明，余晶，卢同庆. 大学毕业生与青年农民工就业比较研究 [J]. 教育与经济，2015（4）：40-41.

1.2 研究问题和意义

1.2.1 研究问题

如何看待就业难成为常态背景下大学毕业生工资期望持续偏高现象，以及大学毕业生工资期望偏高是否导致了就业难问题？在宏观层面上，可从供给侧、需求侧和供需平衡三个角度来解释大学毕业生就业问题。从供给侧来说，我国高等教育进入了大众化时代，大学毕业生规模逐年增长，屡创新高，同时，大学生就业能力普遍不足，就业期望偏高；从需求侧来说，自 2008 年国际金融危机爆发以来，全球经济下滑，就业状况恶化，对大学毕业生的需求下降；从供需平衡来说，目前高校就业服务能力不足，大学毕业生无法科学规划职业生涯也是一个重要的因素。① 在微观层面上，就业期望偏高也是学术界解释大学毕业生失业问题的重要观点之一。教育专家熊丙奇（2014）② 在《中国教育报》上刊文指出：高校毕业生起薪期望过高易成就业"绊脚石"。

从高质量充分就业视角来看，大学毕业生就业期望过高不仅会影响择业定位，还会影响未来职业发展。智联招聘对全国 89 170 名 2016 届高校毕业生的调查数据显示（见图 1.9），2016 届大学毕业生认为就业难的前三个原因依次是：期望值和现实之间落差太大（占 25.4%）、大学所学知识无法满足实际工作所需（占 21.0%）、对职场和职业信息了解不充分（占 18.9%）。大学毕业生就业难的首要原因是就业期望与现实之间的落差，实际表现为"就业不难，择业难"。

保留工资是大学毕业生期望的保底工资，是反映就业期望的重要指标之一，也是影响高质量充分就业的重要因素。因为保留工资与企业提供的工资差距对毕业生离校时能否落实就业产生影响，保留工资高将推迟就业时间、延长失业持续期。即使离校就业后，保留工资与实际工资的差距不仅反映大学毕业生期望的实现程度，是衡量就业质量的重要指标之一，还会影响工作稳定性、工作转换频率、首职持续期长短，进而影响其未来职业发展。因此，本书采用大学毕业生保留工资落差来反映工资期望与现实之间的落差，在高质量充分就业视角下，旨在研究以下四个方面的问题：

---

① 曾湘泉. 变革中的就业环境与中国大学生就业 [J]. 经济研究，2004 (6)：87-95.
② 熊丙奇. 起薪期待过高易成就业绊脚石 [N]. 中国教育报，2014-08-15.

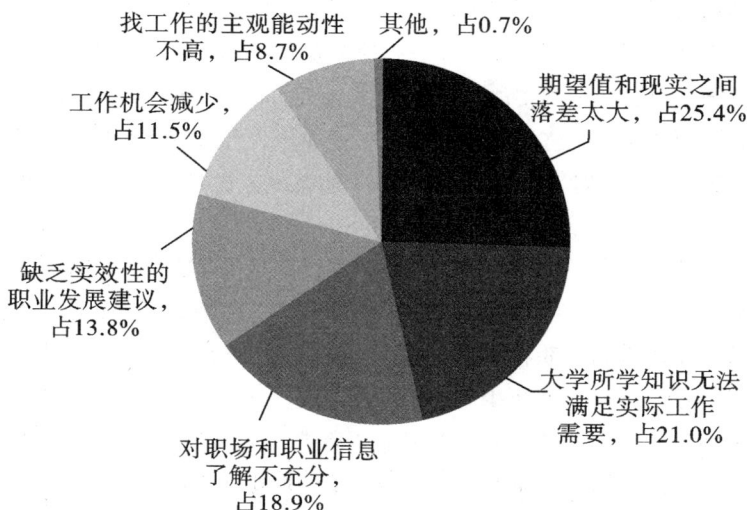

图 1.9　2016 届毕业生认为就业难的原因

资料来源：智联招聘. 2016 年应届毕业生就业力调研报告 ［EB/OL］. (2016-05-19). ［2019-09-11］. http://www.jswt.com/2016-05-19/ 222403.html.

（1）大学毕业生填报的保留工资是否较好地反映了工作搜寻理论所界定的保留工资？大学毕业生填报的保留工资如何随工作时间而变化？

（2）与特定参照点相比，大学毕业生工资期望有无落差？大学毕业生对劳动力市场工资认知不理性吗？影响大学毕业生工资期望落差的主要因素有哪些？

（3）工资期望落差是否延长了大学毕业生的失业持续期？随着失业持续期延长，大学毕业生找到工作的概率增加还是降低？

（4）工资期望落差是否会影响大学毕业生就业后的工作转换和首职持续期？经常转换工作的大学毕业生首职持续期有何差异？

1.2.2　研究意义

通过回答上述问题，本书具有以下理论价值与现实意义：

首先，从理论上，本书整合了工资期望落差、失业持续期、工作转换与首职持续期的理论关系，构建了"四位一体"的分析框架。经验研究中，本书综合运用随机前沿模型、分位数回归、持续期模型和区间回归等方法，以获得更稳健可靠的经验证据来解释我国大学毕业生在校搜寻、离校搜寻和在职搜寻工作的艰难过程。本书从理论和经验上充实并完善了既有研究。不仅检验了调查获得的保留工资与工作搜寻理论界定的保留工资的一致性；还使用了三个不同参照点来评价工资期望落差，在分别研究保留工资、失业持续期和首职持续期的影响因素时，还控制了能力因素。虽然既有研究近年来取得了一些进展，仅有少数研究考察了工资期望落差对大学毕业生失业持续期影响，但未考察工资期望落差对首职持续期和工作转换的影响，这正是本书研究的重要内容之一。

其次，从实践上，失业持续期和首职持续期是衡量大学毕业生就业质量的重要指标。如果工资期望落差既影响大学毕业生工作搜寻过程和结果，又影响就业后的工作转换和首职持续期，那么降低大学毕业生的就业期望值是必要的。这样可在一定程度上减少摩擦性失业问题，但并不能消除结构性失业问题。本书通过研究大学毕业生的工资期望落差，为大学毕业生转变就业观念、调整保留工资以及提升就业能力提供参考及依据，还为高校提升了就业指导服务水平、提高人才培养质量，为政府提供全方位就业服务，减少市场搜寻摩擦，提高大学毕业生与用人单位的匹配效率，促进大学毕业生更高质量更充分就业，这也是在当前及今后较长时期内具有重要的现实意义。

1.3　研究思路和方法

1.3.1　研究思路

大学毕业生先根据主客观条件设定保留工资，然后在一系列工资分布中筛选符合自己心理预期的工作。本书按时间先后顺序将大学毕业生的工作搜寻过程分为三个阶段：在校搜寻、离校搜寻和在职搜寻。其中，在校搜寻是指所有大学生毕业前的工作搜寻；离校搜寻是指离校未就业群体从毕业离校至毕业半年内被调查之间的工作搜寻；在职搜寻是指所有已就业大学毕业生在离校半年后至三年内被调查时的工作搜寻。依据劳动经济学理论，相对工资往往影响个体劳动供给行为。与三种参照点（分别是雇主提供的工资报价、实际工资和其他人保留工资）相比，若大学毕业生的工资期望偏高，则会提高离校未就业概率，延长失业搜寻持续期，推迟就业时间；当大学毕业生找到首份工作以后，保留工资仍高，则会降低工作机会达到率，在找到新工作之前不会贸然辞职，因而会延长在职搜寻时间，推迟了跳槽时间，导致首职持续期延长。反之，若大学毕业生的保留工资低，则降低离校未就业概率，缩短失业搜寻持续期；当大学毕业生找到首份工作以后，保留工资低则提高了工作机会达到率，缩短在职搜寻时间和首职持续期。

如图 1.10 所示，在本书的研究思路中可以看出，大学毕业生工资期望落差影响工作搜寻过程及结果。从原因上看，工资期望落差的产生可能由宏观和微观两类因素造成。微观因素主要是指个人的客观条件和主观努力，例如个体特征、人力资本、社会资本和家庭背景等；宏观因素主要是指外部环境，如地区经济发展水平、失业率、高等教育扩招等。这些因素共同影响工资期望落差的高低，进而影响工作搜寻过程及结果。保留工资的准确测量对实证研究至关重要。保留工资通常依据调查问题"您愿意接受的工资底线是多少？"获得，但可能存在一些误导（Dawes，1993），因而需要比较它与工作搜寻理论界定的保留工资的一致性，即测量效度检验。此外，实际工资仅对已就业大学毕业生才存在，也不能忽略毕业半年后和三年后被调查时仍失业的大学毕业生，本书用 Heckman（1979）的样本选择模型进行预测和纠偏。

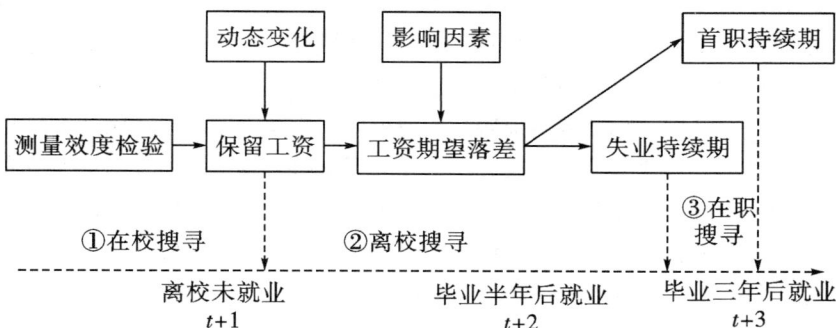

图 1.10　本书的研究思路

1.3.2　研究方法

本书充分利用我校图书馆的中英文文献资料，在精读文献的基础上，归纳整理并分析鉴别，对有关大学毕业生就业问题的既有研究成果、存在问题以及最新进展等进行系统、全面地叙述和评论。本书以实证性分析为主，同时将理论研究和经验研究以及宏观分析和微观考察相结合，并按照"提出问题、分析问题、解决问题"的逻辑顺序和技术路线展开（见图 1.11）。理论研究主要是对国内外有关工作搜寻、工作转换理论和相关文献进行梳理，构建理论分析框架，文献研究法贯穿始终。除开导论、文献综述、结论与政策建议部分以外，各章都按独立的研究形式展开，先提出相关理论，再进行经验研究。

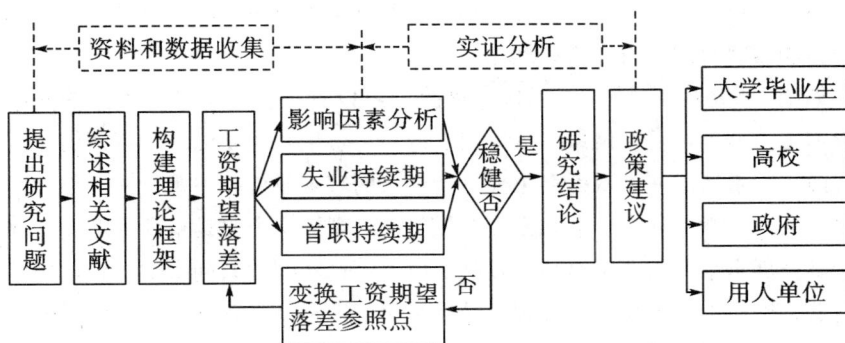

图 1.11 本书的技术路线

经验研究时，本书根据研究问题、数据结构、变量类型，采用与之对应的计量经济学模型和方法，主要采用随机前沿模型、分位数回归模型、持续期模型和区间回归模型等方法（见表 1.1）。随机前沿模型用于估计工作搜寻理论界定的保留工资；分位数回归模型用于保留工资的动态变化分解以及工资期望落差的影响因素分析；持续期模型用于工资期望落差与失业持续期的实证研究；概率模型用于工资期望落差与工作转换的实证研究；区间回归模型用于工资期望落差与首职持续期的实证研究；泊松回归模型主要用于首职持续期与工作转换次数的实证研究；而描述统计主要应用于第三章、第四章、第五章和第六章的实证研究中。此外，本书分别采用工资报价、实际工资和其他人保留工资为参照点，变换不同方法来测量工资期望落差，并对前述实证结果进行稳健性检验。最后从大学毕业生、高校、政府和用人单位四大主体中，根据所得结论提出政策建议。

表 1.1 本书研究方法一览方法

内容	文献研究	描述统计	随机前沿模型	分位数回归	持续期模型	区间回归	概率模型	泊松回归
第一章	√							
第二章	√							
第三章	√	√	√	√				
第四章	√	√		√				
第五章	√	√			√			
第六章	√	√				√	√	√
第七章	√							

注："√"代表在该章使用。

1.4 数据来源

本书实证研究需全国性调查数据支撑，前期成果基于麦可思中国大学毕业生求职与工作能力调查，本书因而继续采用麦可思调查数据。麦可思是一家第三方权威数据机构，自 2009 年以来，连续八年编著出版的《中国大学生就业报告》（就业蓝皮书）被各大主流媒体报道，所公布数据也多次被国务院、教育部等引用。麦可思 2007 届大学生毕业半年后的抽样调查于 2008 年 2 月完成，回收问卷约 20.3 万份。麦可思 2007 届大学生毕业三年后职业发展的抽样跟踪调查于 2011 年 2 月完成，回收问卷约 10.95 万份。调查共覆盖了全国 31 个省、直辖市和自治区的 2 006 所高校的 1 197 个专业；覆盖了毕业生能够从事的 600 个职业和 300 个行业。较之国内同类调查，麦可思调查在大学生毕业半年后和三年后进行抽样调查，能够比较真实地反映大学毕业生的就业和工资状态，同时还涉及了毕业生对工作认知、工作能力要求及差距等丰富信息。

本书数据是麦可思 2007 届大学生毕业半年后的抽样调查和麦可思 2007 届大学生毕业三年后职业发展跟踪调查的一个随机样本，样本量为 4 059 个，这对于麦可思所抽样调查的总体数据来说，具有很好的代表性。表 1.2 初步呈现了本书数据与麦可思《2011 年中国大学生就业报告》公布数据的一致性。将麦可思 2007 届大学生毕业三年后的抽样调查分布与国家统计局网站数据计算的毕业生实际分布相比较，很显然，两者大体上是一致的。从中我们不难发现，东南沿海发达省区的毕业生占比最多，中部地区次之，西北地区的毕业生占比最少。由此可见，长三角、渤海湾、珠三角地区是大学毕业生的首选之地。

表 1.2 本书样本的省区分布与实际分布比例对比

单位:%

省份名称	2007 届本科			2007 届高职高专			2007 届全体毕业生合计
	本书样本比例	麦可思抽样分布	毕业生实际分布	本书样本比例	麦可思抽样分布	毕业生实际分布	
安徽	1.72	2.60	3.30	1.64	1.90	4.60	1.68
北京	14.33	7.50	4.90	5.49	1.50	1.80	10.35
福建	4.55	3.90	2.40	8.65	5.70	2.70	6.40
甘肃	0.51	1.10	1.60	0.74	<1.0	1.20	0.61

省份名称	2007届本科			2007届高职高专			2007届全体毕业生合计
	本书样本比例	麦可思抽样分布	毕业生实际分布	本书样本比例	麦可思抽样分布	毕业生实际分布	
广东	21.38	6.50	4.50	23.13	7.50	5.80	22.17
广西	1.72	1.40	1.60	2.38	4.40	2.90	2.01
贵州	1.11	2.30	1.40	2.21	3.80	1.40	1.61
海南	0.32	<1.0	0.40	0.45	<1.0	0.50	0.38
河北	1.48	3.50	4.40	3.51	6.20	6.20	2.40
河南	1.72	4.20	4.90	4.41	8.60	6.90	2.93
黑龙江	1.11	4.40	4.00	1.13	2.90	2.80	1.12
湖北	2.04	7.20	6.20	1.92	8.60	6.10	1.99
湖南	0.93	3.40	4.40	1.30	3.60	4.90	1.10
吉林	0.93	3.90	3.60	0.45	<1.0	1.50	0.71
江苏	8.26	6.30	7.30	5.49	4.10	6.60	7.01
江西	0.79	2.80	3.10	1.02	5.60	6.40	0.89
辽宁	2.27	3.60	4.80	1.64	1.80	3.00	1.99
内蒙古	0.93	1.10	1.50	0.79	<1.0	1.50	0.87
宁夏	0.09	<1.0	0.30	0.23	<1.0	0.30	0.15
青海	0.09	<1.0	0.20	0.34	<1.0	0.20	0.20
山东	6.68	7.60	8.40	6.28	8.40	7.60	6.50
山西	1.02	1.80	2.50	1.64	2.60	3.30	1.30
陕西	1.90	5.40	4.50	2.15	3.40	4.20	2.01
上海	9.93	3.60	3.00	4.24	1.10	2.30	7.36
四川	4.41	7.60	5.50	5.49	7.50	4.80	4.89
天津	2.37	2.20	2.20	1.36	<1.0	2.00	1.91
西藏	0.00	<1.0	0.10	0.06	<1.0	0.10	0.03
新疆	0.70	<1.0	1.20	0.40	<1.0	0.90	0.56
云南	0.93	<1.0	1.70	1.24	<1.0	1.60	1.07
浙江	4.31	1.70	3.90	9.33	5.70	4.20	6.57
重庆	1.48	2.40	2.40	0.90	1.40	1.70	1.22

资料来源：麦可思研究院．2011年中国大学生就业报告［M］．北京：社会科学文献出版社，2011.

表 1.3 还呈现了本书样本的代表性分析，即将省区分布与麦可思 2007 届大学生毕业三年后抽样调查分布和毕业生实际分布进行对比分析后发现，配对相关系数呈现显著相关性，配对样本均值差异的 t 检验均不显著，这表明本书样本对麦可思抽样调查数据和全国实际情况具有很好的代表性。由于本书样本中毕业半年后和三年后仍没有就业的大学毕业生仅为 76 人和 61 人，占当年调查总数的 1.93% 和 1.56%。样本量较少，使得失业持续期研究受限。本书第五章将以麦可思 2008 年调查的山东省 2007 届毕业生为潜在样本，研究工资期望落差对于失业持续期的影响，选择对象是毕业离校时和毕业半年后均无全职工作的失业大学毕业生。在剔除缺失值和异常值后，共计 508 人。

表 1.3　本书样本的代表性分析

配对		序列	均值	N	标准差	配对相关系数	均值差异	配对 t 检验值
2007届本科	配对 1	（1）列	3.915 2	25	4.950 6	0.557 ***	−0.004 8	−0.006
		（2）列	3.920 0	25	2.128 2			
	配对 2	（1）列	3.226 1	31	4.655 6	0.444 ***	−0.006 1	−0.008
		（3）列	3.232 3	31	2.075 2			
	配对 3	（2）列	3.920 0	25	2.128 2	0.839 ***	0.068 0	0.293
		（3）列	3.852 0	25	1.796 8			
2007届高职高专	配对 4	（4）列	4.473 8	21	4.939 1	0.411 *	−0.111 9	−0.113
		（5）列	4.585 7	21	2.517 2			
	配对 5	（4）列	3.226 1	31	4.438 0	0.438 ***	0.000 3	0.000
		（6）列	3.225 8	31	2.240 5			
	配对 6	（5）列	4.585 7	21	2.517 2	0.739 ***	0.290 5	0.785
		（6）列	4.295 2	21	1.898 0			

注：* 和 *** 分别代表在 10% 和 1% 的水平下显著。

1.5　章节安排

本书遵循"提出问题、分析问题、解决问题"的技术路线，按照理论研究、实证研究和对策研究顺序展开论述。除导论以外，其他章节安排如下：

第二章是概念界定与文献综述。本章首先介绍了高质量充分就业的内涵，结合 DMP 模型简要阐明了研究大学毕业生保留工资的理论依据和重要意义。其次围绕保留工资、失业持续期、工作转换和首职持续期等方面展开文献综述，主要分析国外和国内相关研究现状，并对研究现状进行评述，进一步指出本书研究的理论意义和现实价值。

第三章是大学毕业生保留工资测量及动态变化。本章首先总结了保留工资的三种测量方法：问卷调查法、Kiefer-Neumann方法和随机前沿模型，然后根据三种方法的特点，采用随机前沿模型的截面模型（CSM）、时间恒定模型（TM）和时变衰减模型（TDM）分别估计了保留工资并考察了它们与调查的保留工资的一致性，本章进一步考察了2007届大学生毕业三年后较之毕业半年后的保留工资动态变化及其影响因素。

第四章是大学毕业生工资期望落差及其影响因素。本章首先介绍了保留工资理论，其次基于麦可思2007届大学生毕业半年后和毕业三年后的抽样调查数据，分别以工资报价和实际工资为参照点来测量工资期望落差，采用多元回归和分位数回归方法研究了大学毕业生对保留工资、工资报价和实际工资的认知群体性差异，考察了工资期望落差及影响因素，还考察了大学毕业生就业信息来源和求职辅导。

第五章是大学毕业生工资期望落差与失业持续期。本章首先简要回顾工资期望落差与失业持续期的相关研究，其次基于自愿失业理论和工资搜寻理论，分析工资期望落差与失业持续期的理论关系，最后利用持续期模型考察了工资期望落差对大学毕业生失业持续期的影响，还通过变换工资期望落差的测量方法对实证结果进行稳健性检验。

第六章是大学毕业生工资期望落差、工作转换与首职持续期。本章首先简要回顾工资期望落差与工作转换和首职持续期的相关研究，其次基于工作转换理论构建了大学毕业生工作转换模型，最后使用区间回归模型考察了工资期望落差对首职持续期的影响，使用泊松回归模型考察了工资期望落差对工作转换次数的影响。

第七章是结论与政策建议。本章首先总结主要研究结论，其次阐述本书的政策启示和政策建议，最后指出本书的创新和不足之处。

1.6　本章小结

本章为全书的开篇导论部分，主要结合更高质量更充分就业的视角，介绍了本书的研究背景，提出了研究问题与意义，简述了研究思路和方法，给出了数据来源和本书的组织结构及内容安排。

2　概念界定与文献综述

2.1　高质量充分就业的内涵

就业是指法定年龄内有劳动能力和劳动愿望的人们所从事的为获取报酬或经营收入进行的活动。高质量充分就业是对就业质量和就业效率的双重限定，要明确高质量充分就业的基本内涵，首先必须明确界定高质量就业和充分就业这两个关键概念及衡量指标。

2.1.1　就业质量

高质量就业源于就业质量概念，就业质量是劳动者在就业过程中，针对就业条件优劣程度、各方面满意程度进行的一个多维度衡量（田永坡 等，2013）。就业质量最早可以追溯至 1999 年国际劳工组织提出的"体面劳动"概念，即"劳动者在自由、平等、保证安全和个人尊严的前提下，获得体面、高效工作的机会"，并以此作为就业质量的初始定义被广泛引用。[①] 按照就业质量水平高低，就业可以分为高质量就业和低质量就业。

对于如何衡量就业质量，国内外学者构建了一系列就业质量的评价指标体系，[②] 很多研究应用这些指标体系对各个国家和地区的就业质量进行测量，得出了一些有意义的结论。赖德胜（2017）[③] 将已有研究对高质量就业评价维度归结为 5 个方面，即工作稳定性、工作待遇和工作环境、提升和发展机会、工作和生活的平衡度以及意见表达和对话机制。其中，工作待遇和工作环境是高

---

① 田永坡，满子会.就业质量内涵及测量：基于国际对比的研究 [J].第一资源，2013（4）：127-141.

② 翁仁木.国外就业质量评价指标体系比较研究 [J].中国劳动，2016（5）：22-27.

③ 赖德胜.高质量就业的逻辑 [J].劳动经济研究，2017（6）：8-11.

质量就业最重要的指标之一。陈成文和周静雅（2014）[①] 从社会学视角总结了高质量就业的 10 个方面，即人职匹配度较强、工作性质的相对稳定性、劳动报酬的相对合理性、劳动条件的相对完善性、晋升机会的相对公正性、社会保护的相对健全性、工作挑战的适度性、利益表达机制的相对完备性、工作决策空间的相对自由性、工作满意度较高。刘燕斌（2017）[②] 指出，就业质量是劳动过程中劳动条件的优劣程度；同时，就业质量可以用劳动报酬、社会保障、工作时间、劳动强度、劳动权益保护以及劳动者对所从事工作的满意度、职业发展空间和社会评价等指标进行宏观和微观考察。

关于大学毕业生就业质量问题，国外研究并没有特别关注，而国内相关研究很多，主要涉及大学毕业生就业质量的界定、就业质量的评价指标与评价方法以及就业质量的影响因素等方面。[③][④] 由于研究角度不同，概念界定不统一，评价指标体系繁多，而且在评价指标选取和权重设计方面缺少科学依据，研究结果的客观性和准确性有待商榷（王广慧 等，2015）。从概念界定上，张小诗和于浩（2016）[⑤] 认为，高校毕业生高质量就业是在充分就业的基础上，高校毕业生能够胜任工作岗位的要求，具有较高的个人工作满意度，服务于国家和地方需要，对社会经济生活的贡献与高校人才培养的目标相匹配。王广慧等（2015）则认为，评价高校毕业生就业质量高低应该更侧重于微观个体感受，而非整体的、客观的描述。他们将高校毕业生就业质量界定为："毕业生个体获得的工作特征与其职业期望相符的程度，从毕业生个体来说，无论其工作特征如何，只要与其期望相符，即高质量就业。"邹云龙和孔洁珺（2011）[⑥] 还使用非自愿就业概念来解释和测度就业质量，认为非自愿就业可充分利用价格信息收集机制，即通过对大学生的实际工资和保留工资进行量化处理，将就业质量的大量微观变量集结为宏观模式，从而建构起一个基于非自愿就业、可收敛、可量化、可操作的大学生就业质量监测方案。

---

① 陈成文，周静雅.论高质量就业的评价指标体系 [J].山东社会科学，2014 (7)：37-43.
② 刘燕斌.更高质量和更充分就业的内涵及其衡量指标——学习党的十九大报告体会 [J].中国就业，2017 (12)：9-12.
③ 王广慧，乔琳，刘宇清.高校毕业生就业质量评价研究综述 [J].吉林师范大学学报（人文社会科学版），2015 (4)：105-108.
④ 肖焰.我国高校毕业生就业质量评价的理论综述及问题解析 [J].西安石油大学学报（社会科学版），2017 (3)：114-118.
⑤ 张小诗，于浩.高校毕业生高质量就业的基本内涵 [J].现代教育管理，2016 (7)：115-119.
⑥ 邹云龙，孔洁珺.大学生就业质量监测研究：以非自愿就业为基础 [J].教育发展研究，2011 (19)：57-62.

2.1.2 充分就业

"充分就业"是一个有多重含义的经济术语，它首次出现在英国经济学家凯恩斯著作《就业、利息和货币通论》一书中，是指"在某一工资水平之下，所有愿意接受工资的人都能得到工作"。充分就业并非全部就业，而是仍然存在一定的失业，只不过这些失业只是摩擦性的和结构性的，主要由于技术进步、产业结构、劳动年龄和需求偏好变化而导致的职业转换过程中的暂时性失业，这些失业是优化人力资源配置的动态调整过程，是经济发展和社会进步的需要，失业持续期很短。充分就业也指失业率等于自然失业率时的就业水平。

充分就业通常用就业率、失业率、失业持续期等指标来统计，如失业率和就业率的高低、显示就业机会的多少以及人力资源与工作岗位配置的效率等。失业持续期是与失业率同等甚至更重要的指标，不仅反映劳动力市场运行效率，还反映失业者工作搜寻的痛苦程度。大学生就业率是反映高等学校组织管理、教育教学、招生就业、学科评估等各方面办学工作的一项重要指标。大学生就业率一般分两次进行统计，即初次就业率和年底就业率：前者是指毕业生在离校前已落实就业单位的比率；后者是指截至当年12月底，毕业生已就业的比率，两者统计方法一致，只是统计时间段不同。对于那些毕业离校没有落实工作的大学生，截至年底前的工作搜寻持续期非常重要，但这一方面的相关研究较少，屈指可数。

2.1.3 高质量充分就业

高质量充分就业是对就业质量和就业效率的双重限定，更高质量和更充分就业是对就业质量和就业效率的更高要求。实现更高质量就业和更充分就业已经成为我国未来就业工作的核心目标，它是一个整体，是对促进就业工作的总要求，其实质是要求不断提高就业质量和就业效率。实现更高质量和更充分就业将使劳动者及其家庭的获得感、幸福感、安全感更强、更有保障和更可持续。本书参照刘燕斌（2017）对于更高质量和更充分就业的内涵及其衡量指标，结合王广慧等（2015）对大学毕业生就业质量的概念界定，借鉴邹云龙和孔洁珺（2011）采用实际工资和保留工资进行量化处理测量就业质量的方法，从工作机会的可获得性与及时性、工作稳定性以及工资期望与现实落差来分别反映大学毕业生的就业质量和就业效率。高质量充分就业则意味着大学毕业生能快速地实现从学校向职场转换甚至是在职工作转换、获得稳定的工作机会和职业发展、工资期望实现的程度高以及他们可以如愿以偿等。

2.2 保留工资研究综述

2.2.1 保留工资的概念

保留工资也称保底工资，它是指求职者依据自身条件和劳动力市场形势设定的可以接受的工资底限，它是贯穿 DMP 模型的一个重要概念。Diamond，Mortense 和 Pissarides 三位经济学家由于在研究劳动力市场上存在空缺职位而失业者又找不到合适职位现象方面做出了开创性贡献，因而获得了 2010 年诺贝尔经济学奖。他们的理论被学者们以三人名字的首字母命名为 DMP 模型。较高保留工资常常被认为是失业的原因。① 单方搜寻模型假设，即求职者仅仅关注所要从事工作的未来工资折现流，且求职者从所熟知的工作机会分布中随机选择。当一份工作提供的工资高于保留工资时，则接受该工作机会，停止搜寻；反之，继续搜寻。一旦工作机会被接受，求职者就无动力退出稳态。当在职者失业以后工作到达率放慢，或者在职者保留工资既定时经常遭受下岗等负面冲击，那么失业率则会升高。若无在职搜寻，那么保留工资使得求职者接受该工作机会获得的收入现值与保持失业的预期收益现值相等，换句话说，合意的保留工资由继续搜寻的边际收益等于搜寻的边际成本决定。

由于单方搜寻模型未考虑劳动力市场的需求方，劳动力市场上存在搜寻摩擦，未能有效地反映用人单位招人、求职者搜寻以及用人单位与求职者议价这样一个复杂的搜寻与匹配过程。由于劳动力市场存在搜寻摩擦，DMP 模型中的工资决定方法取决于用人单位和求职者之间的对于未来工作匹配租金分享的议价。未来工作匹配租金是就业预期工资现值和失业预期收入现值的差额，它是用求职者保留工资表达的工作匹配租金现值。求职者和用人单位的议价能力大小取决于劳动力市场紧缺度。若劳动力市场紧缺度上升，用人单位较难找人填补空缺，求职者的谈判优势较强；反之，劳动力市场紧缺度下降，用人单位较容易找人填补空缺，求职者的谈判优势较弱。稳态下用人单位维持一个空缺职位的成本必须等于用人单位分享的匹配租金现值；求职者未来工资的预期现值等于失业的预期收益现值（即保留工资现值）加上分享的匹配租金现值。

---

① STERN S. Estimating a Simultaneous Search Model [J]. Journal of Labor Economics，1989，7（3）：348-369.

DMP 模型的搜寻均衡，由工作创造曲线（JC）和工资曲线（RE）的交点决定。① 如图 2.1 所示，JC 曲线揭示了保留工资和劳动力市场紧缺度之间的负向相关关系；RE 揭示了保留工资和劳动力市场紧缺度之间的正向斜率关系。只有匹配租金大于无工作时的收益（如失业保险金），此时保留工资和劳动力市场紧缺度才有意义。当求职者和用人单位受到负面冲击时（如金融危机），那么他们对未来工作匹配租金现值的预期就会下降，用人单位将会减少工作创造，空缺职位和失业人数之比就会下降。此外，商业银行对负面冲击的直接反应是提高利率，则会导致未来工作匹配租金现值下降。劳动力市场紧缺度下降，也将导致求职者工资即分享匹配租金下降，反映在图 2.2 中 JC 曲线沿着 RE 曲线向内移动，工资下降虽能缓解但不能抵消负面预期冲击对于劳动力市场紧缺度的影响。因为劳动力市场紧缺度下降，根据贝弗里奇曲线关系，所以失业率将会上升。DMP 模型提供了分析失业救济金、折现率、雇佣成本、劳动力生产率等变化对失业影响的分析框架。

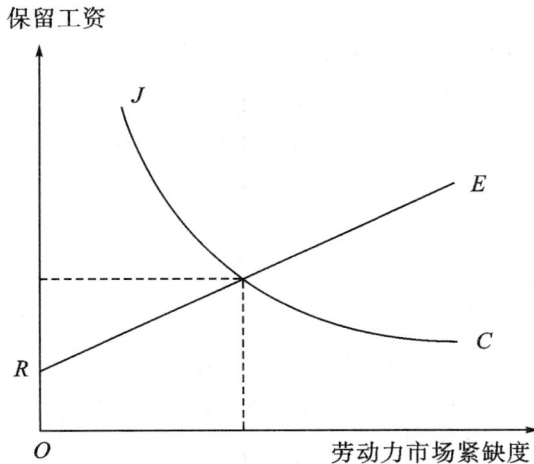

图 2.1　DMP 模型的搜寻均衡

资料来源：MORTENSEN D T. Markets with Search Friction and the DMP Model［J］. American Economic Review, 2011, 101（4）: 1 073-1 091.

① MORTENSEN D T. Markets with Search Friction and the DMP Model［J］. American Economic Review, 2011, 101（4）: 1 073-1 091.

保留工资

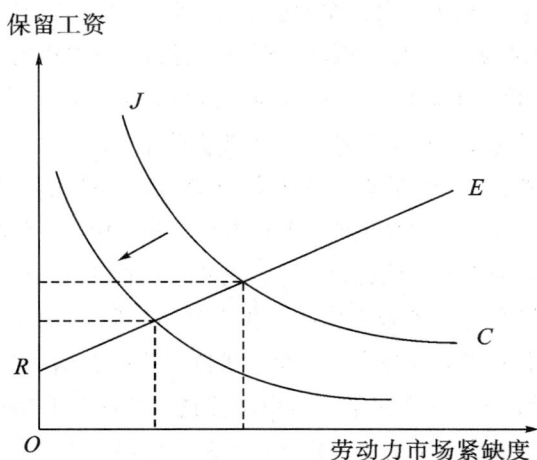

图 2.2　负面预期冲击下 DMP 模型的搜寻均衡

资料来源：MORTENSEN D T. Markets with Search Friction and the DMP Model [J]. American Economic Review, 2011, 101（4）：1 073-1 091.

　　DMP 模型说明失业不一定是经济衰退问题。[①] 一些国内学者用 DMP 模型来解释"民工潮"与"民工荒"并存以及大学毕业生"失业"与"空岗"并存的现象。[②] 史珍珍（2016）利用全国 70 个城市的网络大数据，从岗位空缺持续期分析了我国"招工难"问题。因此，提高失业和空缺职位的匹配效率是促进我国大学毕业生就业的关键所在。主要取决于两个问题：一是用人单位创造新职位的意愿取决于职位的成本和回报问题，所有有利于降低创造职位成本的措施、政策和法律，都有利于职位空缺增加和失业问题解决；二是用人单位和大学毕业生互相搜寻匹配过程中的工资议价问题，影响因素主要有当前社会福利水平、经济景气状况、劳动力市场紧缺度以及大学毕业生的就业期望特别是保留工资等。

　　对于保留工资的测量，主要采用以下三种方法：一是问卷调查法。依据求职者或在职者对问题"你愿意接受的最低工资是多少？"的回答来获得保留工资。二是 Kiefer-Neumann（1979）[③] 首次基于工作搜寻理论来估计保留工资。

　　① 杨伟文. 失业不一定是经济衰退问题 [J]. 信报财经月刊，2011（9）：122-125.

　　② 王增文，何冬梅."民工潮"与"民工荒"并存经济学诠释：——基于诺奖"就业搜寻摩擦理论"DMP 模型的新进展分析 [J]. 晋阳学刊，2013（1）：130-135.

　　③ KIEFER N M, NEUMANN G R. An Empirical Job-Search Model, With a Test of the Constant Reservation Wage Hypothesis [J]. Journal of Political Economy, 1979（1）：89-107.

三是 Hofller 和 Murphy（1994）① 首次提出的随机前沿模型来估计保留工资。问卷调查法适用于所有个体；Kiefer-Neumann（1979）方法主要适合估计失业者的保留工资；随机前沿模型主要适合估计就业者的保留工资。从国内外相关研究来看，这三种方法能否准确测量保留工资在既有研究中尚存争议，第三章予以详细介绍和探讨。

2.2.2 国外研究现状

自 20 世纪六七十年代工作搜寻理论发展起来以后，保留工资已成为国外学者研究大学毕业生失业问题的重要视角。国外学者对于保留工资的相关研究取得了丰硕成果，研究范式也从理论研究推进到了实证研究。总体上，既有研究主要分为两类：一类是基于工作搜寻理论对保留工资的理论研究，尤其是 Mortensen 和 Pissarides 两位经济学家的相关研究；另一类是专门针对保留工资的实证研究，本书主要关注后一类（见表 2.1）。既有研究主要以一般失业人员为对象，对青年或大学毕业生这类群体的研究较少。一个颇具代表性的观点是，工资期望偏高是导致大学毕业生失业的重要原因。Layard 和 Blaug（1969）② 认为，大学毕业生失业现象的存在是他们不愿意降低工资水平的结果。由于大多数毕业生自认为其能力高于平均水平，因而导致工资预期水平整体上被高估。③ 后来一些研究也相继证实，大学毕业生的保留工资确实偏高。④⑤

表 2.1　保留工资的国外研究梳理

作者及年份	研究内容	数据	因变量	自变量
Addison，Centeno 和 Portugal（2009）	保留工资如何随时间变化	1994—1999 年 ECHP（欧洲住户面板数据）	保留工资	是否有工作、失业救济金

① HOFLER R A, MURPHY K J. Estimating Reservation Wages of Employed Workers Using a Stochastic Frontier [J]. Southern Economic Journal, 1994, 60（4）：961.

② R LAYARD, M BLAUG, M WOODHALL. The Causes of Graduate Unemployment in India [M]. London：Allen Lane, The Penguin Press, 1969：237-239.

③ SMITH H L, POWELL B. Great Expectations：Variations in Income Expectations among College Seniors [J]. Sociology of Education, 1990, 63（3）：194.

④ BETTS J R. What Do Students Know about Wages? Evidence from a Survey of Undergraduates [J]. Journal of Human Resources, 1996, 31（1）：27-56.

⑤ DOMINITZ J, MANSKI C F. Eliciting Student Expectations of the Return to Schooling [J]. Journal of Human Resources, 1994, 31（1）：1-26.

表2.1(续)

作者及年份	研究内容	数据	因变量	自变量
Levinsohn, Pugatch (2010)	保留工资对失业的影响	2002—2006 年 CAPS（南非开普敦青年人的跟踪数据）	失业率	性别、种族、年龄、学业年限、能力、工资、父亲是否工作、是否和父母一同居住
Prasad(2003)	失业者保留工资的影响因素	1984—1997 年德国社会经济面板数据（17～55 岁正在找工作的未就业人口）	保留工资	失业持续期、毕业院校、实习经验、性别、家庭状况、是否城市居民、福利、失业救济金
Prasad(2000)	保留工资的动态变化	1984—1997 年德国社会经济面板数据（17～55 岁正在找工作的未就业人口）	保留工资	失业持续期、毕业院校、实习经验、性别、家庭状况、是否城市居民、福利、失业救济金、当地失业率
Ophem, Hartog 和 Berkhout (2011)	保留工资与起薪	2005—2008 年荷兰 Elsevier 调查（1996 年来对荷兰高等教育毕业生进行调查）	保留工资	性别、身体状况、年龄、家庭状况、有无负债、有无全职工作、毕业后搜索时间、工资、是否全职工作
Christensen (2001)	保留工资的影响因素：是否存在动机差异	德国社会经济面板数据	保留工资	性别、年龄、健康状况、有无全职工作、职业性质、失业持续期、薪水、家庭状况、国籍、当地失业率、自评找工作难易程度
Christensen (2002)	保留工资、工资报价和失业持续期	1987—1998 年德国社会经济面板数据	保留工资、失业持续期	保留工资、实际工资、性别、年龄、家庭状况、工作类型、失业救济金、当地失业率
Leppin(2012)	保留工资的估计	德国社会经济面板数据	保留工资	GDP、工资、解雇率、实习经验、有无全职工作、任期、未就业时间、学历、当地失业率、移民、家庭状况
Donald, Haurin 和 Kala(2003)	当地失业率对保留工资和失业持续期的影响	美国收入动态研究小组研究证据	保留工资、失业持续期	性别、年龄、婚否、国籍、当地失业率、工作经验、肤色、过去工作经验、学历、福利情况、城市、家庭情况等

在上述研究基础上，一些代表性研究大都使用微观调查数据，例如德国社会经济面板数据，进而考察了保留工资的影响因素、保留工资与实际工资以及失业持续期的相互关系。Franz（1982）[①] 基于 1976 年的德国失业人员登记数据，运用回归分析研究保留工资的影响因素发现，个人特征和工资分布是影响保留工资的主要因素，领取失业补偿的资格以及劳动力需求方面的因素影响有限，失业持续期长度对保留工资没有显著影响。Prasad（2000）[②] 采用跟踪调查数据研究了宏观因素对个人保留工资的影响，发现德国税收影响着失业人员再就业的整个过程。Prasad（2003）[③] 使用 1984—1997 年的德国社会经济面板数据研究了影响失业人员保留工资的宏观因素和微观因素：宏观因素包括全国和地区的失业率、失业保险金、失业救济金和技能—工资结构的特点；微观因素则主要包括个体人力资本、失业持续期长度和可供选择的收入来源。该研究还发现保留工资是随着时间变化而变化的。Jones（1989）[④] 使用 1982 年的英国截面数据考察了失业人员保留工资的影响因素发现，除了个人特征（如性别、年龄等）以外，最近一份工作的工资对保留工资有显著影响，地区失业率和失业保障水平对保留工资无显著影响。Hogan（2009）[⑤] 利用克罗地亚统计局 2006 年的劳动力调查数据分析了保留工资的影响因素发现：高教育、城镇以及男性的保留工资更高；当地失业率越高，保留工资越低；失业持续期越长，保留工资越低。其中，婚姻状况和年龄分组对男女样本保留工资的影响不同。

还有一些研究考察了失业持续期以及当地失业率对失业人员保留工资的影响。Christensen（2001）[⑥] 使用德国 1987—1998 年的面板数据，首先发现相对于其他欧洲国家，德国失业者的保留工资较高。混合回归（Pooled Regression）

① FRANZ W. The Reservation Wage of Unemployed Persons in the Federal Republic of Germany：Theory and Empirical Tests [W]. NBER Working Papers, 1980.

② PRASAD E S. The Dynamics of Reservation Wages：Preliminary Evidence from the GSOEP [J]. Vierteljahreshefte zur Wirtschaftsforschung, 2000, 69（2）：44-50.

③ PRASAD E S. What Determines the Reservation Wages of Unemployed Workers? New Evidence from German Micro Data [W]. Discussion Paper No. 694, 2003.

④ JONES S R G. Reservation Wages and the Cost of Unemployment [J]. Economica, 1989, 56（222）：225-246.

⑤ HOGAN V. The Determinants of Reservation Wages [J]. Privredna Kretanja I Ekonomska Politika, 2009, 18（117）：27-57.

⑥ CHRISTENSEN B. The Determinants of Reservation Wages in Germany Does a Motivation Gap Exist? [W]. Kiel Working Papers, 2001.

显示，失业人员的个人特质以及最近一份工作的工资是影响保留工资的最重要因素，但失业持续期、各种失业福利对保留工资无显著影响，这也证明了失业人员若没有强烈的财务压力，他们将缺乏寻找新工作的动力。Christensen（2002）[1] 考察了德国 1987—1998 年失业人员的保留工资和工资报价，将焦点放在失业持续期上，研究发现，较之保留工资，工资报价随着失业持续期延长出现大幅度下降，这是因为保留工资与工资报价的比率随失业持续期增长而迅速增长。平均来看，发现失业持续 9 个月后的保留工资开始超过工资报价，长期失业人员得到高于保留工资的工资报价的可能性很小。

Donald，Haurin 和 Kala（2003）[2] 基于美国收入动态研究小组（Panel Study of Income Dynamics，PSID）数据，采用 OLS 和 2SLS 方法研究发现，当地失业率并不会显著影响保留工资和失业持续期，建议在高失业率地区，解决失业问题的政策应致力于增加劳动力需求。Addison 等（2009）[3] 运用 1994—1999 年的欧洲住户面板数据（ECHP）发现，长期的高福利以及失业保险金导致了失业人员的保留工资居高不下，并不随失业持续期增长而下降。Levinsohn 和 Pugatch（2010）[4] 基于南非开普敦面板数据（Cape Area Panel Study，CAPS），首次用发展中国家保底工资数据对工作搜寻理论进行结构化估计，考察南非青年人保留工资对失业的影响。通过对就业人员工资津贴的反事实模拟表明，随着保留工资增长，可接受工资也在增长，遭受长期失业的概率降低。

2.2.3 国内研究现状

国内学者对保留工资的研究最先针对下岗工人、失业人员和农民工等普通群体。1999 年我国高校扩招以来，大学毕业生就业难问题出现，学术研究重点转向了大学毕业生群体。以"保留工资"为标题在中国知网上（CNKI）搜索到的相关文献有 24 篇，其中，19 篇文献是针对大学毕业生群体，另外 5 篇

① CHRISTENSEN B. Reservation Wages, Offered Wages and Unemployment Duration: New Empirical Evidence [W]. Kiel Working Papers, 2002.

② DONALD R HAURIN, KALA S. SRIDHAR. The Impact of Local Unemployment Rates on Reservation Wages and the Duration of Search for a Job [J]. Applied Economics, 2003, 35 (13): 1 469 - 1 476.

③ ADDISON J T, CENTENO M, PORTUGAL P. Do Reservation Wages Really Decline? Some International Evidence on the Determinants of Reservation Wages [J]. Journal of Labor Research, 2009, 30 (1): 1-8.

④ LEVINSOHN J, PUGATCH T. The Role of Reservation Wages in Youth Unemployment in Cape Town, South Africa: A Structural Approach [W]. University of Michigan, 2010.

文献则是针对下岗工人、失业人员、农民工和一般求职者。赵延东（2003）[①]最早研究了下岗职工的社会关系网络对其求职过程中保留工资的影响。董志强和蒲勇健（2005）[②] 用重庆市失业人口入户调查数据，研究了失业者个人特征、社会特征和政策因素对保留工资的影响。田永坡（2010）[③] 基于 2007 年北京职业介绍的抽样数据，考察了劳动力市场分割对求职者保留工资的影响。张新岭（2010）[④] 使用南京、镇江、无锡和苏州等地农民工专项调查数据研究发现，社会资本和人力资本对农民工的保留工资有显著影响。孙中伟（2011）[⑤] 基于珠三角和长三角地区农民工调查数据研究发现，农民工保留工资对于实际工资有显著影响。

对于大学生就业难的问题，学术界一致认为大学生就业期望偏高是就业难的重要原因之一。大学生就业期望是指"大学生在择业时，对工作的工资、福利、职业声望、工作环境、发展前景等工作特征预先设定的最低标准"。[⑥]毋庸置疑，工资水平是所有工作特征中最直接、能量化和最重要的方面。本书以"大学生就业期望"为标题在中国知网上（CNKI）搜索到相关文献有 116篇。保留工资是大学毕业生期望的最低工资，是反映就业期望的重要指标之一，也直接影响他们的工作搜寻过程及结果。本书重点围绕大学毕业生保留工资的 19 篇文献，选择最具代表性的 13 篇实证文献进行综述（见表 2.2）。

表 2.2　大学毕业生保留工资的影响因素梳理

影响因素	张建武、崔惠斌（2007）	翁杰、周必彧（2009）	田永坡（2010）	李锋亮、陈晓宇、陈鑫磊（2010）	夏晴（2011）	刘刚、于晓东（2012）	杨钚、田艳春（2014）	班晓娜（2015）	雷佑新、王俊文、孙晋然（2016）
性别	√		√	√			√	√	√
年龄			√	√			√	√	

① 赵延东.求职者的社会网络与就业保留工资——以下岗职工再就业过程为例［J］.社会学研究，2003（4）：51-60.

② 董志强，蒲勇健.失业劳动力保留工资影响因素的实证研究［J］.中国软科学，2005（1）：59-63.

③ 田永坡.劳动力市场分割与保留工资决定［J］.人口与经济，2010（5）：20-26.

④ 张新岭.社会资本、人力资本与农民工工作搜寻和保留工资［J］.人口与发展，2010，16（5）：60-69.

⑤ 孙中伟.教育、保留工资与不同户籍外来工的工资差异——基于珠三角和长三角的问卷调查［J］.农业技术经济，2011（12）：70-78.

⑥ 吴克明，孙百才.大学生就业期望偏高的经济学分析［J］.教育与经济，2005（4）：52-55.

表2.2(续)

影响因素	张建武、崔惠斌（2007）	翁杰、周必彧（2009）	田永坡（2010）	李锋亮、陈晓宇、陈鑫磊（2010）	夏晴（2011）	刘刚、于晓东（2012）	杨钋、田艳春（2014）	班晓娜（2015）	雷佑新、王俊文、孙晋然（2016）
户籍	√		√	√			√	√	
人力资本		√	√	√			√	√	√
社会资本				√				√	
健康状况									
家庭背景		√		√			√		
月生活费	√								
技术水平	√								
学习情况				√		√			
社交能力						√			
实习经历						√	√		√
搜寻成本					√			√	√
搜寻强度								√	
劳动力市场特征					√		√	√	
就业指导						√		√	

注：表中"√"代表相关研究涉及了相关变量。

张建武、崔惠斌（2007）[①] 最早研究了大学毕业生的保留工资影响因素，基于广东省的部分应届本科毕业生的调查数据研究发现，性别、户籍、生活费、技能水平对保留工资有显著影响。具体来说，女大学生的保留工资低于男大学生；来自农村的大学毕业生保留工资低于来自城市的大学生毕业生；较低的技能水平和较低的月生活费却有较高的保留工资。翁杰和周必彧（2009）[②] 基于浙江省 2006 届和 2007 届大学毕业生的就业调查数据，考察了人力资本、家庭社会经济背景、在高等教育上的投入和期望就业的生活成本等因素对大学生保留工资具有显著的影响。陆义敏（2010）[③] 基于北京某大学 2008 届和 2009

---

① 张建武，崔惠斌.大学生就业保留工资影响因素的实证分析［J］.中国人口科学，2007（6）：68-74.

② 翁杰，周必彧.基于劳动力市场工资匹配的大学生失业问题研究［J］.中国人口科学，2009（3）：32-39，111.

③ 陆义敏.金融危机前后大学生保留工资变化研究［J］.桂海论丛，2010，26（6）：75-78.

届大学毕业生的就业调查数据分析，大学生保留工资受到了金融危机的冲击。其中，非大城市户籍的大学生、家庭经济困难的学生、女生等遭到的冲击更大。

李锋亮、陈晓宇、陈鑫磊（2010）[①] 考察了全国高校毕业生保留工资的影响因素，通过回归分析发现性别、年龄、生源地、家庭收入、教育程度、学校的类型及学业成绩因素对其保留工资有显著的影响，还发现私人社会资本对毕业生的保留工资有显著负向影响。李锋亮、陈晓宇、汪潇潇等（2010）[②] 基于全国的抽样调查数据实证研究发现，保留工资不仅有助于显著提高毕业生的起薪，还有助于显著提高毕业生的就业概率。李峰亮和何光喜（2011）[③] 基于应届毕业硕士研究生就业状况调查数据，认为以预期工资为代表的"拉力"和以保留工资为代表的"推力"，能够显著提高硕士毕业生实际迁移就业的概率。李锋亮、陈鑫磊、何光喜（2011）[④] 采用相同数据研究发现，硕士毕业生的工作找寻强度不仅可以直接找到更高工资水平的工作，同时还可以间接通过较高的保留工资来促进他们找到更高收入水平的工作。

夏晴（2011）[⑤] 结合工作搜寻理论、保留工资理论和二元劳动力市场理论，指出大学毕业生应将保留工资的设定范围由点扩大成一个工资区间，灵活制定自己的工资标准，同时在寻找工作过程中可通过同学、亲戚和朋友等充分了解就业信息，以便降低寻访成本。刘刚、于晓东（2012）[⑥] 以北京的重点高校为样本进行了回归分析发现，大学生的学习情况、职业规划以及实习经历，对于其保留工资有着显著影响。杨钊和田艳春（2014）[⑦] 研究发现"顶岗"实习薪资对毕业生保留工资有显著正向影响。此外，院校中的女生占比、工科专业占比、示范或骨干院校、学校所在地区、所在城市第二产业所占的比重，每十万人口的大学生数量以及失业率也是毕业生保留工资的重要影响因素。蒋

① 李锋亮，陈晓宇，陈鑫磊. 高校毕业生保留工资影响因素的实证分析 [J]. 北京大学教育评论，2010（3）：134-149.

② 李锋亮，陈晓宇，汪潇潇，等. 保留工资与工作找寻结果：对全国高校毕业生的实证研究 [J]. 清华大学教育研究，2010，31（4）：57-64.

③ 李锋亮，何光喜. "拉力"与"推力"：硕士毕业生迁移就业的双重驱动 [J]. 高等教育研究，2011（4）：25-29.

④ 李锋亮，陈鑫磊，何光喜. 工作找寻的强度、保留工资与起薪——来自硕士毕业生的证据 [J]. 青年研究，2011（2）：8-14.

⑤ 夏晴. 从职业搜寻理论看知识性失业 [J]. 中国市场，2011（13）：124-126.

⑥ 刘刚，于晓东. 大学生就业能力对保留工资的影响机制研究 [J]. 商业经济研究，2012（7）：119-120.

⑦ 杨钊，田艳春. 顶岗实习对高职毕业生保留工资的影响 [J]. 教育学术月刊，2014（6）：54-60.

承、范皑皑和张恬（2014）① 发现大学生就业预期的毕业去向、就业地点和行业与实际情况的匹配程度并不高。

班晓娜（2015）② 考察了个人特征、人力资本、劳动力市场分割、就业歧视、个人偏好、就业服务、搜寻成本和搜寻时间等因素对大学毕业生保留工资的影响。雷佑新、王俊文和孙晋然（2016）③ 基于成都市高校毕业生问卷调查数据考察了高校毕业生保留工资的影响因素，主要包括性别、文化程度、毕业时间、学习就业知识时间、实习经历、求职预算等，其中毕业时间对毕业生保留工资的影响程度最大。罗冰（2016）④ 使用最优尺度回归方法考察了2016年大学毕业生保留工资的影响因素，研究发现，性别、户籍对保留工资具有显著的负向影响，而工作搜寻强度、学习成绩对保留工资具有显著的正向影响。

综上所述，国内对大学生保留工资的研究文献还在逐年增加，涌现了一些具有启发意义的研究成果。从理论研究转向实证研究，吴克明和赖德胜（2004）⑤、赖德胜和田永坡（2005）⑥、赖德胜和孟大虎等（2008）⑦ 更多地是从理论上去分析大学毕业生的保留工资对自愿失业问题的影响。杨金阳、周应恒、严斌剑（2014）通过数理模型推导得出，劳动力市场分割导致大学生整体的保留工资对其劳动力市场供给缺乏弹性，市场无法出清，才是出现"知识失业"的真正原因，高校扩招只是其诱因。⑧ 从实证研究来看，研究方法已从简单的描述统计发展到复杂的多元回归分析。从研究样本来看，研究区域已从局部省区和特定大学扩展到了全国。张建武和崔慧斌（2007）考察了广东省对应届毕业生保留工资的影响因素；翁杰和周必彧（2009）调查了浙江省2006届和2007届毕业生的就业情况；陆义敏（2010）仅仅考察了北京某大

① 蒋承，范皑皑，张恬. 大学生就业预期匹配程度研究：以北京市为例 [J]. 高等教育研究，2014（3）：34-39.

② 班晓娜. 工作搜寻视角下大学毕业生保留工资问题研究 [D]. 大连：东北财经大学，2015.

③ 雷佑新，王俊文，孙晋然. 高校毕业生保留工资影响因素分析 [J]. 经济问题，2016（3）：118-122.

④ 罗冰. 大学生保留工资的理论模型构建与最优尺度法实证 [J]. 商业经济，2016(7)：41-43.

⑤ 吴克明，赖德胜. 大学生自愿性失业的经济学分析 [J]. 高等教育研究，2004（2）：38-41.

⑥ 赖德胜，田永坡. 对中国"知识失业"成因的一个解释 [J]. 经济研究，2005（11）：111-119.

⑦ 赖德胜，孟大虎，等. 中国大学毕业生失业问题研究 [M]. 北京：中国劳动社会保障出版社，2008.

⑧ 杨金阳，周应恒，严斌剑. 劳动力市场分割、保留工资与"知识失业" [J]. 人口学刊，2014，36（5）：25-36.

学；刘刚、于晓东（2012）所调查的对象仅为北京地区经济管理类高校毕业生；李锋亮等（2010，2011）的系列研究对象是全国范围内的高校毕业生。从学历层次来看，研究对象已从专科生、本科生拓展至研究生。从研究方法来看，已从描述统计发展扩展到多元回归分析。从研究视角来看，保留工资的影响因素更加全面和系统，在以微观因素为主的基础上还纳入宏观因素。微观因素由个人特征变量、人力资本、社会资本、家庭背景拓展至工作特征；而宏观因素涉及劳动力市场特征、劳动力市场分割、失业率以及宏观经济环境等。

当然，还有一些问题有待我们进一步完善和深入研究。首先，大学毕业生的工资期望落差如何还尚存争议。《麦可思—中国 2008 届大学毕业生求职与工作能力调查报告》[①] 指出，就全国范围和平均水平来讲，应届大学毕业生的工资期望并不高。其次，即使大学毕业生保留工资有落差就不理性吗？朱生玉和周晓蕾（2010）[②] 基于我国中西部地区 10 个省份的数据认为，大学生的收入预期已经比较理性。在一定程度上说，保留工资是衡量大学毕业生工作能力的一个有效信号。李锋亮、陈晓宇和汪潇潇等（2010）发现，保留工资有助于显著提高大学毕业生的就业概率和起薪。最后，所有研究通过问卷调查"您对毕业后的工作期待的最低月薪是多少？"获得保留工资，是否与工作搜寻理论定义的保留工资概念一致，缺乏对保留工资的有效性检验。Dawes（1993）[③] 指出，这种方法测定的保留工资概念具有误导性。因为长期失业者对该问题的回答往往体现了生存需要，而并未真正反映失业者自我感知的劳动力市场价值，这种方法测定的保留工资并不能很好地预测接受工作机会的概率或实际工资水平。

2.3 失业持续期研究综述

2.3.1 失业持续期的概念

失业持续期是指失业后工作搜寻所持续的时间长度，即两次就业之间的时间间隔，通常以周为单位来计算。失业持续期是与失业率同等甚至更重要的指

---

① 麦可思研究院. 2008 中国应届大学毕业生就业报告［R］. 麦可思人力资源信息管理咨询公司，2008.

② 朱生玉，周晓蕾. 我国大学生就业期望的调查与影响因素分析——基于中西部十省份的实证研究［J］. 现代教育管理，2010（11）：118-121.

③ DAWES L. Long-term Unemployment and Labor Market Flexibility［D］. Centre for Labor Market Studies，University of Leicester，UK，1993.

标，国际社会常常用它和失业率来衡量一个国家或地区的失业程度。因为失业率并不能完全反映失业严重程度，即使失业率不增加，但社会的年均失业持续期增长，也会为社会带来经济问题。失业持续期不仅会影响全社会自然失业率的高低以及失业严重程度，还会影响个体失业痛苦程度，即失业持续期越长，心理压力越大，再就业会更困难。

2.3.2 国外研究现状

工作搜寻理论深化了人们对于保留工资和失业持续期的关系认识。Mccall（1970）[①] 指出：求职者主要通过收集劳动力市场信息来设定保留工资，因此保留工资高低在很大程度上决定了搜寻时间长度。随着时间的增长，可能导致观察到的保留工资上涨，因为只有要求高工资的人仍未脱离失业状态。保留工资高固然可以使求职者得到较高的工资，但同时也会延长预期的工作搜寻时间，即失业持续期。[②] Ehrenberg 和 Oaxaca（1976）[③] 对此做了一般性总结：一是所有使失业成本降低的因素，都会使保留工资提高且使失业持续期延长；二是所有使个人工作寿命减少的因素，都会使保留工资降低且造成失业持续期缩短；三是所有使个人工作技能提升者，都会使保留工资增加，但对失业持续期的影响不确定；四是所有使工作搜寻者所面临的工资分布函数产生变化者，都会影响保留工资和失业持续期。后来，很多学者在研究中发现，失业持续期也可能影响保留工资。因为失业持续期越长，人力资本越容易贬值，失业者就会不断调低保留工资，逐渐向工资报价趋近。研究保留工资是否恒定或是随着失业持续期延长而下降，具有重要的理论、实证和政策意义。

从理论上讲，假设保留工资恒定的工作搜寻理论更容易按最优终止规则估计结构化参数（Lancaster 和 Chesher，1983[④]）；假设保留工资有下降趋势的工作搜寻理论则考虑了失业持续期对保留工资的反馈机制（Kiefer 和 Neumann，1979[⑤]；Lancaster，1985）。从政策含义上讲，失业救济金是维持社会稳定的社

① MCCALL J J. Economics of Information and Job Search [J]. Quarterly Journal of Economics, 1970, 84（1）：113-126.

② 林祖嘉. 工作搜寻模型与失业期间——台湾地区大专毕业生之经验 [J]. 经济论文，1991（2）：183-215.

③ EHRENBERG R G, OAXACA R L. Unemployment Insurance, Duration of Unemployment and Subsequent Wage Gain [J]. American Economic Review, 1976, 66（5）：754-766.

④ LANCASTER T, CHESHER A. An Econometric Analysis of Reservation Wages [J]. Econometrica, 1983, 51（6）：1 661-1 676.

⑤ KIEFER N M, NEUMANN G R. An Empirical Job-Search Model, With a Test of the Constant Reservation Wage Hypothesis [J]. Journal of Political Economy, 1979（1）：89-107.

会福利制度，政策制定者可通过规定失业救济金的资格和期限，以影响失业者的保留工资水平，促进再就业。Moffitt 和 Nicholson（1982）[①] 研究美国失业人口数据发现，如果享受失业保险期限延长一周，那么平均失业持续期将增加约 0.1~0.8 周。Meyer（1995）[②] 通过"奖金实验"考察了社会福利对于失业持续期的影响。Schmieder，Wachter 和 Bender（2016）[③] 利用 1975—2008 年的德国社会保障记录数据，考察了失业保险对保留工资以及失业持续期对报价工资的影响，进而考察了失业保险对于再就业工资的影响。

鉴于大学毕业生初次进入劳动力市场，受失业保险制度的影响较小，既有研究主要围绕个人特征和家庭特征展开。Chuang（1997）[④] 基于中国台湾地区 1984—1985 年的大学毕业生调查数据发现，个体特征、工作搜寻方式显著影响大学生工作搜寻时间，但家庭背景的影响并不显著。Chuang（1999）[⑤] 使用该数据和半参数模型研究发现，年龄较大者、进入职场较早者、失业持续期较长者以及公立大学毕业生的失业风险较高。Betts 等（2000）[⑥] 基于 1982 年、1986 年和 1990 年的加拿大全国研究生调查数据，应用 Cox 比例风险模型考察了研究生的首份工作搜寻时间发现，博士研究生、已婚人士、无小孩人士、女性的工作搜寻时间相对较短。Biggeri 等（2001）[⑦] 基于 1992 年的意大利毕业生就业机会调查数据发现，毕业生工作搜寻时间的影响因素主要包括学习成绩、以前的工作经历、父母受教育程度和职业。Lassibille 等（2001）[⑧] 对于西班牙青年人的研究发现，人力资本对于失业持续期至关重要。Taylor 和 Nguyen

---

① MOFFITT R, NICHOLSON W. The Effect of Unemployment Insurance on Unemployment: The Case of Federal Supplemental Benefits [J]. Review of Economics and Statistics, 1982, 64 (1): 1–11.

② MEYER B D. Lessons from the U. S. Unemployment Insurance Experiments [J]. Journal of Economic Literature, 1992, 33 (1): 91–131.

③ SCHMIEDER J F, WACHTER T V, BENDER S. The Effect of Unemployment Benefits and Nonemployment Durations on Wages [J]. American Economic Review, 2016, 106 (3): 739–777.

④ CHUANG H. Estimating a Structural Search Model for College Graduates in Taiwan [J]. Asian Economic Journal, 1997, 11 (1): 95–110.

⑤ CHUANG H L. Estimating the Determinants of the Unemployment Duration for College Graduates in Taiwan [J]. Applied Economics Letters, 1999, 6: 677–681.

⑥ BETTS J R. What Do Students Know about Wages? Evidence from a Survey of Undergraduates [J]. Journal of Human Resources, 1996, 31 (1): 27–56.

⑦ BIGGERI L, BINI M, GRILLI L. The Transition from University to Work: A Multilevel Approach to the Analysis of the Time to Obtain the First Job [J]. Journal of the Royal Statistical Society: Series a (Statistics in Society), 2001, 164 (2): 293–305.

⑧ LASSIBILLE G, GOMEZ L N, RAMOS I A, et al. Youth Transition from School to Work in Spain [J]. Economics of Education Review, 2001, 20 (2): 139–149.

（2003）① 对美国大学生的实证研究发现，学校声望与类型以及在校期间选修过职业课程，可以显著地缩短大学生工作搜寻时间，但是家庭因素并不显著。Salas-Velasco（2007）② 利用欧洲 9 个国家的调查数据（Cheers）研究发现，个体特征变量如性别、成熟度、学历、专业领域、个体异质性、工作搜寻强度、父母教育水平等，均对工作搜寻时间存在显著影响。Levinsohn 和 Pugatch（2010）③ 考察了保留工资或工资期望对失业持续期的影响。

2.3.3 国内研究现状

由于失业持续期在我国还未被纳入失业统计范围，因而相关研究并不多。以"失业持续期"或"工作搜寻时间"为标题，在中国知网上（CNKI）搜索到相关文献 26 篇，研究内容主要是针对一般失业人员和务工人员。杜凤莲和刘文忻（2005）研究发现预期失业持续期对失业救济金有明显的反应弹性，但弹性系数较之国外小得多。杜凤莲和鲍煜虹（2006）④ 研究发现，人力资本特征、家庭特征和地区宏观经济环境对失业者再就业概率有显著正向影响，失业救济金显著地降低了再就业概率，却延长了失业持续期。杜凤莲和程荣（2006）⑤ 还发现，失业持续期显著地降低了再就业后的工资水平。吴晓琪（2008）⑥ 采用 Cox 比例风险回归模型分析了厦门市失业者失业持续期的影响因素发现，性别、搜寻工作途径、对新工作的要求、保留工资数、失业后的收入对失业持续期的影响不显著。聂爱霞（2012）⑦ 使用相同数据和方法研究发现，性别、失业前月工资收入、失业保险发放期限和失业保险发放标准对失业持续期有显著的影响。宋月萍（2010）⑧ 考察了流动人口工作搜寻时间的性别

① TAYLOR J, NGUYEN A N. Transition From School to First Job: The Influence of Educational Attainment [W]. Working Papers, 2003.

② SALAS-VELASCO M. The Transition from Higher Education to Employment in Europe: The Analysis of the Time to Obtain the First Job [J]. 2007, 54 (3): 333-360.

③ LEVINSOHN J, PUGATCH T. The Role of Reservation Wages in Youth Unemployment in Cape Town, South Africa: A Structural Approach [W]. University of Michigan, 2010.

④ 杜凤莲, 鲍煜虹. 搜寻理论、失业救济金与中国城镇人口失业持续时间 [J]. 经济理论与经济管理, 2006 (3): 17-22.

⑤ 杜凤莲, 程荣. 失业持续时间与再就业者收入 [J]. 南方经济, 2006 (3): 70-80.

⑥ 吴晓琪. 基于生存分析法的失业持续期影响因素研究 [J]. 江淮论坛, 2008, 232 (6): 113-118.

⑦ 聂爱霞. 失业保险对失业持续时间的影响——以厦门为例 [J]. 南方人口, 2012, 27 (3): 43-48.

⑧ 宋月萍. 社会融合中的性别差异: 流动人口工作搜寻时间的实证分析 [J]. 人口研究, 2010, 34 (6): 10-18.

差异发现，女性流动人口在流入地工作搜寻时间比男性要短，找到低收入工作的概率要大于男性，但找到高收入工作的概率要小于男性。李琴和孙良媛（2012）[1] 利用持续期模型分析了外来务工人员工作搜寻时间的代际差异及其对工资的影响。

随着大学毕业生就业难问题凸显，学术界对于大学毕业生群体的相关研究逐年增多，研究一致表明大学毕业生工作搜寻时间呈延长趋势（见表2.3）。范元伟、郑继国和吴常虹（2005）[2] 基于上海部分高校的数据发现，本科毕业生初次就业搜寻时间为1~3个月。何亦名和朱卫平（2008）[3] 通过调查亦发现：2006年7月已就业毕业生的工作搜寻时间为2.7个月；如果算上未落实工作的毕业生，毕业前的工作搜寻时间长达3.5个月。胡永远和余素梅（2009）[4] 发现，总体上看，2005届大学毕业生的失业持续期为96天，约3个月，但女生的失业持续期要比男生多11天左右。谢勇和李珣（2010）[5] 以南京市部分高校的2008届毕业生为研究对象，发现大学生的工作搜寻时间为4个月左右。唐镳和孙长（2009）[6] 研究显示，2004—2009年，工作搜寻时间从185天增加至230天，由6个月增至8个月左右。黎煦和苏圣丹（2013）[7] 发现2007届和2008届大学毕业生的平均失业持续期为9.34个月。陈鹏（2016）[8] 统计分析了上海某大学2008—2015年的毕业生工作搜寻时间，2008—2011年依次是6.8个月、7.3个月、7.5个月和7个月，2012—2015年均为7.4个月，由此可见大学毕业生工作搜寻时间呈增加趋势。

---

① 李琴，孙良媛.外来务工人员工作搜寻时间代际差异分析——兼论对收入的影响［J］.南方人口，2012，27（5）：71-80.

② 范元伟，郑继国，吴常虹.初次就业搜寻时间的因素分析——来自上海部分高校的经验证据［J］.清华大学教育研究，2005，26（2）：27-33.

③ 何亦名，朱卫平.我国大学毕业生工作搜寻行为的实证分析与逻辑推演［J］.学习与实践，2008（8）：62-67.

④ 胡永远，余素梅.大学毕业生失业持续时间的性别差异分析［J］.人口与经济，2009（4）：43-47.

⑤ 谢勇，李珣.大学生的工作搜寻时间及其影响因素研究［J］.北大教育评论，2010（2）：158-167.

⑥ 唐镳，孙长.基于事件史分析的高校毕业生工作搜寻持续时间研究［J］.经济理论与经济管理，2009（9）：22-27.

⑦ 黎煦，苏圣丹.大学毕业生失业持续时间影响因素分析［J］.商品与质量：学术观察，2013（12）：281-282.

⑧ 陈鹏.大学毕业生工作搜寻时间演变特征［J］.当代青年研究，2016（6）：41-46.

表 2.3 大学毕业生失业持续或工作搜寻时间的影响因素梳理

影响因素	范元伟、郑继国、吴常虹（2005）	胡永远、余素梅（2009）	唐镶、孙长（2009）	谢勇、李珣（2010）	张抗私、盈帅（2012）	张天舒（2012）	谭远发、徐林、陈蕾（2015）	陈鹏（2016）
性别	√	√		√	√		√	
年龄					√		√	
文化程度	√	√	√	√	√		√	
毕业学校	√	√		√	√	√	√	
专业		√		√	√			
党员		√	√		√			
学生会干部	√			√	√			
实习实践	√		√	√				
学业成绩				√	√			
外语水平		√						
就业城市							√	
工作能力					√			
家庭背景			√	√	√			
保留工资			√	√	√		√	√
搜寻开始时间							√	
工作搜寻方法	√	√					√	
工作搜寻成本				√				√
平均搜寻时间	1~3个月	3个月	6~8个月	4个月	无	无	6个月	7个月

注：表中"√"代表相关研究涉及了相关变量。

从影响因素上看，根据工作搜寻理论，工作搜寻时间或失业持续期的长度由工作机会到达的概率和工作机会被求职者所接受的概率共同决定，而这两个概率主要取决于求职者的个人特征、家庭特征、工作搜寻行为以及宏观环境等多种因素。表 2.3 显示，既有研究主要围绕微观因素展开，对于宏观因素的涉及不多。尽管何亦名、朱卫平（2008）认为我国劳动力市场的二元分割导致了毕业生的工作搜寻时间延长，也仅停留在理论分析的层面。而在微观因素上，由于各研究侧重点、基础数据和研究方法不同，研究结论很难取得一致。

范元伟、郑继国和吴常虹（2005）基于上海部分高校的数据发现，性别、社会关系、社会实践、健康状况和党员身份等对初次就业时间有显著影响，学校、户口、生源地、所学专业对初次就业搜寻时间的影响不明显。谢勇和李珣（2010）基于南京市部分高校的数据发现，性别、学习成绩、毕业学校名气、学生干部等因素对工作搜寻时间无显著影响，而实习经历、城市家庭、收入期望值、所学专业等因素对工作搜寻时间有显著影响。胡永远和余素梅（2009）考察了男女大学生失业持续期的影响因素发现，个人人力资本特征对男生脱离失业有显著影响，而对女生则无影响。张抗私、盈帅（2012）① 基于全国63所大学的数据发现，男女大学生工作搜寻时间的影响因素差异很大。魏立萍和肖利宏（2008）② 也证实，学历对失业持续期和再就业机会具有显著影响。

至于保留工资对工作搜寻时间或失业持续期的影响，既有研究也尚存争议，甚至得到了与工作搜寻理论相悖的结论。唐镛和孙长（2009）基于北京市2005年部分高校的调查数据发现，大学毕业生保留工资对工作搜寻时间具有显著的正向影响。张抗私、盈帅（2012）还发现，保留工资对大学生工作搜寻时间的影响因性别而异，保留工资对女大学生工作搜寻的影响不显著，保留工资的提高增加了男大学生的工作搜寻次数。然而，李锋亮、陈晓宇、汪潇潇等（2010）基于全国的抽样调查数据实证研究发现，保留工资不但有助于显著提高毕业生的起薪，而且有助于显著提高毕业生的就业概率。由于就业概率与工作搜寻时间呈反比，他们的研究在实质上表明保留工资对工作搜寻时间具有显著的负向影响。我国台湾地区的相关研究也有类似现象。林祖嘉（1991）研究发现，我国台湾地区大专以上毕业生保留工资越高、年龄越大，且为女性的失业持续期反而越短。Chuang（1999）通过重新定义认为，每周工作30个小时以上才算找到工作，保留工资与年龄和理论预期相符的情况得到改善，但男性仍比女性失业持续期长。陶宏麟和李嘉宏（2006）③ 通过寻找保留工资的工具变量，采用两阶段回归方法，发现保留工资越高，失业持续期越长。

2.4 工作转换与首职持续期研究综述

2.4.1 工作转换与首职持续期的概念

目前在有关工作转换的研究中，研究者主要采用"职业流动""跳槽"和

---

① 张抗私，盈帅. 性别如何影响就业质量？——基于女大学生就业评价指标体系的经验研究[J]. 财经问题研究，2012（3）：83-90.

② 魏立萍，肖利宏. 中等职业教育与普通高中失业者失业持续时间和再就业机会的差异分析[J]. 职教论坛，2008（13）：40-44.

③ 陶宏麟，李嘉宏. 保留工资、劳工个人特性与失业期间之关联 [J]. 经济论文，2006（3）：25-354.

"离职"等概念来描述和探讨与劳动者转换工作相关的现象，但未予以明确区分。风笑天和王晓焘（2013）① 认为，"职业流动"与"跳槽"概念之间是有区别的，前者更强调劳动者工作转换中的"职业"属性，后者主要强调"单位"属性。大学毕业生一旦就业，则意味着其从事了某种职业、进入了具体单位。转换工作就意味着离开原工作得到新工作。本书主要关注"工作变动"或"转换工作"的行为或经历，而不关心是转换了"职业"或"单位"，还是两者兼而有之。本书在参照中也采用了"工作转换"这一概念，该概念包含了"职业流动"和"跳槽"两种情况。与工作转换相关的另一变量是工作持续期，对于初入职场的大学毕业生而言，需要关注进入劳动力市场后的首份工作所持续的时间，即首职持续期。

2.4.2　国外研究现状

国外对于工作转换的研究主要是微观视角，可以分为两个方面：一是建构个体工作转换模型，即运用数理模型对工作转换行为的影响因素进行理论分析。Burdett（1978）② 首先提出在职搜寻及离职行为模型，假设每一个在职者面临三种选择：在职不搜寻、在职搜寻和离职搜寻，特别强调工资是决定个体工作转换的唯一因素，就业者转换工作旨在得到一份工资更满意的工作。Johnson（1978）③ 随后提出"逛职场"理论，认为劳动市场存在不确定性及信息不完全，导致青年人在初入劳动市场时工作流动性相当高。Jovanovic（1979）④ 还提出工作匹配与转换理论，认为劳动市场上信息不充分，个体需要通过工作转换来找到最佳工作配对，而决定是否要转换工作的关键在于工作匹配度的高低，即工作匹配度越低者越容易离职，工作匹配度越高者则留任时间越长。

第二，研究工作转换和持续期的影响因素。Lynch（1991）⑤ 利用美国青年追踪调查（NLSY）数据，采用比率风险模型研究发现，青年就业者的工资、

① 风笑天，王晓焘. 城市在职青年的工作转换：现状、特征及影响因素分析［J］. 社会科学，2013（1）：81-91.

② BURDETT K. A Theory of Employee Job Search and Quit Rates［J］. The American Economic Review，1978，68（1）：212-220.

③ JOHNSON S. A Theory of Job Shopping［J］. Quarterly Journal of Economics，1978，92（2）：261-277.

④ JOVANOVIC B. Job Matching and the Theory of Turnover［J］. Journal of Political Economy，1979，87（5）：972-990.

⑤ LYNCH L M. The Rate Off-the-Job V. S. On-the-Job Training for the Mobility of Women Workers［J］. The American Economic Review，1991（87）：1 246-1 260.

残障、婚姻、工会、学历等个人因素影响其就业持续期，而且接受了在职培训有利于降低离职率。Topel 和 Ward（1992）[1] 认为青年就业者在迈向一个稳定的就业关系前，都会经历一段高工作转换率及快速的工资增长阶段。他们发现青年人工作前 10 年间平均拥有 7 段就业经历，且约有 1/3 的工资增长是发生在此阶段。Bratberg（1998）运用 1989—1991 年的挪威毕业生数据研究发现，受教育程度越高的毕业生更容易找到工作，首份工作持续期更长。较之男性，女性首份工作持续期更长。Sian（2013）[2] 美国青年追踪调查（NLSY）数据，分析了 1 000 名"80 后"大学毕业生的工作史发现，灵活和乐观个性对美国"80 后"大学毕业生早期工作转换影响不大，敢于冒险对西班牙裔美国大学毕业生工作转换有显著的正向影响。Zhang（2016）[3] 从个人、组织与工作、社会经济三大方面对个体工作转换的影响因素进行了系统梳理和总结。其中，个人因素主要包括年龄、性别、教育水平、婚姻状况、工龄、能力、责任等；组织与工作因素主要包括组织文化与制度、企业福利与前景、组织规模、薪资、绩效考核、晋升、关系、培训、雇员参与、工作态度和组织公平等；社会经济因素主要包括经济发展水平、劳动力市场条件、就业制度、工作机会、企业产权、交通、住房、教育、卫生保健设施、生活成本、生活质量等。

2.4.3 国内研究现状

国内学者对于一般群体和青年人工作转换研究较多，既有理论分析，也有实证研究。学者先采用理论分析，如陈成文和许一波（2005）[4] 认为，职业流动受年龄、性别、受教育程度、地区差异、政治面貌、单位性质、行业类别、收入水平、职业满意度和父辈职业等因素的影响。袁畅和马凌军（2007）[5] 认为科学技术、产业结构、职业待遇和劳动用工制度是引起职业流动的主要因素。随着学术研究深入，学者逐渐转向定量研究，但研究侧重点有所不同。一些学者从宏观视角出发，研究国家宏观政策的变动对职业流动的影响。边燕杰

① TOPEL R H，M P WARD. Job mobility and the Career of Young Men，Quarterly Journal of Economics，1992，107（2）：439-479.

② SIAN G. Early Career Change among Millennial Us College Graduates [D]. College of Liberal Arts and Social Sciences Theses and Dissertations，2013.

③ ZHANG Y J. A Review of Employee Turnover Influence Factor and Countermeasure [J]. Journal of Human Resource and Sustainability Studies，2016（4）：85-91.

④ 陈成文，许一波. 当前中国职业流动问题研究综述 [J]. 南华大学学报（社会科学版），2005（3）：8-13.

⑤ 袁畅，马凌军. 我国当代大学生职业流动分析 [J]. 黄冈职业技术学院学报，2007，9（4）：66-68.

和张文宏（2001）①运用天津1999年就业过程调查数据不仅测量了人情和信息两种关系资源，而且分析了社会网络在计划分配机制、市场机制、社会网络机制下的作用。龙书芹（2009）②通过666份对南京企业员工的调查数据为基础进行分析，以社会转型过程中企业员工的职业流动情况为研究方向，揭示了在社会转型过程中，我国企业员工的职业流动多呈现一种被动形态，而非"自由选择"。影响职业流动的重要因素是社会转型所带来的机会结构转变以及劳动市场分割。

一些学者从微观角度出发，主要考察受教育程度、性别的差异、代际与代内流动、收入等因素对职业流动的影响。王春光（2003）③分析了先赋因素如家庭背景、户籍制度、所有制等对代际职业流动和代内职业流动的影响。吴愈晓（2011）④考察了受教育程度对职业流动的影响，认为高学历与低学历劳动者群体处于两个分割的劳动力市场中，他们的经济地位获得路径完全不同。翁秋怡和蒋承（2013）⑤不仅研究受教育程度对职业流动的影响，还分性别和公私部门进行比较分析。林李月和朱宇（2014）⑥基于福建省跨县市务工经商的流入人口数据，运用了Cox模型，发现性别、初职收入、职业类型、企业性质和来源地类型都对流动人口的首职持续期有显著影响，且这种影响呈现性别差异。廖根深（2010）⑦通过将广东省年龄在18~30岁的城市青年、农村青年、务工青年三大在职青年群体作为研究对象，计算青年的职业流动周期，得出18~30岁青年的职业稳定性呈线性变化。首先，随着年龄的增长，职业流动由不稳定到相对稳定的方向发展；其次，随着文化水平和收入水平的提高，职业流动曲线呈倒"U"型的走势。在此基础上，他将当代青年职业发展过程分为三个阶段：社会闯荡期（18~21岁）、职业磨合期（22~25岁）和事业起步期

① 边燕杰，张文宏.经济体制、社会网络与职业流动 [J].中国社会科学，2001（2）：77-90.

② 龙书芹."自主选择"还是"身不由己"对南京企业员工职业流动的事件史分析 [J].社会，2009，29（6）：39-59.

③ 王春光.中国职业流动中的社会不平等问题研究 [J].中国人口科学，2003（2）：27-36.

④ 吴愈晓.劳动力市场分割、职业流动与城市劳动者经济地位获得的二元路径模式 [J].中国社会科学，2011（1）：119-139.

⑤ 翁秋怡，蒋承.教育能够促进工作转换吗——基于CHNS数据的实证分析 [J].教育与经济，2013（5）：31-37.

⑥ 林李月，朱宇.流动人口初职时间间隔及其影响因素的性别差异——基于生存分析的视角 [J].南方人口，2014，29（1）：39-46.

⑦ 廖根深.当代青年职业流动周期的研究——兼论当代中国青年职业发展的三个阶段 [J].中国青年研究，2010（1）：35-40.

（26~30 岁）。

上述研究局限于特定地区的特定行业，无法反映更多地区、更多行业类型及单位间的工作转换现象。宋健和白之羽（2012）[①] 基于全国 4 个城市的抽样调查数据中的 20~34 岁青年，主要分析其从学校向职场的转换特点及影响因素。分析结果表明，随着工作年限的延长，职业稳定性有一个向下发展的过程，到达一定工作年限（大概是 11 年）后，职业稳定性会逐步回升。职业生涯发展的拐点在 20~34 岁，这一年龄梯度上的青年正处在由不稳定到稳定的过渡时期。风笑天和王晓焘（2013）通过抽样调查发现，来自全国 12 个城市的 2 537 名在职青年中，近一半的人都曾有过工作转换的行为，且总体上平均次数为 2 次，自身受教育状况即人力资本以及所处行业、城市及其社会背景都会对青年工作转换起重要作用，也发现青年工作年限以及工作转换存在倒"U"型的曲线关系。

对于大学毕业生工作转换问题，有学者用定性和定量研究相结合的方式对其进行研究。从定性研究来看，程淑辉（2007）[②] 认为，大学毕业生频繁进行工作转换的原因在于专业不对口、工资制度的不合理、另有高就、培训机会过少、与同事关系不好等。张秋山等（2007）[③] 认为，大学毕业生跳槽的最主要原因是对现有工作的整体感觉不满，当然，寻求新的发展以及工作太累、待遇太低也是两个重要的原因。从定量研究来看（见表 2.4），相关研究主要沿着个人和工作特征展开。李志等（2009）[④] 通过对全日制本科毕业、参加工作未满 3 年正在企业工作的员工进行问卷调查发现，大学生员工在职业适应期的离职率较高，价值观念不融合、工资待遇不满意、发展前景受阻碍、工作缺乏安全感、自我实现不满足是影响离职倾向的五大因素。郝登峰和卓晓岚（2010）[⑤] 在对广州市工作的大中专毕业生的跳槽情况调查发现，约有 33% 的毕业生在一年内跳槽，约有 60% 的毕业生曾经跳槽过。他们由此认为，性别、

① 宋健，白之羽. 城市青年的职业稳定性及其影响因素——基于职业生涯发展阶段理论的实证研究 [J]. 人口研究，2012，36（6）：46-56.
② 程淑辉. 大学毕业生频繁跳槽的成因及其治理 [J]. 江西科技师范大学学报，2007（5）：47-51.
③ 张秋山，李维意，杜平，谢红. 大学毕业生职业生活状况追踪调查 [J]. 河北大学学报（哲学社会科学版），2007（3）：83-88.
④ 李志，宋赟，薛艳. 从企业内部破解大学生员工"跳槽"之谜 [J]. 科技管理研究，2009（5）：377-379.
⑤ 郝登峰，卓晓岚. 广州市大中专毕业生跳槽问题的实证研究 [J]. 中国青年研究，2010（1）：41-44.

学历、职业与专业是跳槽的主要影响因素。李有刚（2013）[①] 利用事件史分析方法，考察性别、专业类型、家庭背景、初次工作的收入水平与企业类型是如何影响大学毕业生跳槽行为的。饶贵生和龙小军（2014）[②] 认为影响大学毕业生频繁跳槽的原因是：求职就业不理性，盲目跟风；心态浮躁不稳，急功近利；专业水平不高，适应性差；就业岗位不对口，学非所用；企业关心员工不够，氛围较差。肖干（2014）[③] 调查研究发现，大学生频繁跳槽的原因是价值观念难认同、薪酬福利不满意、职业前景不明、工作压力大、能力提升难。孙海荣（2015）[④] 基于2007—2013年大学生就业数据研究发现，毕业生专业—职业不匹配的比例高达30%，专业—职业匹配程度的关键影响内因是大学生的职业成熟度。

表2.4　大学毕业生工作转换或首职持续期的影响因素梳理

影响因素	林祖嘉（1996）	林祖嘉、林建志（2002）	林祖嘉、陈惠薇（2003）	翁杰、周必彧、韩翼祥（2008）	邢戈、张福明（2010）	袁红清、李荔波（2013）	王小璐、风笑天（2016）	谭远发、邱成绪（2017）
性别	√	√	√	√		√	√	√
年龄	√	√	√				√	√
文化程度	√	√		√			√	√
专业	√	√		√			√	√
单位类型	√			√				√
毕业时间段				√				
工龄				√			√	
工资	√	√	√	√				√
户籍					√	√		√
专业对口	√	√	√		√		√	
实习经历					√	√		√

① 李有刚. 大学生跳槽行为与成因的实证研究：以东北某高校学生的跟踪调查为例 [J]. 中国大学生就业，2013（12）：31-37.
② 饶贵生，龙小军. 当前大学毕业生就业中频繁跳槽现象原因分析及对策——以江西外语外贸职业学院为例 [J]. 中国大学生就业，2014（8）：17-21.
③ 肖干. 职业适应期大学生员工频繁"跳槽"现象的调查分析与教育启示 [J]. 中国青年研究，2014（3）：84-88.
④ 孙海荣. 基于人力资本视角下的我国大学生专业—职业匹配的实证研究 [J]. 中国人力资源开发，2015（3）：77-83.

表2.4(续)

影响因素	林祖嘉(1996)	林祖嘉、林建志(2002)	林祖嘉、陈惠薇(2003)	翁杰、周必彧、韩翼祥(2008)	邢戈、张福明(2010)	袁红清、李荔波(2013)	王小璐、风笑天(2016)	谭远发、邱成绪(2017)
求职渠道					√	√		
保留工资	√							√
工作满意度	√	√						
福利兴趣			√					
发展空间			√					
家庭特征	√						√	√

注：表中"√"代表相关研究涉及了相关变量。

袁红清和李荔波（2013）[①] 基于对浙江省 1 514 名农村大学毕业生的调查研究发现，农村大学毕业生就业稳定性较高，首份工作持续超过一年的占61.7%，性别、个人形象、学习成绩、实习实践、担任职务、工作获得方式、家庭个人年均收入等对工作转换概率无显著影响。王小璐、风笑天（2016）[②] 对 2003 年及以后全日制大学本科或专科毕业生进行了抽样调查，样本是来自杭州市、长沙市、成都市、桂林市 4 个城市的在职人员，样本为 1 014 个，平均工龄接近 4 年，他们发生工作转换的比例并不高，不超过 50%。总体而言，人力资本有利于降低工作转换，而工作年限、社会资本则会增加工作转换。此外，与来自农村的大学毕业生相比，城镇家庭出生的大学毕业生的工作转换比例无显著差异，但他们的人力资本、社会资本更有优势，而且对其工作转换具有显著影响，有更高的工资回报。

对于大学毕业生首职持续期，翁杰、周必彧和韩翼祥（2008）[③] 利用 2006年的浙江省调查数据研究发现，1995 年以前毕业的大学生，其首份工作持续期都超过了 1 年，保留率为 100%。此后保留率逐年下降，由 1997 届毕业生的90.9%下降至 2005 届的 56.8%，也就是说，2005 届毕业生中有 43.2%的毕业

---

① 袁红清，李荔波.农村大学生就业质量分析——基于浙江省 1 514 名农村大学毕业生的调查 [J].农业经济问题，2013，34（11）：65-70.

② 王小璐，风笑天.人力资本、社会资本与工作转换——基于城乡大学毕业生的比较研究 [J].南方人口，2016（1）：9-17.

③ 翁杰，周必彧，韩翼祥.中国大学毕业生就业稳定性的变迁——基于浙江省的实证研究 [J].中国人口科学，2008（2）：33-41.

生其首份工作持续期不足一年，主要由于 1999 年开始的高校扩招和以就业率为导向的就业政策所导致。邢戈和张福明（2010）[①] 研究发现，专业对口、实习与打工经历、求职渠道、户籍均对初次就业在职时间有显著影响，而职业生涯规划相关知识无显著影响。吴冰（2011）[②] 以全国 2008 届大学毕业生为研究对象，考察了传统因素和社会网络因素对首职持续期的影响发现，大学毕业生首职持续期的影响因素既包括人口学特征、个性以及企业与社会因素，还包括毕业时的社会网络强度和规模以及毕业后的组织内部网络强度。谭远发、邱成绪（2017）基于麦可思对 2007 届大学生毕业半年后的抽样调查和毕业三年后的职业发展调查，研究保留工资落差对大学毕业生转换工作和首职持续期的影响。结果发现，近七成大学毕业生在毕业三年内转换过工作，四成以上大学毕业生的首职持续期不到一年；保留工资落差对工作转换具有显著的负向影响，工资期望偏高群体转换工作的发生比率是偏低群体的 0.80 倍，前者的首职持续期也因而比后者长 3.158 个月；较之保留工资落差，学用匹配、毕业学校类型、离校未就业是影响大学毕业生转换工作和首职持续期更重要的因素。

我国台湾地区关于工作转换与首职持续期的研究起步较早，且更具系统化。林祖嘉（1991，1992）分别建立一个工作搜寻模型来分析大专毕业生失业期间的影响因素及研究失业期间与保留薪资的关系，以及大学生工作转换概率和工作转换原因。林祖嘉（1996）[③] 利用巢式 logit 模型考虑在职搜寻及失业搜寻行为。林祖嘉和林建志（2002）利用持续期模型考察了探究大专以上毕业生转换工作情况及其影响因素发现：工资、教育程度、专业对口度、工作满意度等对于工作转换概率都有显著的负影响；在找到首份职业过后，会有 50% 的人在一年半以内更换工作，男性毕业生的首份工作转换概率会随着工作时间增加而增加，而女性毕业生则相反。林祖嘉和陈惠薇（2003）[④] 采用 1998 年毕业的女性大专以上毕业生与 1996 年退伍的男性大专以上毕业生毕业（或退伍）两年后的完整工作史数据，研究发现他们两年内平均的工作转换次数为 1.12 次，平均的就业持续期为 11.5 个月。研究还发现，年龄较大者、女性、

① 邢戈，张福明. 个体特征对大学毕业生初次就业在职时间影响的实证研究 [J]. 中国青年研究，2010（2）：90-93.

② 吴冰. 高校毕业生首份工作的纵向生存研究 [M]. 北京：光明日报出版社，2011.

③ 林祖嘉. 失业搜寻，在职搜寻，与工作转换：巢式 Logit 模型的应用 [J]. 经济论文丛刊，1996，24（2）：205-225.

④ 林祖嘉，陈惠薇. 就业期间、就业次数、与薪资——台湾地区专上毕业生纵横资料分析 [W]. 工作论文，2002.

学历越低者就业持续期越长；工资越高则就业持续期越长；学用配合度越高则就业持续期越短；工作经验对于就业持续期有显著的正影响；工作转换次数越多，就业持续期显著越短；就业持续期越长，越不容易离开目前的工作。

2.5　研究述评

保留工资即保底工资，它是贯穿 DMP 模型的一个重要概念。较高保留工资往往被认为是失业的原因，也为本书提供了分析保留工资如何影响失业的理论框架。本书结合 DMP 模型，对保留工资、失业持续期、工作转换和首职持续期的相关研究予以系统梳理和文献回顾。总体上看，国外既有研究采用不同的方法和数据，分别讨论了个体特征、家庭特征、工作与组织特征、宏观经济、社会因素等对保留工资、工作搜寻时间或失业持续期以及工作转换与首职持续期的影响，涌现了很多富有参考价值和启发意义的研究成果。

由于研究对象不同，研究侧重点则不同，如经济学家强调经济因素、心理学家强调个体心理变量、社会学家强调社会因素等，关注的影响因素不同，所得研究结论因而也有差异；同时，各个国家或地区经济发展水平、大学毕业生就业制度以及社会文化背景不同，既有研究尚无定论。退一步来说，即使取得了一致结论，其是否适用于中国大学毕业生群体仍需实证检验，因为既有研究结论大多建立在发达国家或地区成熟劳动力市场基础之上。此外，大学毕业生群体与普通劳动力群体既有共性之处，也有很强的特殊性，只有系统地研究其保留工资、工作搜寻时间以及工作转换与首职持续期及其影响因素，才能更好地把握和理解我国大学毕业生的工作搜寻行为，促进大学毕业生高质量充分就业。

国内既有研究对大学毕业生保留工资的考察主要局限于毕业前和毕业离校时的保留工资，对毕业后特别是毕业半年后和三年后的相关研究较少。对于大学毕业生工作搜寻时间或失业持续期的研究，很少将保留工资列为影响因素，保留工资和失业持续期或工作搜寻时间可能相互影响，仅有的几项研究也局限于特定地区和少数大学的大学毕业生群体。对于大学毕业生职业流动、跳槽和离职等现象的研究较多，但对于大学毕业生首职持续期的研究较少，多数研究仅限于职业流动或者跳槽这一单一视角，没有系统地分析跳槽的前因后果。正如江沈红（2012）①在其研究中提到的，"定性有余定量不足，描述有余分析不足，研究成果角度单一、视野狭窄、综合不足"。

大多数研究很少考察大学毕业生偏高的工资期望也即工资期望落差对工作搜寻时间或失业持续期以及工作转换与首职持续期的影响，还未形成系统化研究，不利于大学毕业生就业和职业发展问题的深入探索和解决。涉及保留工资的既有研究，既没有检验保留工资的有效性，也没有控制工作能力变量而将它归入随机误差项，则可能会导致参数估计偏误，因而得出的结论也可能背离相关理论和常识。一般来说，当其他因素不变，大学毕业生工作能力越强，保留工资越高，越容易找到工作，失业持续期可能反而越短，工作转换次数越少，首职持续期越长。

2.6 本章小结

本章在介绍就业质量和充分就业这两个关键概念的基础上，首先明确了高质量充分就业的内涵。参照刘燕斌（2017）、王广慧等（2015）以及邹云龙和孔洁珺（2011）的相关研究，将大学毕业生群体的高质量充分就业界定为：大学毕业生能快速地实现从学校向职场转换乃至在职工作的转换，获得稳定的工作机会和职业发展，工资期望实现的程度高，可以使他们如愿以偿。

其次，本章结合工作搜寻理论，围绕保留工资、失业持续期、工作转换和首职持续期四个主题，从概念、测量方法、国内外研究现状分别展开综述。其中，对于相关的实证研究，主要从作者（年份）、研究内容、数据、因变量、自变量和控制变量等进行了系统而全面的梳理。

最后，本章立足于本书的研究问题，基于四个主题之间的相互关系，对前述已有研究进行了总体评述，为后文的实证研究奠定了坚实的文献基础。

---

① 江沈红. 大学毕业生跳槽现象研究现状简述［J］. 学校党建与思想教育，2012（15）：73-74.

3 大学毕业生保留工资的
测量及动态变化

3.1 保留工资的测量方法

自 1999 年我国高校扩招以来，大学毕业生就业难问题逐渐凸显，"无业可就"和"有业不就"现象并存。Mccall（1970）[①] 最早提出的工作搜寻理论对解释失业现象提供全新的视角。该理论讲述了不完全信息的条件下求职者寻找工作的过程。该理论假设每一个求职者都面临在特定工资下是选择就业还是保持失业的问题，主要取决于个人的保留工资，所谓保留工资是指个人依据自身条件和劳动力市场形势设定的可以接受的保底工资。效度通常是指测量工具或手段所测量到的结果反映想要测量内容的程度，而保留工资的测量效度是指问卷调查获得的保留工资与工作搜寻理论定义的保留工资的一致性。保留工资不可直接观测，主要通过以下三种方法来估计和测量：

一是问卷调查法，也即调查保留工资。依据被调查者对问题"你愿意接受的最低工资是多少？"的回答来获得保留工资。该方法是否可靠取决于两个方面：一是保留工资数据本身是否有偏；二是保留工资数据的产生过程是否有偏。Prasad（2000）和 Christensen（2001）以德国经济社会面板（GSOEP）数据为例，对调查的保留工资有效性进行了讨论。Prasad（2000）通过计算实际工资高于保留工资的百分比，结合直方图来检验 GSOEP 直接提问获得的保留工资有效性。他发现大多数观测值聚集在零附近，略呈右偏态分布，认为调查获得的保留工资有效。Christensen（2001）利用 GSOEP 计算了保留工资与失

---

① MCCALL J J. Economics of Information and Job Search [J]. Quarterly Journal of Economics, 1970, 84（1）：113-126.

业前实际工资的比率发现，全职工作者的该比率均值和中位数分别是 1. 18 和
1. 04，两者大于 1，说明失业者的保留工资高于失业前的实际工资，在失业期
间约增长了 6%。

二是 Kiefer-Neumann 方法。Kiefer 和 Neumann（1979）[1] 首次基于工作搜
寻理论来估计保留工资。Schmidt 和 Winkelmann（1993）[2] 基于 1977 年德国求
职者的数据，比较了调查保留工资与通过 Kiefer-Neumann 方法估计的保留工
资发现，调查保留工资与工作搜寻理论估计的保留工资基本上一致，两者的均
值基本相同。用调查保留工资对工作搜寻理论推导的保留工资进行回归分析，
两者截距为 0，斜率为 1。Boheim（2002）[3] 利用英国的跟踪调查数据，研究
了劳动者调查的保留工资和通过 Kiefer-Neumann 方法估计保留工资发现，男
性失业者的调查保留工资略低于保留工资估计值，但对于女性失业者而言，两
者基本没有关系。

三是随机前沿模型。Hofller 和 Murphy（1994）[4] 首次将随机前沿模型用于
保留工资估计。Webb 和 Watson（2003）[5] 基于英国住户调查（BHPS）数据，
用随机前沿模型估计 1991—1999 年英国银行业实际多付的工资，即实际工资
高于保留工资的部分。他们发现，多付的工资高达 30%，而且在过去的一段时
间内基本上没有下降。Watson 和 Webb（2008）[6] 利用欧洲住户面板数据
（ECHP），对英国和德国两国居民保留工资水平进行估计显示，英国的保留工
资高于德国，但有悖于德国实际工资和成本/收入比高于英国。Leppin
（2012）[7] 比较了 Kiefer-Neumann 方法和随机前沿模型对于保留工资的测量效
果，运用 Kiefer-Neumann 方法估计了失业者的保留工资，运用随机前沿模型

① KIEFER N M, NEUMANN G R. An Empirical Job-Search Model, With a Test of the Constant
Reservation Wage Hypothesis [J]. Journal of Political Economy, 1979 (1)：89-107.

② SCHMIDT C M, WINKELMANN R. Reservation Wages, Wage Offer Distributions and Accepted
Wages. In Bunzel, H., Jensen, P., and Westergard-Nielsen, N., editors, Panel Data and Labor Market
Dynamics [M]. Amsterdam, 1993.

③ BOHEIM R. The Association between Reported and Calculated Reservation Wages [W]. Working
Paper, University of Essex, 2002.

④ HOFLER R A, MURPHY K J. Estimating Reservation Wages of Employed Workers Using a Sto-
chastic Frontier [J]. Southern Economic Journal, 1994, 60 (4)：961.

⑤ ROBERT WEBB, DUNCAN WATSON, TIM HINKS. Testing for Wage Overpayment in UK Finan-
cial Services：A Stochastic Frontier Approach [J]. Service Industries Journal, 2003, 23 (5)：123-136.

⑥ WATSON D, WEBB R. Reservation Wage Levels in UK and German Financial Services Sectors
[J]. Service Industries Journal, 2008, 28 (8)：1 167-1 182.

⑦ LEPPIN J S. The Estimation of Reservation Wages：A Simulation-Based Comparison [J].
Jahrbücher Für Nationalökonomie Und Statistik, 2012, 234 (5)：603-634.

估计了已经就业者的保留工资。结果显示，随机前沿截面模型估计效果最好，Kiefer-Neumann 未能正确地预测出保留工资的下降趋势。

然而，既有研究对保留工资的测量效度尚无定论。Lancaster 和 Chesher（1983）[①] 指出："人们对保留工资的回答符合最优终止规则，问卷调查的保留工资与工作搜寻理论预期值一致。"Dawes（1993）却指出，保留工资的概念具有误导性。他认为，长期失业者对"你愿意接受的最低工资是多少？"的回答往往体现了生存需要，而并未真正反映失业者自我感知的劳动力市场价值。他还认为，保留工资并不能很好地预测接受工作机会概率或实际工资水平。由于他的研究样本是已经领取了失业保险至少六个月以上的人，根据这些样本得出的结论在多大程度上可以推断，总体尚不清楚。目前国内绝大多数研究以直接提问的方式获得问卷调查的保留工资，并未对其进行有效性检验。如果保留工资数据不准确，那么据此所得的结论不可靠。Kiefer-Neumann 方法适合预测失业者的保留工资，随机前沿模型适合估计就业者的保留工资。鉴于毕业三年后绝大多数毕业生已经就业，本章参考 Leppin（2012）的研究简要介绍随机前沿模型。

3.2　随机前沿模型测量保留工资

随机前沿模型聚焦估计已经就业者的保留工资。Hoffler 和 Murphy（1994）[②] 首次将随机前沿模型应用于保留工资的估计，Jensen et al.（2010）正式将随机前沿函数的基本概念引入保留工资的研究。首先应该注意的是，就业者在某时期的保留工资不能高于同时期的实际工资。实际工资可以定义为：

$$w_{it} = w_{it}^r \times q_{it} \tag{3.1}$$

其中，q_{it} 表示准租金，即真实工资和保留工资之间的差距。依照标准的随机前沿模型的定义，$q_{it} = \exp(u_{it})$。保留工资定义如下：

$$w_{it}^r = \exp(\beta_0) \times \prod_{j=1}^{k} \exp(\beta_j x_{jit}) \times \exp(v_{it}) \tag{3.2}$$

它取决于一组变量 x_{jit}，即就业者 i 在时间 t 通过影响搜寻成本和公告工资

①　LANCASTER T, CHESHER A. An Econometric Analysis of Reservation Wages [J]. Econometrica, 1983, 51 (6)：1 661-1 676.

②　JENSEN U, GARTNER H, RASSLER S. Estimating German Overqualification with Stochastic Earnings Frontiers [J]. AStA Advances in Statistical Analysis, 2010, 94 (1)：33-51.

进而影响保留工资的变量 j。随机误差项 $\exp(v_{it})$ 因人而异，且包含在时间 t 的随机扰动。将式（3.2）代入式（3.1），并在两端取对数，得到实际工资的随机前沿函数：

$$\omega_{it} = \beta_0 + \sum_{j=1}^{k} \beta_j x_{jit} + v_{it} + u_{it} \tag{3.3}$$

其中 $\omega_{it} = \ln w_{it}$，$\omega'_{it} = \ln w'_{it}$。在估计中，联合误差 $\varepsilon_{it} = v_{it} + u_{it}$ 用来替代单个误差，以准确估计准租金。式（3.3）可以用以下三种方法进行估计：①误差项服从半正态分布的截面模型；②随时间变化衰减的面板模型；③不随时间变化的面板模型。估计出保留工资后，可通过辅助回归与问卷调查的保留工资进行比较。

3.2.1 截面模型

截面模型使用截面数据，因此下标 t 在该部分省去。另外，模型中的随机误差项 v_i 和 u_i 的分布假定不同。一般情况下，v_i 被假定服从正态分布，但 u_i 却存在四种不同分布，即伽玛分布、指数分布、半正态分布和有删截的正态分布。既有研究指出，伽玛分布的表现不佳，有删截的正态分布往往会造成不收敛问题，指数分布往往呈现出较差的结果。本章假设 u_i 服从半正态分布，v_i 服从正态分布。v_i 和 u_i 相互独立，都与 x_{ji} 不相关，则有：

$$v_i \sim N(0, \delta_v^2) \qquad u_i \sim N^+(0, \delta_u^2) \tag{3.4}$$

其中，N^+ 表示所选择的正态分布仅限于正数范围内。因此，将未知参数的似然函数可构建如下：

$$\ln L = \sum_{i=1}^{N} \left[\frac{1}{2} \ln\left(\frac{1}{\pi}\right) - \ln\delta + \ln\Phi\left(\frac{\varepsilon_i \lambda}{\delta}\right) - \frac{\varepsilon_i^2}{2\delta^2} \right] \tag{3.5}$$

其中，$\delta = \sqrt{\delta_u^2 + \delta_v^2}$，$\lambda = \delta_u / \delta_v$，$\Phi(.)$ 为标准正态分布函数。通过对数似然函数求极大值，问题依然是从联合误差项中 ε_i 分离出随机误差项 u_i，并识别准租金 q_{it}。Battese 和 Coelli（1988）[①] 提出了如下方法进行估计：

$$E[\exp(u_i) | \varepsilon_i] = \left[\frac{1 - \Phi(-\delta_* - u_{*i}/\delta_*)}{1 - \Phi(-u_{*i}/\delta_*)} \right] \times \exp\left(u_{*i} + \frac{1}{2}\delta_*^2\right) \tag{3.6}$$

其中，$\delta_* = \delta_u^2 \delta_v^2 / \delta^2$，$\mu_* = \varepsilon \delta_u^2 / \delta^2$。通过式（3.6）求出每个人的条件均值，进而用于估计所有就业者的保留工资，然后可通过辅助回归（OLS）与问卷调

---

① BATTESE G E, COELLI T J. Frontier Production Functions, Technical Efficiency and Panel Data: With Application to Paddy Farmers in India [M]. International Applications of Productivity and Efficiency Analysis. Springer Netherlands, 1992: 149-165.

查的保留工资进行分析比较。

3.2.2　时间恒定模型

较之截面模型，时间恒定模型优点是对误差项的限制较少，当 u_{it} 不随时间变化的假设比较严格。从式（3.3）开始增加假设 $u_{it} = u_i$。因此，模型假定效率因人而异，而非时间。误差项的一般假设为：

$$\upsilon_{it} \sim N(0, \delta_v^2) \qquad u_i \sim N^+(\mu, \delta_u^2) \qquad (3.7)$$

假设 u_i 服从有删截的正态分布，且其均值和方差为 μ 和 δ_u^2。误差项 υ_{it} 被假定服从均值为零的正态分布。两个误差项彼此独立。不随时间变化的前沿估计的对数似然函数为：

$$
\begin{aligned}
LnL = & -\frac{1}{2}\sum_{i=1}^{n} T_i \ln(2\pi) - \frac{1}{2}\sum_{i=1}^{n}(T_i - 1)\ln\sigma_v^2 - \frac{1}{2}\sum_{i=1}^{n}\ln(\sigma_v^2 + T_i\sigma_u^2) - \\
& N\ln\left[1 - \Phi\left(-\frac{u}{\delta_u}\right)\right] + \sum_{i=1}^{n}\ln\left[1 - \Phi\left(-\frac{u_i^*}{\delta_i^*}\right)\right] - \frac{1}{2}\sum_{i=1}^{n}\left(\frac{\varepsilon_i'\varepsilon_i}{\delta_v^2}\right) - \\
& \frac{1}{2}N\left(\frac{\mu}{\delta_u}\right) + \frac{1}{2}\sum_{i=1}^{n}\left(\frac{u_i^*}{\delta_i^*}\right)^2
\end{aligned}
\qquad (3.8)
$$

同理，对准租金的识别采用和截面模型类似的方法。

3.2.3　时变衰减模型

时间衰减模型由 Battese 和 Coelli（1992）提出，他们假定误差项具有随时间变化的部分：

$$u_{it} = \eta_{it} u_{it} = \exp[\eta(t - T_i)] u_i \qquad (3.9)$$

这意味着成本效率被假定：如果 $\eta > 0$，u_{it} 将随时间推移而增加，如果 $\eta < 0$，u_{it} 将随时间推移而减少；如果 $\eta = 0$，u_{it} 将随时间推移而不变，此时该模型就等同于时间不变模型，在时间不变模型中，u_{it} 和 υ_{it} 被假定是不变的。对数似然估计可推导出如下结果：

$$
\begin{aligned}
LnL = & -\frac{1}{2}\sum_{i=1}^{n} T_i \ln(2\pi) - \frac{1}{2}\sum_{i=1}^{n}(T_i - 1)\ln\sigma_v^2 - \frac{1}{2}\sum_{i=1}^{n}\ln(\sigma_v^2 + \eta_i'\eta\sigma_u^2) - \\
& N\ln\left[1 - \Phi\left(-\frac{\mu}{\delta_u}\right)\right] + \sum_{i=1}^{n}\ln\left[1 - \Phi\left(-\frac{\mu_i^*}{\delta_i^*}\right)\right] - \frac{1}{2}\sum_{i=1}^{n}\left(\frac{\varepsilon_i'\varepsilon_i}{\delta_v^2}\right) - \\
& \frac{1}{2}N\left(\frac{\mu}{\delta_u}\right)^2 + \frac{1}{2}\sum_{i=1}^{n}\left(\frac{\mu_i^*}{\delta_i^*}\right)^2
\end{aligned}
\qquad (3.10)
$$

同样地，从联合误差项 ε_i 分离出误差项 u_i 的方法来自 Jondrow 等（1981）[①]，u_i 的预测最终由式（3.6）修改得到：

$$\mathrm{E}\left[\,\exp(u_i)\,|\,\varepsilon_i\,\right] = \left[\,\frac{1 - \Phi(-\eta_u\delta_i^* - \mu_i^*/\delta_i^*)}{1 - \Phi(-\mu_i^*/\delta_i^*)}\,\right] \times \exp\left[\,\eta_u\mu_i^* + \frac{1}{2}(\eta_u\delta_i^*)^2\,\right]$$

$$(3.11)$$

3.3 变量和描述统计

3.3.1 变量测量及编码

测度保留工资有效性的随机前沿模型必须控制相关的影响因素，这些因素通常包括年龄、教育程度、工作经验、行业类型和职业类型等变量。相关变量测量和处理简要介绍如下：

（1）实际工资与保留工资。实际工资与保留工资分别是随机前沿模型中的因变量。由于涉及时间和地区差异，为了使其具有可比较性，本书按照各地区的 CPI 对 2010 年的实际工资与保留工资按 2007 年的可比价格平减。同时，为了纠正工资分布及缓解异方差问题，下文对实际工资与保留工资取自然对数。

（2）性别。采用哑变量来测度，女生记为 1，男生则记为 0。

（3）年龄。年龄主要是依据调查年份减去出生年份计算而得的整数年龄。

（4）工作月数。工作月数是通过问卷调查直接获得，该变量在一定程度上反映大学毕业生从学校向工作过渡的快慢和角色转变的效果。工作月数的平方项旨在捕捉该效应的非线性特征。

（5）毕业学校类型。毕业学校类型一般是"211"重点本科、一般本科和高职高专三类，这三种不同分类能够向雇主传递一定的教育质量和学校声誉信号。

（6）工程类专业。我国工程教育的规模居世界第一，高等教育在校生中工科生约占 30%。本书将本科专业中的工学大类，将高职专业中的资源开发与测绘大类、材料与能源大类、土建大类、水利大类、制造大类、电子信息大类和轻纺食品大类均定义为工程类专业[②]。

---

① JONDROW J, LOVELL C A K, MATEROV I S. On the Estimation of Technical Inefficiency in the Stochastic Frontier Production Function Model [J]. Journal of Econometrics, 1981, 19 (2-3)：233-238.

② 门垚，王伯庆，郭娇. 我国工程类大学毕业生 2011 年度就业分析 [J]. 高等工程教育研究，2012 (3)：42-53.

（7）高收入行业。本书参照柴国俊和邓国营（2011）① 的研究，将高于所有行业平均工资的行业归为高收入行业；反之，则将其归为低收入行业。

（8）公共部门。麦可思按照所有制性质将工作单位划分为 5 类：国有企业、民营企业/个体、中外合资/外资/独资、政府机构/科研事业、非政府的非营利组织（NGO 等）。为求简便，本书将政府机构、科研事业和国有企业归为公共部门，其余 3 类归为私有部门。

（9）职业类型。本书采用最简便常用的二分法，将高于所有职业平均工资的职业看作白领职业；反之，则将其归为蓝领职业。

（10）工作地区类型。本书采用麦可思研究院的划分方法，将全国（不含香港、澳门、台湾地区）31 个省（自治区、直辖市）划分为四类：第一类是东部和沿海发达地区，具体包括北京、福建、广东、江苏、山东、上海、天津、浙江；第二类是东部沿海中等发达地区，具体包括海南、黑龙江、吉林、辽宁；第三类是中西部中等发达地区，具体包括安徽、广西、河北、河南、湖北、湖南、江西、内蒙古、山西、陕西、四川、云南、重庆；第四类是中西部不发达地区，具体包括甘肃、贵州、宁夏、青海、西藏和新疆。

（11）当地人均 GDP。本书按照所在省份 CPI 对 2011 年人均 GDP 按 2008 年的可比价格进行平减。该变量用于反映宏观经济发展水平，经济发展水平越高的地区，实际工资和保留工资可能越高。

（12）当地城镇登记失业率。该变量在一定程度上反映所在省份劳动力市场需求的宽松与紧缩程度，它会影响到工资分布和工作机会到达率，进而影响保留工资与实际工资。

（13）基本能力。基本能力是所有工作都必须具备的能力，主要包括 5 大方面，共 35 个能力子项（见表 3.1）。调查时，大学毕业生评估各项能力在工作中的重要性、工作要求水平和自己离校时的掌握水平，重要性评价为 6 级，掌握程度为 7 级。按照重要性对每项能力所掌握的程度进行加权，计算出离校时掌握的 35 项能力总水平，并换算为百分数，分数区间为 0~100 分，分数越高说明工作能力越强。企业一般要求在 40 分以上，毕业生掌握的水平多在 30~60 分。为了使回归系数更明显，除开第 5 章以外，本书都将其转化到了 0~1 之间。

（14）职业能力。职业能力是从事某一职业特殊需要的能力。对于职业能力，麦可思认为中国大学生可以从事的职业共 721 个，相应的职业能力一共近万条，鉴于其测评的复杂性和多样性，因而予以省略。为了使回归系数更明显，本书也将其转化到了 0~1 之间。基本能力和职业能力共同组成大学生获

---

① 柴国俊，邓国营. 行业选择与工资差异——来自大学毕业劳动力市场的证据 [J]. 南开经济研究 2011（1）：54-71.

得初次就业、维持就业和重新就业所需要的工作能力。

表 3.1　麦可思评价中国大学毕业生工作能力的维度一览

	管理能力 （11 项）	应用分析能力 （10 项）	理解与交流能力 （7 项）	科学思维能力 （4 项）	动手能力 （3 项）
评价子维度（35 项）	绩效监督 协调安排 说服他人 谈判技能 指导他人 解决复杂的问题 判断和决策 时间管理 财务管理 物资管理 人力资源管理	新产品构思 技术设计 设备选择 质量控制分析 操作监控 操作和控制 设备维护 疑难排解 系统分析 系统评估	理解性阅读 积极聆听 有效的口头沟通 积极学习 学习方法 理解他人 服务他人	针对性写作 数学解法 科学分析 批判性思维	安装能力 电脑编程 维修机器和系统

资料来源：麦可思研究院. 2011 年中国大学生就业报告［M］. 北京：社会科学文献出版社，2011.

（15）工作与所学专业对口。如果从事工作与所学专业对口，则记为 1；否则记为 0。人力资本理论认为专业教育提高了相关职业的劳动生产率。李锋亮和丁小浩（2005）对全国高校毕业生的调查数据研究发现，对大多数专业而言，工作与所学专业对口与否都不对毕业生起薪产生显著的影响。

3.3.2　描述统计

如前文所述，有 4 059 人同时接受了 2007 届大学生毕业半年后抽样调查和毕业三年后职业发展跟踪调查。其中，有 1 489 个 2007 届大学毕业生半年后的保留工资为 0，远远低于各省最低工资标准。因此，本书将保留工资低于 500 元/月的 1 533 个样本作为异常值予以剔除，2007 届大学生毕业半年后样本仅剩 2 272 个，2007 届大学生毕业三年后样本仅剩 3 417 个，两次调查样本共计 5 689 个。对比表 3.2 第（1）列和第（3）列显示，随着个体变化又随时间变化的变量主要有实际工资对数、保留工资对数、年龄、工作月数、工作月数的平方项/100；2007 届大学生毕业三年后的实际工资和保留工资较之 2007 届大学生毕业半年后高了 0.545 和 0.446，即分别增长了 54.5%和 44.6%；年龄由 22.28 增至 25.27，增长了 3 岁，工作月数也增长了 36 个月。其他变量随个体变化但不随时间变化，第（1）列和第（3）列呈现的细微差别主要由于样本量差异所致。

表 3.2 相关变量的描述统计

	毕业半年后		毕业三年后		全体样本	
	均值（1）	标准差（2）	均值（3）	标准差（4）	均值（5）	标准差（6）
实际工资对数（log）	7.608	0.469	8.153	0.464	7.935	0.537
保留工资对数（log）	7.519	0.417	7.965	0.506	7.787	0.521
女生	0.339	0.473	0.337	0.473	0.337	0.473
年龄	22.28	1.167	25.27	1.169	24.08	1.873
工作月数	7.674	3.266	43.70	3.298	28.98	18.01
工作月数的平方项/100	0.696	0.510	19.21	2.872	11.64	9.370
"211" 重点本科	0.209	0.407	0.184	0.388	0.194	0.396
一般本科	0.342	0.474	0.346	0.476	0.344	0.475
高职高专	0.449	0.498	0.470	0.499	0.462	0.499
工程类专业	0.445	0.497	0.454	0.498	0.450	0.498
高收入行业	0.300	0.458	0.463	0.499	0.398	0.489
公共部门	0.267	0.442	0.285	0.451	0.278	0.448
白领职业	0.467	0.499	0.574	0.495	0.531	0.499
东部和沿海发达地区	0.663	0.473	0.653	0.476	0.657	0.475
东部和沿海中等发达地区	0.043	0.203	0.042	0.201	0.043	0.202
中西部中等发达地区	0.261	0.439	0.274	0.446	0.269	0.443
中西部不发达地区	0.033	0.179	0.031	0.173	0.032	0.176
当地人均 GDP	10.26	0.521	10.54	0.442	10.43	0.494
当地城镇登记失业率	3.261	0.794	3.207	0.840	3.228	0.822
基本能力	0.576	0.131	0.576	0.130	0.576	0.130
职业能力	0.502	0.142	0.502	0.143	0.502	0.143
工作与所学专业对口	0.673	0.469	0.633	0.482	0.649	0.477
样本量	2 272		3 417		5 689	

3.4 保留工资的测量效度检验

3.4.1 保留工资的估计值

表 3.3 首先采用三种不同方法去估计实际工资方程显示，模型（1）至模型（3）所有影响因素的显著性和符号基本一致。性别、工作月数、"211" 重

点大学、一般本科、高收入行业、白领职业、就业所在区域、当地人均 GDP、基本能力、职业能力、工作与所学专业对口都对实际工资具有显著的影响。其他因素相同时，女生毕业的月工资分别比男生低12%，这可能由于职场中的性别歧视所致。工作月数对工资的边际效应为2%左右，这可能是因为大学生毕业半年后大多都通过了试用期，工资处于增长阶段。

表 3.3　随机前沿模型估计实际工资方程

相关变量	模型（1） 截面模型 b/se	模型（2） 时间恒定模型 b/se	模型（3） 时变衰减模型 b/se
女生	−0.116 *** （0.011）	−0.121 *** （0.012）	−0.116 *** （0.012）
年龄	0.001 （0.005）	0.001 （0.005）	0.001 （0.005）
工作月数	0.019 *** （0.003）	0.018 *** （0.003）	0.019 *** （0.003）
工作月数的平方项/100	−0.009 ** （0.004）	−0.008 ** （0.004）	−0.009 ** （0.004）
"211"重点本科	0.405 *** （0.015）	0.408 *** （0.017）	0.405 *** （0.017）
一般本科	0.237 *** （0.013）	0.245 *** （0.015）	0.237 *** （0.015）
工程类专业	0.005 （0.011）	0.005 （0.012）	0.005 （0.012）
高收入行业	0.126 *** （0.011）	0.108 *** （0.011）	0.126 *** （0.012）
公共部门	−0.007 （0.012）	−0.014 （0.012）	−0.007 （0.013）
白领职业	0.125 *** （0.011）	0.114 *** （0.011）	0.125 *** （0.011）
东部和沿海中等发达地区	−0.123 *** （0.027）	−0.120 *** （0.032）	−0.123 *** （0.031）
中西部不发达地区	−0.095 *** （0.035）	−0.086 ** （0.041）	−0.095 ** （0.042）
中西部中等发达地区	−0.114 *** （0.015）	−0.110 *** （0.017）	−0.114 *** （0.017）
当地人均 GDP	0.179 *** （0.016）	0.188 *** （0.017）	0.179 *** （0.018）

表3.3(续)

相关变量	模型（1） 截面模型 b/se	模型（2） 时间恒定模型 b/se	模型（3） 时变衰减模型 b/se
当地城镇登记失业率	−0.012 * （0.007）	−0.012 （0.008）	−0.012 （0.008）
基本能力	0.330 *** （0.045）	0.343 *** （0.052）	0.330 *** （0.052）
职业能力	0.124 *** （0.042）	0.124 *** （0.048）	0.124 *** （0.047）
工作与所学专业对口	0.054 *** （0.011）	0.054 *** （0.011）	0.054 *** （0.012）
2007 届大学生毕业三年后	−0.044 （0.060）	−0.027 （0.068）	−0.044 （0.068）
constant	5.174 *** （0.203）	6.740 *** （0.230）	5.175 *** （0.228）
sigma_u	0.002	0.249	0.060
sigma_v	0.375	0.281	0.375
chi2	6 029.486	7 500.643	6 599.337
N	5 562	5 562	5 562

注：***、**、*分别代表在1%、5%、10%的水平下显著；括号内为稳健标准误。

"211"重点本科大学毕业生半年后月工资高于高职高专毕业生41%，而一般本科院校毕业生半年后月工资高于高职高专毕业生24%，这是因为"211"重点大学的毕业生能够享受更多、更优质的教育资源，通常具有更高质量的人力资本。大学毕业生在高收入行业内的平均工资高于低收入行业内的平均工资12%；大学毕业生从事白领职业内的平均工资高于蓝领职业的平均工资12%。就业所在区域对实际工资的影响也非常显著，经济越发达地区，实际工资水平越高。相对东部和沿海发达地区，东部和沿海中等发达地区、中西部中等发达地区、中西部不发达地区大学毕业生的实际工资分别低12%、11%和9%。

实际工资对当地人均GDP的反应弹性为0.18，这也就是说当地人均GDP每增长1%，实际工资就增长0.18%。基本能力和职业能力分别体现了人力资本的两个维度：通用性人力资本和专用性人力资本。前者是所有职业都需要的基本能力；后者是对特定职业非常重要但对其他职业并不重要的能力。基本能力和职业能力都对实际工资具有显著的正向影响，但前者的影响是后者的3倍，这是由于企业人力资源管理推行绩效工资制度所致。通常地，大学毕业生基本能力和职业能力越强，绩效越高，因而获得了与其能力相对应的高工资。工作与所学专业对口，这对实际工资有显著的正向影响。

3.4.2 保留工资估计值对调查值的一致性

根据随机前沿模型估计的实际工资方程，进而估计保留工资，再将估计的保留工资作为自变量，将问卷调查得到的保留工资作为因变量，进行一元线性回归。若回归系数越接近 1，常数项越接近于 0，则表明保留工资的估计值和调查值有较高的一致性，换句话说，调查的保留工资有较高的效度。表 3.4 的回归结果显示，模型（1）和模型（3）对于保留工资的测量明显比模型（2）好，即随机前沿模型的截面和随时间衰减假设能更好地估计保留工资。

表 3.4　保留工资的估计值对调查值一元线性回归分析

因变量：调查的保留工资	模型（1）b/se	模型（2）b/se	模型（3）b/se
截面模型估计的保留工资	0.803 *** （0.015）		
时间恒定模型估计的保留工资		−0.009 *** （0.001）	
时变衰减模型估计的保留工资			0.802 *** （0.015）
常数项	1.403 *** （0.118）	8.234 *** （0.036）	1.404 *** （0.118）
r2	0.347	0.028	0.347
F	2 879.573	168.654	2 878.164
N	5 562	5 562	5 562

注：***、**、*分别代表在1%、5%、10%的水平下显著；括号内为稳健标准误。

图 3.1 直观展示了基于随机前沿模型估计保留工资和调查保留工资的核密度分布对比，三条曲线分别是截面模型、时变衰减模型、调查保留工资的核密度曲线。从三条保留工资核密度曲线的位置可以看出，估计的保留工资平均值较高，离散程度较小，这表明保留工资的估计和调查值有较高的一致性，即有较高的测量效度。本章参照 Prasad（2000）提出的直方图检验方法，通过计算实际工资减去保留工资，并将这一差距占保留工资的百分比，来检验调查保留工资的有效性。图 3.2 显示，大多数观测值聚集在 0 附近，基本呈正态分布，而且毕业半年后和毕业三年后的保留工资基本一致，这也表明问卷调查获得的大学毕业生保留工资数据是有效的、可靠的。

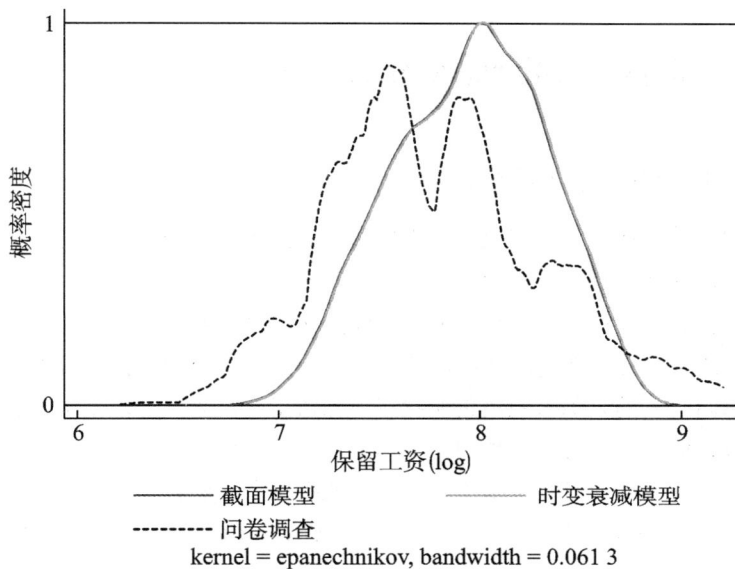

概率密度

保留工资(log)

————— 截面模型　　　　　　————— 时变衰减模型
- - - - - 问卷调查
kernel = epanechnikov, bandwidth = 0.061 3

图 3.1　模型估计和问卷调查获得的保留工资核密度分布

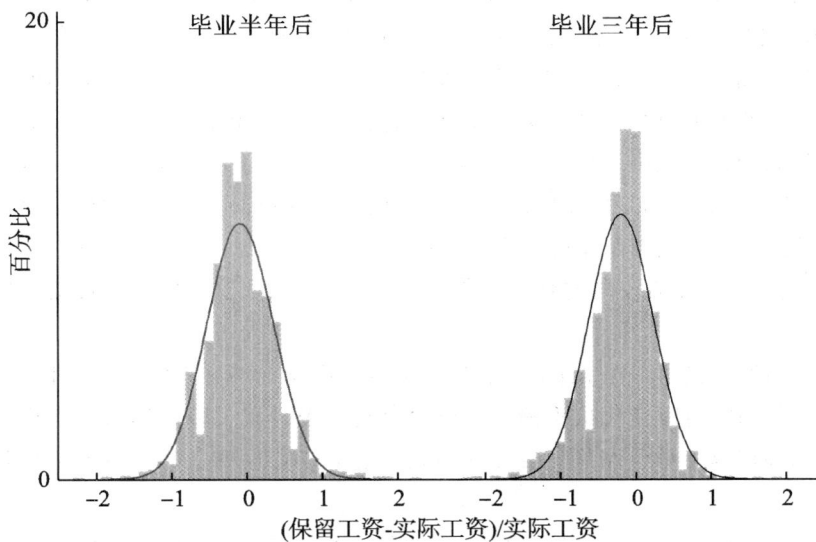

百分比

毕业半年后　　　　　　　　　毕业三年后

(保留工资-实际工资)/实际工资

图 3.2　问卷调查获得的大学毕业生保留工资分布

3.5　保留工资的动态变化及分解

3.5.1　保留工资动态变化

保留工资如何随时间变化是工作搜寻理论的重要议题之一。与之相关并经常引起争议的问题是：失业者是在失业期间降低自身的保留工资，还是继续维持保留工资直到他们找到一份合适的工作为止。这关系到保留工资随时间增高或降低，或是不变？随着时间的增长，可能导致观察到的保留工资上涨，因为只有要求高工资的人仍未脱离失业状态。保留工资高固然可以使求职者得到较高的工资，但同时也会延长预期的工作搜寻时间，即失业持续期。①

然而，一些经验研究也指出，随着失业持续期的延长，失业者会降低自己的保留工资。Crosslin 和 Stevens（1977）② 则认为保留工资会影响失业持续期，而失业持续期的长短又会对失业者的保留工资产生影响，两者互为因果。若以最小二乘法（OLS）估计，会产生低估的结果。他们以联立方程式来估计，结果发现失业期间每增加一个月，保留工资会下降 0.3% ~ 0.6%。林祖嘉（1992）利用我国台湾地区大专以上毕业生的实证研究发现，大学生的失业持续期每增加一个单位，平均保留工资会下降 0.32% ~ 0.7%，较之美国的结果略高。一些实证研究还试图探讨保留工资是否恒定。Prasad（2003）③ 利用荷兰数据采用普通最小二乘法（OLS），发现保留工资与失业持续期之间没有关系。Addison 等（2009）使用欧洲住户面板数据（ECHP）研究发现，保留工资并不随失业持续期而变化，这主要得益于失业者长期（近乎终身）较高的失业救济金导致了较高的保留工资。这些研究为恒定保留工资假说提供了支持。

很显然，失业者保留工资如何随时间变化尚无定论，那么对于在业者的保留工资如何随时间变化也不清楚，更值得我们去研究。2007 届大学生毕业半年后的抽样调查对于保留工资的提问是"您对毕业后的工作期待的最低月薪

---

① 林祖嘉. 工作搜寻模型与失业期间——台湾地区大专毕业生之经验 [J]. 经济论文，1991（2）：183-215.

② CROSSLIN R L, STEVENS D W. The Asking Wage-Duration of Unemployment Relation Revisited [J]. Southern Economic Journal, 1977, 43（3）：1 298-1 302.

③ PRASAD E S. What Determines the Reservation Wages of Unemployed Workers? New Evidence from German Micro Data [W]. Discussion Paper No. 694, 2003.

是多少?"和 2007 届大学生毕业三年后职业发展跟踪调查的提问是"最近一次求职中您期待的月收入期待底线是?"。2007 届大学生毕业半年后和三年后就业率为 87.5% 和 96.5%,图 3.3 显示,保留工资均值分别为 2 015.9 元和 3 536.9 元,中位数分别为 1 800 元和 3 000 元。为什么 2007 届大学生毕业三年后的保留工资有较大的增长?是毕业生积累了更多人力资本?还是人力资本市场回报逐年升高?

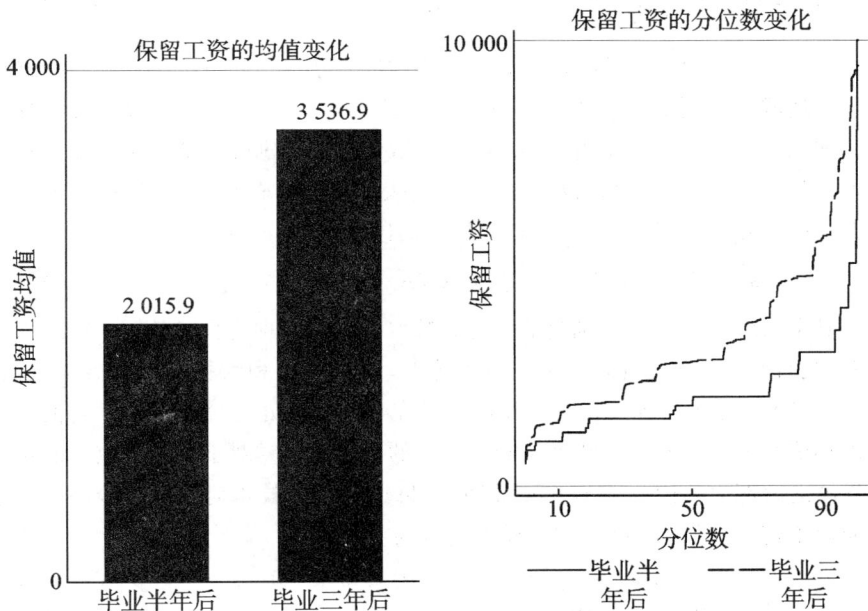

图 3.3 2007 届大学毕业生半年后和三年后保留工资的差异比较

3.5.2 保留工资动态变化分解方法[①]

为分解大学毕业生的保留工资动态变化,本章采用 Oaxaca - Blinder (1973)[②] 分解及其拓展技术。其基本步骤是:首先分年份估计大学毕业生保留工资方程:

$$\text{Ln}w_{ij} = X_{ij}\beta_j + \varepsilon_{ij} \tag{3.12}$$

---

① 谭远发. 中国大学毕业生性别工资差距分布特征研究:"天花板效应"还是"粘地板效应"? [J]. 人口学刊,2012 (6):51-63.

② BLINDER A. Wage Discrimination: Reduced Form and Structural Estimates [J]. Journal of Human Resources,1973,7 (4):436-55;OAXACA R. Male-Female Wage Differentials in Urban Labor Markets [J]. International Economic Review,1973,14 (3):693-709.

其中，下标 $i = 1, 2, \cdots, N$ 为观测样本；上标 $j = m$，f 分别代表 2007 届大学生毕业三年后和半年后；$\mathrm{Ln}w_{ij}$ 为工资对数；X_{ij} 为自变量，包括工作能力；β_j 为待估系数；ε_{ij} 为随机误差项。

分年份估计式（3.12）以后，将保留工资动态变化分解为：

$$\overline{\mathrm{Ln}w_m} - \overline{\mathrm{Ln}w_f} = (\overline{\mathrm{X}_m} - \overline{\mathrm{X}_f}) \hat{\beta}_f + (\hat{\beta}_m - \hat{\beta}_f) \overline{\mathrm{X}_m} \qquad (3.13)$$

其中，$\overline{\mathrm{Ln}w_j} = \dfrac{1}{N} \displaystyle\sum_{i=1}^{N} \mathrm{Ln}w_{ij}$；$\overline{\mathrm{X}_j} = \dfrac{1}{N} \displaystyle\sum_{i=1}^{N} \mathrm{X}_{ij}$。保留工资动态变化可以分解为：

$$\overline{\mathrm{Ln}w_m} - \overline{\mathrm{Ln}w_f} = (\overline{\mathrm{X}_m} - \overline{\mathrm{X}_f}) \hat{\beta}_m + (\hat{\beta}_m - \hat{\beta}_f) \overline{\mathrm{X}_f} \qquad (3.14)$$

上述两式右侧第一项为可解释部分，即禀赋效应；第二项为不可解释部分，即租金效应。两式使用了不同年份系数作为无差别的工资结构，虽然在数理上等价，但经验分解结果却不相同。这就是 Oaxaca–Blinder（1973）分解备受诟病的"指数问题"。为解决此问题，后续研究其分解拓展为：

$$\overline{\mathrm{Ln}w_m} - \overline{\mathrm{Ln}w_f} = (\overline{\mathrm{X}_m} - \overline{\mathrm{X}_f}) \hat{\beta}_* + (\hat{\beta}_m - \hat{\beta}_*) \overline{\mathrm{X}_m} + (\hat{\beta}_* - \hat{\beta}_f) \overline{\mathrm{X}_f} \qquad (3.15)$$

其中，$\hat{\beta}^*$ 为无年份差别时的估计系数。右侧第一项为禀赋效应；第二项为"三年后优势"；第三项为"半年后劣势"，后两项之和为租金效应。很显然，式（3.13）、式（3.14）和式（3.15）是在条件均值处的分解。鉴于均值容易受极端值影响，还掩盖了整个工资分布上的年份差异，对不同分位数上的年份差异缺乏解释力。因此，本章采用 Quantile 回归分解技术对其进行分解。大学毕业生工资方程的 Quantile 回归模型设置为：

$$\mathrm{Ln}w_{ij} = \mathrm{X}_{ij}\beta(\theta)_j + \varepsilon(\theta)_{ij}; \quad \theta \in (0, 1) \qquad (3.16)$$

其中，X_{ij} 为影响工资的自变量，包括工作能力。$\beta(\theta)_j$ 为在分位数 θ 处估计的 Quantile 回归参数。在分位数 θ 处，对数工资 $\mathrm{Ln}w_{ij}$ 的条件分布满足：$q(\mathrm{Ln}w_{ij} \mid \mathrm{X}_{ij}) = \mathrm{X}_{ij}\beta(\theta)_j$；且有 $q(\varepsilon(\theta)_{ij} \mid \mathrm{X}_{ij}) = 0$。根据 Koenker 和 Basset（1978）[①] 的研究，$\beta(\theta)_j$ 可通过求解下式得到：

$$\hat{\beta}(\theta)_j = \arg\min_{\beta(\theta)_j} \frac{1}{N} \sum_{i=1}^{N} \left[\mathrm{Ln}w_{ij} - \mathrm{X}_{ij}\beta(\theta)_j \right] \left[\theta - 1(\mathrm{Ln}w_{ij} \leqslant \mathrm{X}_{ij}\beta(\theta)_j) \right]$$

$$(3.17)$$

其中，$1(\cdot)$ 为指示函数。要分解保留工资动态变化，在分男女（$j = m, f$）估计参数 $\hat{\beta}(\theta)_j$ 后，还必须构建反事实状态工资分布——假定的公平状态，即赋予大学生毕业半年后以毕业三年后的生产率特征，而毕业三年后的生产率特征的市场回报率保持不变。构建反事实状态工资分布的方法很多，本章采用

① KOENKER R, BASSETT G. Regression quantiles [J]. Econometrica, 1978, 46: 33–50.

Melly（2006）的方法。首先，选定 M 个分位数 $\theta_k(k=1,2,\cdots,$ M；$0 < \theta_k < 1)$ 进行 Quantile 回归估计相应的条件工资分布，记 $\hat{\beta}_j = [\hat{\beta}(\theta_1)_j,\ \hat{\beta}(\theta_2)_j,\ \cdots,\ \hat{\beta}(\theta_M)_j]$ 为在 M 个分位数 θ_k 估计系数。其次，对条件工资分布按所有解释变量积分，得到分位数 θ 的无条件工资分布估计量。其公式为：

$$\hat{q}(X_j,\hat{\beta}_j) = \inf\left\{q: \frac{1}{N}\sum_{i=1}^{N}\sum_{k=1}^{M}(\theta_k - \theta_{k-1})1(X_{ij}\hat{\beta}(\theta)_j \leqslant q) \geqslant \theta\right\} \quad (3.18)$$

最后，基于式（3.7）构建反事实状态的工资分布：

$$\hat{q}^*(X_f,\hat{\beta}_m) = \inf\left\{q: \frac{1}{N}\sum_{i=1}^{N}\sum_{k=1}^{M}(\theta_k - \theta_{k-1})1(X_{ij}\hat{\beta}(\theta)_m \leqslant q) \geqslant \theta\right\}$$
$$(3.19)$$

结合式（3.7）和式（3.8），将分位数 θ 处的工资差距分解为：

$$\hat{q}(X_m,\hat{\beta}_m) - \hat{q}(X_f,\hat{\beta}_f) = [\hat{q}(X_{im},\hat{\beta}_m) - \hat{q}^*(X_f,\hat{\beta}_m)] + [\hat{q}^*(X_f,\hat{\beta}_m) - \hat{q}(X_f,\hat{\beta}_f)]$$
$$(3.20)$$

式（3.20）右边第一部分为禀赋效应（C），第二项为租金效应（D）。较之式（3.13）、式（3.14）和式（3.15），式（3.20）本质上仍以大学生毕业半年后回归系数作为无差别的工资结构，只是在不同分位数上对男女生工资分布进行分解。本章首先仍采用式（3.13），然后采用式（3.20）对大学毕业生的保留工资动态变化进行分解和比较分析。

3.5.3 保留工资的动态变化分解结果

表 3.5 显示，对比 QR 和 OLS 估计结果，除开年龄、东部和沿海发达地区这两个变量以外，其他所有变量对两个时点上保留工资的影响一致，性别、基本能力、毕业学校类型、工程类专业和当地人均 GDP 对大学毕业生毕业半年后和毕业三年后的保留工资有显著影响。QR 回归比 OLS 估计提供了更丰富的信息。以性别为例，从均值上看，女生毕业半年后和毕业三年后的保留工资比男生分别低 10.5% 和 11.5%。然而，从各分位数来看差异比较明显，在 10% 的分位数上，毕业三年后女生并不比男生的保留工资低，但毕业半年后却比男生的保留工资显著低 9.5%；90% 的分位数上，毕业半年后女生只比男生的保留工资低 14.7%，但毕业三年后却比男生的保留工资显著低 17.1%。因此，本章以 Quantile 回归结果为基准进行分析。

表 3.5　保留工资的动态变化的分位数回归

相关变量	2007届大学生毕业后半年				2007届大学生毕业后三年			
	模型(1)	模型(2)			模型(3)	模型(4)		
	均值	10分位数	50分位数	90分位数	均值	10分位数	50分位数	90分位数
	b/se	b/se	b/se	b/se	b/se	b/se	b/se	b/se
女生	-0.105*** (0.017)	-0.032 (0.027)	-0.100*** (0.019)	-0.147*** (0.031)	-0.115*** (0.017)	-0.095*** (0.029)	-0.093*** (0.024)	-0.171*** (0.031)
年龄	0.026*** (0.008)	0.026** (0.012)	0.022*** (0.008)	0.035** (0.016)	0.012 (0.008)	0.013 (0.011)	0.010 (0.011)	-0.003 (0.015)
基本能力	0.309*** (0.078)	0.171 (0.125)	0.258*** (0.079)	0.511*** (0.164)	0.324*** (0.075)	0.100 (0.116)	0.323*** (0.116)	0.567*** (0.101)
职业能力	0.090 (0.070)	0.133 (0.111)	0.054 (0.079)	0.079 (0.157)	0.102 (0.064)	0.170 (0.108)	0.101 (0.086)	-0.086 (0.094)
无实习经历	0.007 (0.024)	-0.019 (0.049)	0.002 (0.029)	0.001 (0.050)	-0.003 (0.025)	-0.074 (0.045)	0.023 (0.031)	0.004 (0.043)
"211"重点本科	0.277*** (0.022)	0.316*** (0.033)	0.305*** (0.034)	0.208*** (0.044)	0.323*** (0.023)	0.243*** (0.041)	0.357*** (0.037)	0.366*** (0.036)
一般本科	0.113*** (0.021)	0.138*** (0.031)	0.132*** (0.024)	0.041 (0.041)	0.198*** (0.020)	0.143*** (0.028)	0.207*** (0.032)	0.243*** (0.036)
工程类专业	0.075*** (0.017)	0.086*** (0.028)	0.050*** (0.018)	0.079*** (0.030)	0.087*** (0.017)	0.050** (0.023)	0.101*** (0.023)	0.086*** (0.030)

相关变量	2007届大学生毕业后半年				2007届大学生毕业后三年			
	模型（1）	模型（2）			模型（3）	模型（4）		
	均值	10分位数	50分位数	90分位数	均值	10分位数	50分位数	90分位数
	b/se	b/se	b/se	b/se	b/se	b/se	b/se	b/se
东部和沿海发达地区	0.037	0.043	0.029	0.031	0.152***	0.176***	0.169***	0.083*
	(0.022)	(0.034)	(0.026)	(0.041)	(0.022)	(0.030)	(0.031)	(0.048)
当地人均GDP	0.172***	0.228***	0.165***	0.117**	0.147***	0.080**	0.154***	0.197***
	(0.021)	(0.032)	(0.024)	(0.048)	(0.024)	(0.041)	(0.034)	(0.047)
当地城镇登记失业率	0.000	0.014	0.012	-0.032	-0.018*	-0.037*	-0.021	0.002
	(0.011)	(0.019)	(0.015)	(0.025)	(0.011)	(0.019)	(0.015)	(0.015)
常数项	4.837***	3.780***	4.980***	5.712***	5.706***	5.994***	5.625***	6.087***
	(0.288)	(0.445)	(0.265)	(0.617)	(0.328)	(0.604)	(0.463)	(0.605)
R2_a/R2_p	0.197	0.145	0.124	0.068	0.181	0.100	0.078	0.111
N	2 279	2 279	2 279	2 279	3 427	3 427	3 427	3 427

注：***，**，*分别代表在1%、5%、10%的水平下显著；括号内为稳健标准误。

表 3.5 显示，基本能力、毕业学校类型、工程类专业和当地人均 GDP 对大学毕业生的毕业半年后和毕业三年后的保留工资有显著影响。在其他因素给定时，工作能力每提高 1 个百分点，保留工资将显著提高 0.258% ~ 0.567%。"211"重点本科和一般本科毕业生半年后月工资预期高于高职高专毕业生 20.8% ~ 36.6% 和 13.2% ~ 24.3%。这是由于"211"重点大学的毕业生能够享受更多、更优质的教育资源，通常具有更高质量的人力资本，工资期望也更高。工程类专业比非工程类专业的工资预期高 5% ~ 8.6%。当地人均 GDP 增长 1%，大学毕业生的保留工资将提高 0.08% ~ 0.228%。

此外，职业能力、无实习经历、当地城镇登记失业率对大学生毕业半年后和三年后的保留工资无显著影响。年龄对大学生毕业半年后的保留工资有显著的正向影响，毕业三年后的保留工资没有显著影响；较之其他地区，东部和沿海发达地区大学生毕业半年后的保留工资优势并不显著，但毕业三年后，东部和沿海发达地区大学生却比其他地区大学生高了 8.3% ~ 17.6%。东部和沿海发达地区的物价水平相对较高，用人单位要吸引住所需要的大学生，必须向其支付足以弥补高物价的工资水平。

本章采用 QR 和 OLS 回归对男女样本分别估计保留工资方程，将保留工资差距（T）分解为两部分：禀赋效应（C）和租金效应（D），即 T = C + D。表 3.6 显示，从均值上看，毕业三年后的保留工资高于半年后保留工资 44.6%，这些差异中可以被个人禀赋效应所解释的分别占 19.81%，租金效应分别占 80.19%。从分位数上看，图 3.4 直观地显示，大学生毕业三年后和半年后的保留工资差距随着分位数升高而扩大，由 31.6% 扩大至 60.5%，其中，禀赋效应却随着分位数的升高而不断下降，由 39.24% 降低至 23.31%；租金效应也随着分位数的升高而上升，由 60.76% 扩大至 76.69%。这可能是因为人力资本的市场回报逐年增加，也可能是因为大学毕业生对劳动力市场上的工资分布认知更加准确了。

表 3.6 保留工资动态变化的分解结果

相关变量	模型（1）：OLS		模型（2）：QR					
	均值		10 分位数		50 分位数		90 分位数	
	系数	%	系数	%	系数	%	系数	%
工资差距	0.446*** (0.011)	100.00	0.316*** (0.013)	100.00	0.439*** (0.009)	100.00	0.605*** (0.012)	100.00
禀赋效应	0.088*** (0.019)	19.81	0.124*** (0.033)	39.24	0.104*** (0.024)	23.69	0.141*** (0.049)	23.31
租金效应	0.358*** (0.022)	80.19	0.192*** (0.013)	60.76	0.335*** (0.008)	76.31	0.464*** (0.015)	76.69

注：***、**、* 分别代表在 1%、5%、10% 的水平下显著；括号内为稳健标准误。

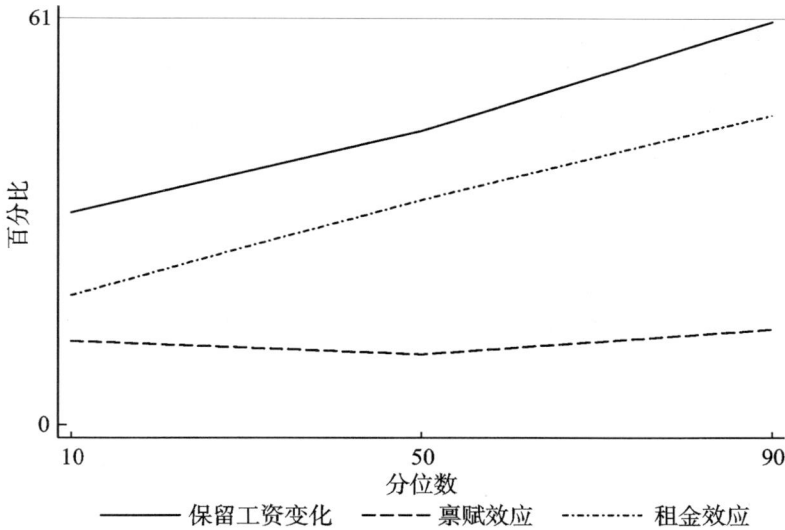

图 3.4 保留工资动态变化的分解结果

3.6 本章小结

工作搜寻理论中的保留工资无法直接观测，目前国内绝大多数研究以直接提问的方式获得保留工资，并没有对其进行有效性检验。事实上，问卷调查获得的保留工资与搜寻模型中定义的保留工资概念是否一致尚无定论。Lancaster

和 Chesher（1983）指出："人们对保留工资的回答符合最优终止规则，问卷调查获得的保留工资与工作搜寻理论预期值一致。"Dawes（1993）针对英国长期失业者的一项研究指出"保留工资的概念具有误导性"。他认为，问卷调查获得的保留工资往往体现了生存需要，而并未真正反映失业者自我感知的劳动力市场价值，也并不能有效地预测接受工作机会的概率或实际得到的工资水平。

本章参照 Jensen 等（2010）和 Leppin（2012）的归纳和总结的三种方法，对保留工资予以间接测量。基于随机前沿模型的三种假设：截面模型（CSM）、时间恒定模型（TM）和时变衰减模型（TDM）分别估计了保留工资。其中，截面模型（CSM）和时变衰减模型（TDM）估计的保留工资与调查的保留工资有较高的一致性，这说明通过问卷调查"您对毕业后的工作期待的最低月薪是多少？"和"最近一次求职中您期待的月收入期待底线是?"测量的保留工资具有较好的效度，这也说明大学毕业生调查的保留工资与工作搜寻理论定义的保留工资概念和理论预期相一致，可以用于后文的实证分析。在此基础上，本章进一步考察了 2007 届大学毕业生保留工资动态变化，毕业三年后较之毕业半年后平均高了 44.6%，其中八成左右可归于租金效应，而且租金效应随着分位数的升高而上升。

4 大学毕业生工资期望落差及影响因素

4.1 大学毕业生工资期望落差问题

2015 年全国大学毕业生达 749 万人，继 2014 年后又成为"史上更难就业季"。大学毕业生薪资期望过高，好高骛远，导致就业难的话题再次引发热议。《2011—2016 上海地区应届毕业生外资企业就业环境指数调研报告》显示，大学毕业生期望工资与企业计划提供工资仍存在较大落差，呈逐年增长态势，2016 年高达 1 762.42 元，为历年最大（见图 4.1）。熊丙奇（2014）[①] 在《中国教育报》上刊文指出，高校毕业生起薪期望过高易成就业"绊脚石"。事实上，由于个体能力各异及职业目标不同，不能简单地依据局部或单一数据比较，笼统认定大学毕业生工资期望偏高或不理性。[②] 究竟应当如何看待就业难背景下大学毕业生工资期望持续偏高现象？

大学毕业生初入劳动力市场，对该市场需求信息以及工资分布认识不足，往往依据自身条件和劳动力市场形势设定的可以接受的最低工资，形成就业期望偏差。保留工资是大学毕业生期望的最低工资，是反映就业期望的重要指标之一，也直接影响他们的工作搜寻过程及结果。大学毕业生保留工资受到个人主观偏好和客观就业环境的共同影响，具有个体异质性，需要有一个客观全面的正确认识。本章关注并回答以下问题：与劳动力市场上的工资报价和就业后的实际工资相比，大学毕业生工资期望落差如何？大学毕业生对劳动力市场

---

① 熊丙奇. 起薪期待过高易成就业绊脚石 [N]. 中国教育报，2014-08-15.
② 马永霞，高晓英. 高校毕业生薪酬期望的理性分析：基于筛选理论的视角 [J]. 教育学术月刊，2013（5）：52-58.

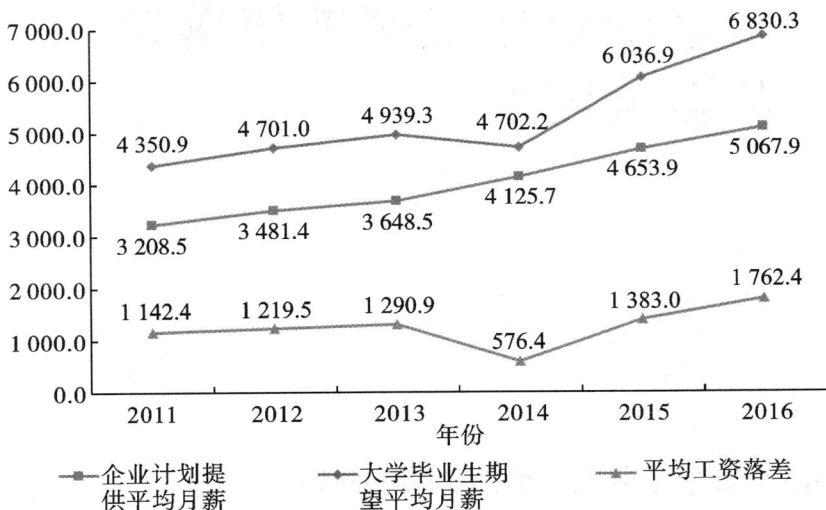

图 4.1 2011—2016 届毕业生平均工资期望落差

资料来源：徐瑞哲.大学生就业"薪酬差"历年最大招聘应聘双方预期落差 1 762 元［N］.
上海观察，2016-12-19.

工资认知不理性吗？影响大学毕业生工资期望落差的主要因素有哪些？这些问
题的回答对于提升高校就业指导服务，引导大学生正确认识就业环境，确立合
理的就业期望，进行理性的就业和职业发展规划，在当前及今后相当长一段时
期内都具有重要的理论价值和现实意义。

自 2003 年首批扩招毕业生遭遇就业困难以来，工资期望偏高一直是学术
界解释大学毕业生就业难问题的重要视角之一。吴克明和赖德胜（2004）① 从
保留工资理论对大学生自愿性失业的原因进行了深入分析。张建武和崔惠斌
（2007）② 考察了性别、户籍、技能、生活费用等因素对广东省大学生保留工
资的影响。翁杰和周必彧（2009）③ 研究了浙江省 19 所高校的 5 318 名 2006 届
和 2007 届大学毕业生的保留工资状况。李锋亮、陈晓宇和汪潇潇等（2010）④

---

① 吴克明，赖德胜.大学生自愿性失业的经济学分析［J］.高等教育研究，2004（2）：
38-41.

② 张建武，崔惠斌.大学生就业保留工资影响因素的实证分析［J］.中国人口科学，2007
（6）：68-74.

③ 翁杰，周必彧.基于劳动力市场工资匹配的大学生失业问题研究［J］.中国人口科学，
2009（3）：32-35.

④ 李锋亮，陈晓宇，汪潇潇，等.保留工资与工作找寻结果：对全国高校毕业生的实证研究
［J］.清华大学教育研究，2010，31（4）：57-64.

利用 2007 年 6 月对全国大学毕业生就业调查数据，研究了性别、年龄、生源地、家庭收入、学历层次、学校质量、学业成绩、私人和组织社会资本等因素对保留工资的影响。杨钋和田艳春（2014）① 则基于 2012 年"高职高专毕业生就业调查"数据，重点研究了顶岗实习对高职毕业生保留工资的影响。杨金阳、周应恒和严斌剑（2014）② 从我国劳动力市场分割的视角，基于工作搜寻理论构建大学生择业行为模型，研究了劳动力市场分割、保留工资与"知识失业"之间的关系。谭远发、徐林和陈蕾（2015）③ 考察了大学毕业生工资期望落差对失业持续期的影响。班晓娜（2015）④ 对全国 1 245 名 2015 届大学毕业生的工作搜寻过程及结果的网络调查发现，性别、党员、学校声望、学历、求职成本、就业意向地点、就业搜寻地的工资水平以及家庭背景等因素显著影响大学生保留工资水平。

不难发现，上述研究已经取得了一些进展：研究样本也从局部地区（如广东省和浙江省）扩展到了全国，研究范式从理论分析转向了实证研究，研究方法从描述统计发展到了多元回归分析，研究视角也更加丰富。虽然大多数调查研究一致认为，大学毕业生的工资期望高于实际工资，但由于这些调查数据的代表性和参考点的可比性问题受到质疑，使得争议仍然存在。麦可思《2008 中国应届大学毕业生就业年度报告》指出："211" 院校、一般本科院校和高职高专院校应届毕业生的期望工资比雇主愿意支付的最高工资分别低40%、37% 和 28%；比半年后的实际工资分别低 34%、32% 和 24%。从全国范围和平均水平来看，应届大学毕业生的工资期望并不高。这就说明大学毕业生工资期望是否偏高或有落差需要一个合理的参照点，只有高于该参照点才算偏高或有落差。

虽然从经济学角度上看，参照点可以是大学生就业市场上的均衡工资，⑤也可以是其他同龄群体，例如青年农民工、美国大学毕业生。中国社科院发布的《人口与劳动绿皮书：中国人口与劳动问题报告 No. 19》明确指出，大学毕

① 杨钋，田艳春.顶岗实习对高职毕业生保留工资的影响 [J].教育学术月刊，2014 (6)：54-60.

② 杨金阳，周应恒，严斌剑.劳动力市场分割、保留工资与"知识失业" [J].人口学刊，2014, 36 (5)：25-36.

③ 谭远发，徐林，陈蕾.大学毕业生保留工资落差与失业持续时间研究：来自山东省的经验证据 [J].宏观经济研究，2015 (5)：117-126.

④ 班晓娜.工作搜寻视角下大学毕业生保留工资问题研究 [D].大连：东北财经大学，2015.

⑤ 吴克明，孙百才.大学生就业期望偏高的经济学分析 [J].教育与经济，2005 (4)：52-55.

业生和青年农民工的工资待遇逐渐趋同甚至刚毕业大学生工资低于同龄农民工。吴克明、余晶和卢同庆（2015）[1] 最新数据指出，虽然大学毕业生月平均工资明显低于全国城镇职工，但也明显高于青年农民工，而且这些工资差距维持稳定。也有学者指出，即使是 40% 左右的中国大学毕业生期望月薪 8 000元，若按照购买力来算，较之美国大学毕业生的期望值其实是非常低的。参照点不同，自然结论也会有差异。本章基于工作搜寻理论，将分别以劳动力市场上的工资报价和就业后的实际工资为参照点来评判对大学毕业生的保留工资高低，以增强研究结论的可比性和说服力。

4.2 保留工资理论

假设大学毕业生按照序列搜寻方式寻找工作，每找到一个工作机会，先决定是否接受。若接受，则工作搜寻结束；若不接受，则继续寻找下一个工作机会。参照和借鉴 Jones（1989）[2] 以及 Ophem，Hartog 和 Berkhout（2011）[3] 的研究，本章假设工作机会到达概率为常数 δ，每个工作机会可用工资报价 w^o 及其概率分布函数 $F(w^o)$ 来刻画；工资报价分布取决于求职者的特征，例如工作经验、性别；记贴现率为 ρ，保留工资不随时间变化。大学毕业生搜寻工作的最优终止规则是：当一个工作机会的工资报价高于保留工资，就接受该工作机会，停止搜寻。最优的保留工资是使边际搜寻收益等于边际搜寻成本，由以下方程决定：

$$w^r = b - c + \frac{\delta}{\rho}[1 - F(w^r)]E(w^o - w^r \mid w^o > w^r) \qquad (4.1)$$

其中 b 为无工作时的收益（如来自父母的生活费支持或政府的失业救济），也即接受工作时的机会成本。c 为无工作时的其他成本，例如损失的工资收入、心理成本以及找下一个工作的搜寻成本等。为便于记忆，将式（4.1）右侧简记为 $b - c + \frac{\delta}{\rho}g(w^r)$，其中 $g(w^r)$ 表示工资报价高于保留工资的期望收益：工

① 吴克明，余晶，卢同庆. 大学毕业生与青年农民工就业比较研究 [J]. 教育与经济，2015（4）：40-41.

② JONES S R G. Reservation Wages and the Cost of Unemployment [J]. Economica, 1989, 56（222）：225-246.

③ OPHEM H, HARTOG J, BERKHOUT P. Reservation Wages and Starting Wages [W]. IZA Discussion Paper, 2011（1）：5 435.

资报价高于保留工资的概率乘以工资报价高于保留工资的条件期望。因为 $1-F(w^r)$ 和 $E(w^o-w^r \mid w^o > w^r)$ 都随保留工资 w^r 升高而下降，所以 $g(w^r)$ 也随保留工资 w^r 升高而下降。式（4.1）表明，最优的保留工资由机会成本 b、其他成本 c、贴现率 ρ、工作机会达到率 δ 以及工资报价分布 $F(w^o)$ 共同来决定。一些经验研究基于这些结构化参数来估计保留工资，Kiefer 和 Neumann（1979），Hofler 和 Murphy（1994）还分别基于工作搜寻理论和随机前沿模型来估计保留工资。

图4.2显示，当其他因素给定时，任何使式（4.1）右侧位移的因素将改变最优的保留工资。若其他成本下降 c 单位，即由 $b-c+\dfrac{\delta}{\rho}g(w^r)$ 升至 $b+\dfrac{\delta}{\rho}g(w^r)$，那么对应的保留工资由 w^r_1 增至 w^r_2，可接受的条件工资报价也因而增加。这意味着任何影响工资分布均值的变量同方向影响保留工资。

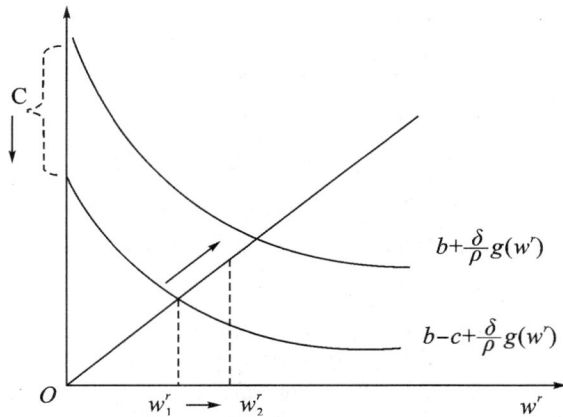

图4.2　大学毕业生保留工资决定

资料来源：OPHEM H, HARTOG J, BERKHOUT P. Reservation Wages and Starting Wages ［W］. IZA Discussion Paper, 2011（1）: 5 435.

在工作搜寻理论中，保留工资不需要直接测量。调查保留工资为获得保留工资数据提供了新路径。工作搜寻理论假设大学毕业生依据他们对劳动力市场的认知来设定保留工资，保留工资反映他们对于工作报价分布的认知。这意味着保留工资和工资报价正相关。由于大学毕业生按最优终止规则搜寻工作，获得的实际工资也与保留工资正相关。那些影响工资报价和保留工资的变量也同方向影响实际工资，而且影响系数大小相当。如果这些系数存在系统性偏差，则表明大学毕业生对于劳动力工资结构没有充分的了解。因为工作搜寻理论暗含假设大学毕业生接受的实际工资和保留工资之间的差距是随机的。

4.3 变量与描述统计

4.3.1 变量测量与编码

本章数据来源麦可思 2007 届大学生毕业半年后抽样调查和 2007 届大学生毕业三年后职业发展调查。在剔除掉变量缺失值以后，样本总量为 4 782 个。鉴于第二章文献综述影响保留工资的相关因素进行了回顾，此处不再赘述纳入这些变量的理由，仅用表 4.1 列出了所有变量测量与编码，表 4.2 列出了所有变量的描述统计。

表 4.1　变量测量与编码

变量	测量与编码
年龄	连续变量，依据调查年份减去出生年份计算而得整数年龄
女生	虚拟变量，女生为 1，男生为 0
无实习经历	虚拟变量，无实习经历为 1；否则为 0
"211" 重点本科	虚拟变量，"211" 重点本科为 1；否则为 0
一般本科	虚拟变量，一般本科为 1；否则为 0
高职高专	虚拟变量，高职高专为 1；否则为 0
工程类专业	虚拟变量，将本科专业中的工学大类，高职专业中的资源开发与测绘大类、材料与能源大类、土建大类、水利大类、制造大类、电子信息大类和轻纺食品大类为 1，其他所有专业为 0
基本能力	连续变量，基本能力是所有工作都必须具备的能力，取值 0~1 之间
职业能力	连续变量，职业能力是从事某一职业特殊需要的能力，取值 0~1 之间
东部和沿海发达地区	虚拟变量，北京、福建、广东、江苏、山东、上海、天津、浙江为 1，其他地区则为 0
当地人均 GDP	连续变量，来源统计年鉴，反映宏观经济发展水平，按可比价格进行平减①

---

① 对 2007 届大学生毕业三年后（即 2010 年）的工资变量和工作搜寻成本，按照各地区 2010 年的 CPI，将其换算为毕业半年后即 2007 年的可比价格。

变量	测量与编码
当地城镇登记失业率	连续变量，来源统计年鉴，在一定程度上反映各地区劳动力市场需求的宽松与紧张程度
工作搜寻成本	连续变量，对首份或最近一份工作的求职活动总花费（服装、差旅费、印制简历），按可比价格进行平减
保留工资	连续变量，对首份或最近一份工作期待的最低月薪，按照可比价格进行平减
实际工资	连续变量，首份或最近一份工作平均月收入（含奖金/提成/住宿折算现金），按照可比价格进行平减
工资报价	连续变量，首份工作收到的全部受雇录取中最高月薪，按照可比价格进行平减

表 4.2　大学毕业生的相关变量的描述统计 （N=4 782）

相关变量	2007 届大学生毕业半年后		2007 届大学生毕业三年后		全体样本	
	均值（1）	标准差（2）	均值（3）	标准差（4）	均值（5）	标准差（6）
年龄	22.31	1.138	25.27	1.171	24.39	1.786
女生	0.350	0.477	0.339	0.473	0.342	0.474
无实习经历	0.110	0.313	0.118	0.323	0.116	0.320
"211"重点本科	0.223	0.417	0.185	0.389	0.197	0.397
一般本科	0.341	0.474	0.344	0.475	0.343	0.475
高职高专	0.435	0.496	0.471	0.499	0.460	0.498
工程类专业	0.436	0.496	0.454	0.498	0.449	0.497
基本能力	0.576	0.130	0.576	0.130	0.576	0.130
职业能力	0.507	0.140	0.503	0.143	0.504	0.142
东部和沿海发达地区	0.661	0.474	0.654	0.476	0.656	0.475
当地人均 GDP	32 447.8	16 151.8	41 285.4	16 609.3	38 653.7	16 961.3
当地城镇登记失业率	3.284	0.798	3.207	0.839	3.230	0.828
工作搜寻成本	1 045.6	1 398.4	419.7	778.8	606.1	1 044.0
保留工资	1 995.3	944.9	3 284.9	1 785.9	2 900.9	1 689.1
实际工资	2 276.5	1 186.8	3 874.3	1 867.8	3 398.5	1 844.7
工资报价	2 341.2	1 274.2	2 080.7	1 079.3	2 158.3	1 146.9

　　表 4.2 显示，2007 届大学生毕业半年后及毕业三年后的性别、有无实习经历、是否"211"重点本科、工程类专业比例、基本能力、职业能力和东部

及沿海发达地区的均值和标准差高度一致，因为这些变量基本不随时间变化，略有差异是由于数值缺失不同导致样本量差异，这也表明调查数据质量稳定可靠。当然，与毕业半年后相比，2007届大学生毕业三年后年龄增长了三岁。当地人均GDP的均值均出现较大程度增长，这得益于该时期国家经济社会的快速发展。当地城镇登记失业率基本没变，就业环境总体稳定。从工作搜寻成本上看，2007届大学生毕业半年后调查的均值、标准差分别为1 045.6元和419.7元；2007届大学生毕业三年后的均值、标准差分别为419.7元和778.8元。这表明大学毕业生入职后的工作搜寻成本更低，这可能由于大学毕业生进入职场的时间越久，对市场行情更了解，信息更多，也可能由于采取"骑驴找马"的方式转换工作，搜寻成本更低。

4.3.2 描述统计

表4.2显示，从时间变化趋势上看，2007届大学生毕业三年后的保留工资和实际工资均高于毕业半年后的保留工资和实际工资，这说明随着国家经济社会发展，大学毕业生工作经验和社会阅历增多以及生活成本逐年增加，保留工资也相应地提高，这是一种理性的心理预期。大学生毕业三年后的平均工资报价低于毕业半年后，原因可能有二：一是我国高等教育规模扩张，使得劳动力市场供求状况发生变化，学历的信号作用弱化，导致用人单位愿意支付的起薪水平降低，大学生与农民工工资待遇出现趋同趋势，与翁杰和周必彧（2009）的研究结果一致；二是2007届大学生毕业半年后调查时很多毕业生的保留工资为0[①]，低于当地最低工资标准被剔除，加之工作搜寻成本的缺失值较多，使工资报价均值降低。

从总体上看，表4.2显示，大学毕业生工资期望符合工作搜寻理论预期。大学毕业生的实际工资、保留工资和工资报价的均值分别为3 398.5元、2 900.9元和2 158.3元，实际工资平均高于保留工资497.6元，高出了17.2%；保留工资平均高于工资报价742.6元，高出了34.4%。图4.3显示，从分位数分布来看，在第10分位数、第50分位数和第90分位数，实际工资（实线）明显高于保留工资（短虚线），保留工资明显高于工资报价（长虚线），三条曲线走势相同，这表明实际工资、保留工资和工资报价两两正相

---

① 学界称为"零工资就业"。根据我国《中华人民共和国劳动法》第46条明确规定："用人单位支付劳动者的工资不得低于当地最低工资标准。"本书剔除这些样本，若不剔除，将大大拉低保留工资均值，影响结论的准确性。

关。这是由于雇主根据劳动力市场行情、岗位要求、大学毕业生工作胜任力等因素提供工资报价，大学毕业生根据保留工资水平决定是否接受工资报价，不接受工资报价，则继续搜寻。经过毕业半年和三年后的工作搜寻，绝大多数毕业生都找到了工作，所以他们的实际工资高于保留工资，保留工资高于工资报价。从这个意义上看，大学毕业生工资期望符合工作搜寻理论揭示的原则，他们对劳动力市场工资认知是理性的；同时，随着分位数升高，实际工资、工资报价和保留工资的两两差距先逐步扩大，在90分位数以后又逐步缩小，这说明大学毕业生工资期望可能存在群体差异。

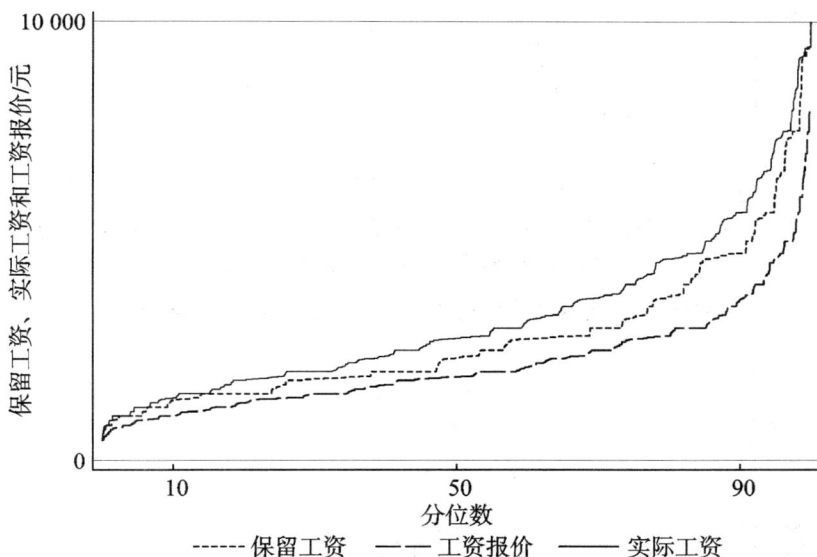

图4.3　保留工资、实际工资和工资报价的差异比较

4.3.3　工资期望落差

下文先对实际工资、保留工资和工资报价进行对数化（log）处理，然后分别以工资报价和实际工资为参照点来计算工资期望落差，以增强结果可比性和说服力。一是以工资报价为参照点，当保留工资（log）>工资报价（log）则表明有工资期望落差；否则表明无工资期望落差。二是以实际工资为参照点，当保留工资（log）>实际工资（log）则表明有工资期望落差；否则表明无工资期望落差。图4.4显示，大学毕业生的实际工资、保留工资和工资报价Kernel密度曲线相似，三条曲线位置分布差异表明实际工资均值最高、保留工

资均值次之，工资报价均值最小。图 4.5 显示，两种参照点计算的工资期望落差 Kernel 密度曲线形状有差异，以实际工资为参照点计算的工资期望落差均值和离散程度也较小，代表性更强。

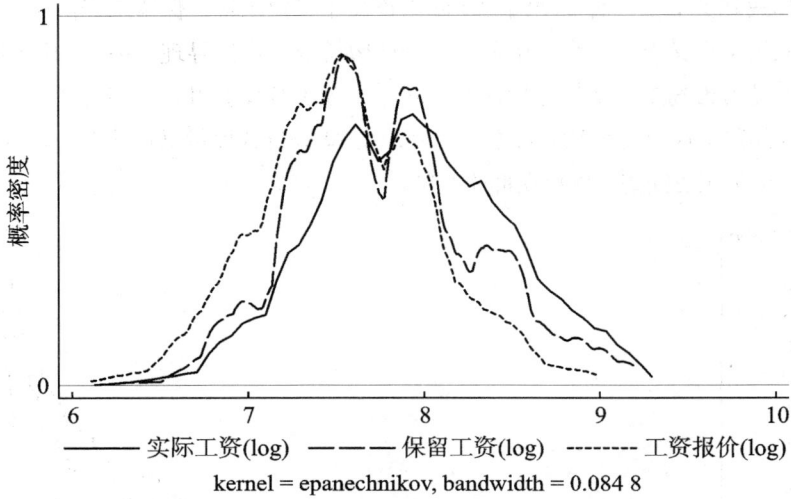

kernel = epanechnikov, bandwidth = 0.084 8

图 4.4　实际工资、保留工资和工资报价 Kernel 密度分布

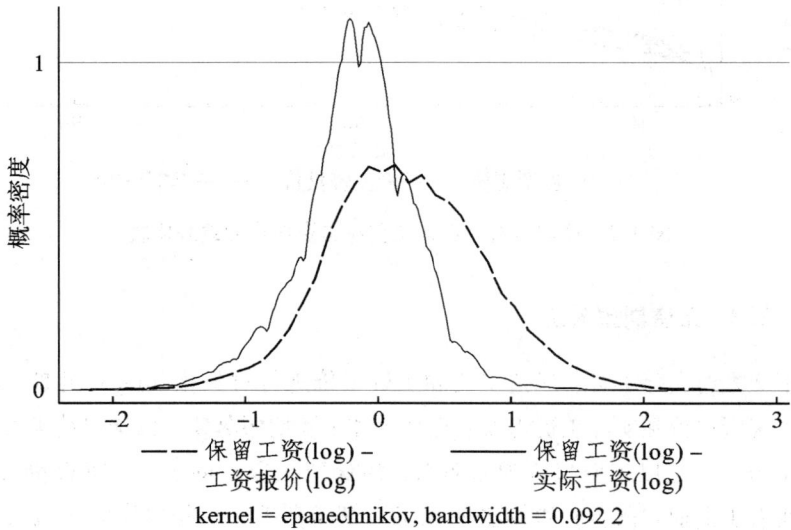

kernel = epanechnikov, bandwidth = 0.092 2

图 4.5　工资期望落差的 Kernel 密度分布

就个人而言，不少大学毕业生保留工资仍然存在较大落差。从全体样本看，近七成大学毕业生保留工资高于工资报价，高出了 54.2%；近四成大学毕业生保留工资高于实际工资，高出了近 22.2%。同时，工资期望落差的比例和幅度随着参照点和时间变化而变化。图 4.6 显示，当以工资报价为参照点时，有工资期望落差的比例在毕业半年后为 42.4%，幅度为 0.3，这说明 42.4% 的大学生毕业半年后保留工资比工资报价高 30%。毕业三年后的相应比例为 84.3%，幅度为 0.6，这说明 84.3% 的大学生毕业三年后保留工资比工资报价高 60%。当以实际工资为参照点时，44.1% 的大学生毕业半年后保留工资比实际工资高 30%，39.3% 的大学生毕业半年后保留工资比实际工资高约 20%。《智联招聘 2016 年应届毕业生就业力调研报告》对全国 89 170 名 2016 届高校毕业生抽样调查结果也予以佐证，有 61.8% 的受访者表示其签约月薪低于期望值。

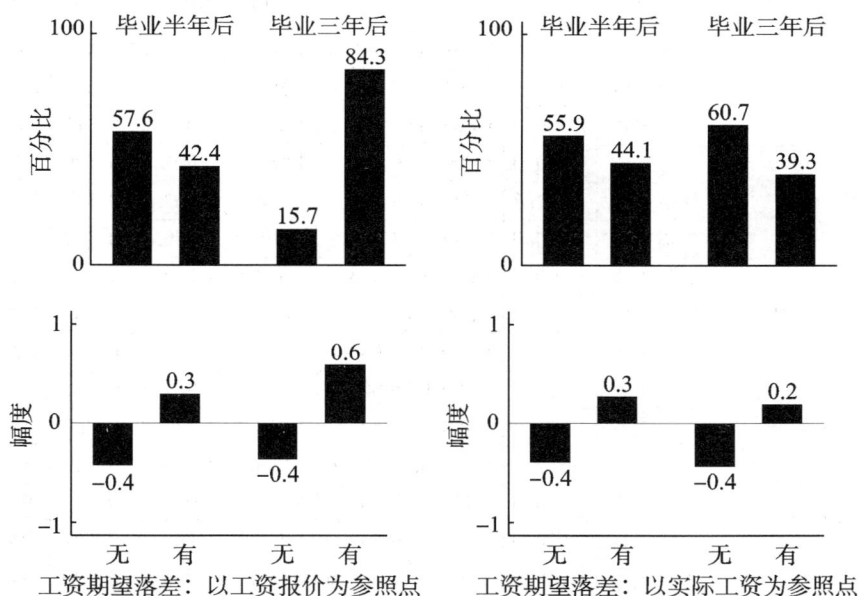

图 4.6　大学毕业生工资期望落差的比例和幅度

4.4　大学毕业生工资认知的群体差异

大学毕业生保留工资受到个人主观偏好和客观就业环境的共同影响，具有个体异质性。不同群体对工资的认知有差异，工资期望落差也可能不同。表 4.3

对各类群体的保留工资、实际工资和工资报价进行统计，主要包括第 10 分位数、第 50 分位数和第 90 分位数，以及均值、标准差和变异系数（标准差除以均值），图 4.7 更是以最直观的方式展现不同群体大学毕业生对不同分位数上的工资认知差异。表 4.3 和图 4.7 均显示，总体上看，不论是在第 10 分位数、第 50 分位数和第 90 分位数，还是在均值上，不同性别、实习经历、毕业学校类型、专业类型、就业地区大学毕业生的实际工资都高于保留工资，保留工资都高于工资报价。这说明大学毕业生通过一段时间工作搜寻，找到了理想的工作，得到的实际工资也高于自己的保留工资。分群体来看，大学毕业生对保留工资、实际工资和工资报价的认知存在明显差异。

表 4.3　大学毕业生保留工资、实际工资和工资报价的群体差异性

群体分组	变量	10 分位点	50 分位点	90 分位点	均值	标准差	变异系数	N
女生	实际工资	1 447.0	2 761.3	5 588.9	3 141.9	1 698.7	0.541	1 635
	保留工资	1 362.6	2 294.3	4 700.6	2 667.4	1 509.0	0.566	1 635
	工资报价	1 000.0	1 863.0	3 301.6	2 067.4	1 056.4	0.511	1 635
男生	实际工资	1 500.0	3 000.0	6 294.4	3 531.9	1 902.8	0.539	3 147
	保留工资	1 397.2	2 725.3	5 506.2	3 022.2	1 763.5	0.584	3 147
	工资报价	1 000.0	1 880.2	3 712.7	2 205.5	1 188.7	0.539	3 147
有实习经历	实际工资	1 500.0	2 830.1	5 976.7	3 392.9	1 839.2	0.542	4 229
	保留工资	1 381.2	2 500.0	5 000.0	2 892.0	1 682.0	0.582	4 229
	工资报价	1 006.1	1 880.2	3 600.0	2 168.9	1 152.7	0.531	4 229
无实习经历	实际工资	1 500.0	3 000.0	6 000.0	3 441.2	1 887.6	0.549	553
	保留工资	1 376.6	2 500.0	5 522.7	2 968.7	1 742.8	0.587	553
	工资报价	987.1	1 835.4	3 658.6	2 076.9	1 099.0	0.529	553
"211" 重点本科	实际工资	2 000.0	3 974.3	7 363.5	4 327.9	2 044.1	0.472	940
	保留工资	1 800.0	2 830.0	6 539.0	3 527.9	1 909.1	0.541	940
	工资报价	1 500.0	2 761.3	4 638.6	2 878.2	1 236.8	0.430	940
一般本科	实际工资	1 816.9	3 205.0	6 423.9	3 639.9	1 810.5	0.497	1 640
	保留工资	1 500.0	2 728.4	5 514.6	3 065.2	1 736.4	0.566	1 640
	工资报价	1 200.0	2 000.0	3 670.8	2 320.1	1 126.3	0.485	1 640
高职高专	实际工资	1 376.8	2 379.2	4 700.6	2 822.0	1 556.7	0.552	2 202
	保留工资	1 200.0	2 000.0	4 588.5	2 510.9	1 434.3	0.571	2 202
	工资报价	908.4	1 500.0	2 794.5	1 730.4	914.3	0.528	2 202

表4.3(续)

群体分组	变量	10分位点	50分位点	90分位点	均值	标准差	变异系数	N
非工程类专业	实际工资	1 500.0	2 820.4	5 942.9	3 352.9	1 842.4	0.549	2 635
	保留工资	1 372.0	2 350.3	4 700.6	2 772.3	1 580.9	0.570	2 635
	工资报价	1 000.0	1 880.2	3 683.2	2 178.6	1 174.2	0.539	2 635
工程类专业	实际工资	1 500.0	3 000.0	6 000.0	3 454.5	1 846.4	0.534	2 147
	保留工资	1 397.2	2 697.6	5 588.9	3 058.8	1 800.9	0.589	2 147
	工资报价	1 009.7	1 863.0	3 500.0	2 133.4	1 112.2	0.521	2 147
其他地区	实际工资	1 300.0	2 487.2	4 716.6	2 846.3	1 610.0	0.566	1 646
	保留工资	1 200.0	2 000.0	4 573.3	2 493.3	1 522.0	0.610	1 646
	工资报价	908.4	1 666.8	3 219.1	1 926.8	1 074.4	0.558	1 646
东部和沿海发达地区	实际工资	1 723.3	3 260.2	6 460.3	3 688.3	1 893.5	0.513	3 136
	保留工资	1 500.0	2 761.3	5 537.4	3 114.9	1 732.8	0.556	3 136
	工资报价	1 128.1	2 000.0	3 760.5	2 279.8	1 165.1	0.511	3 136
毕业半年后	实际工资	1 100.0	2 000.0	3 800.0	2 276.5	1 186.8	0.521	1 424
	保留工资	1 000.0	1 800.0	3 000.0	1 995.3	944.9	0.474	1 424
	工资报价	1 100.0	2 000.0	4 000.0	2 341.2	1 274.2	0.544	1 424
毕业三年后	实际工资	1 845.8	3 454.2	6 580.8	3 874.3	1 867.8	0.482	3 358
	保留工资	1 415.0	2 794.5	5 640.7	3 284.9	1 785.9	0.544	3 358
	工资报价	943.4	1 841.6	3 384.4	2 080.7	1 079.3	0.519	3 358

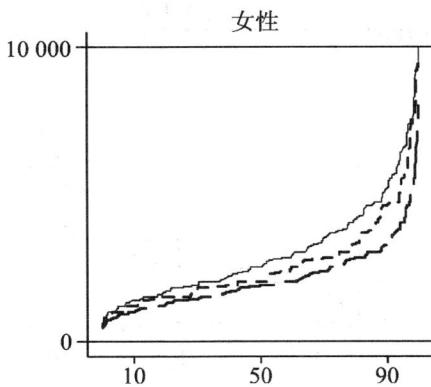

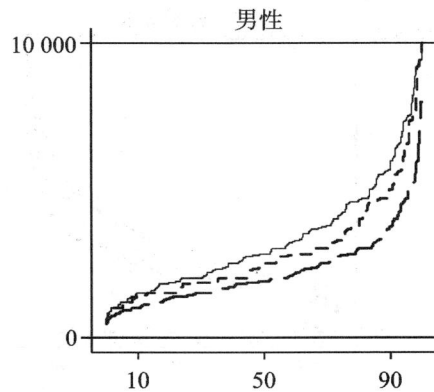

女性　　　　男性

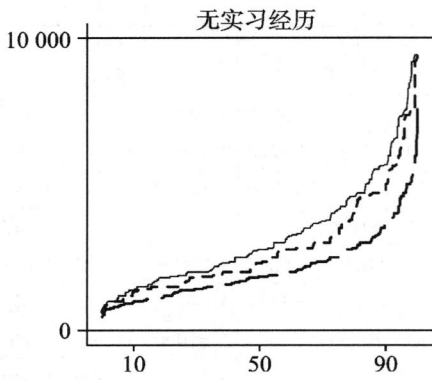

无实习经历

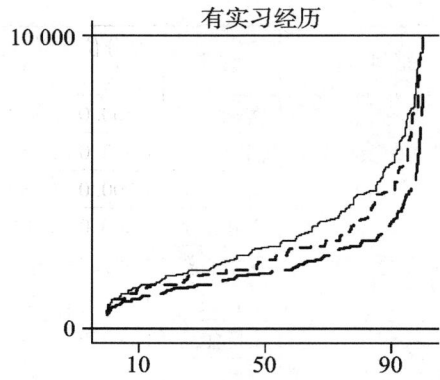

有实习经历

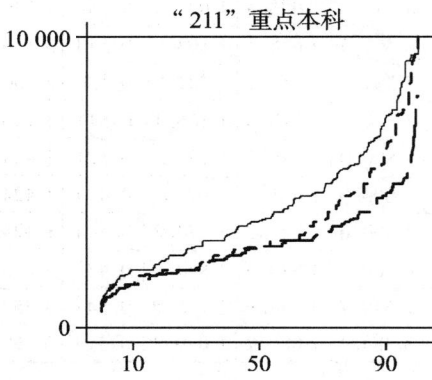

"211"重点本科

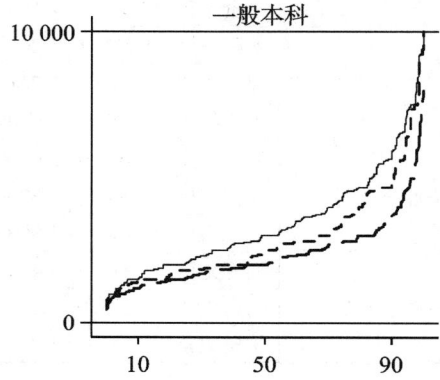

一般本科

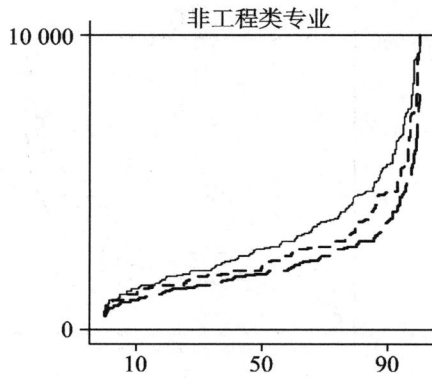

非工程类专业

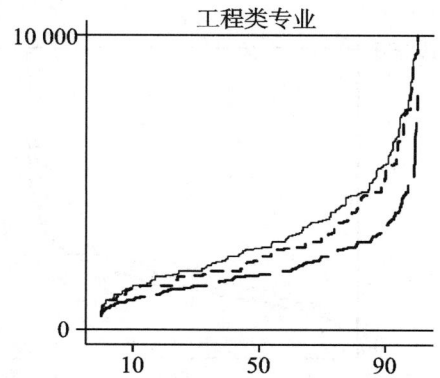

工程类专业

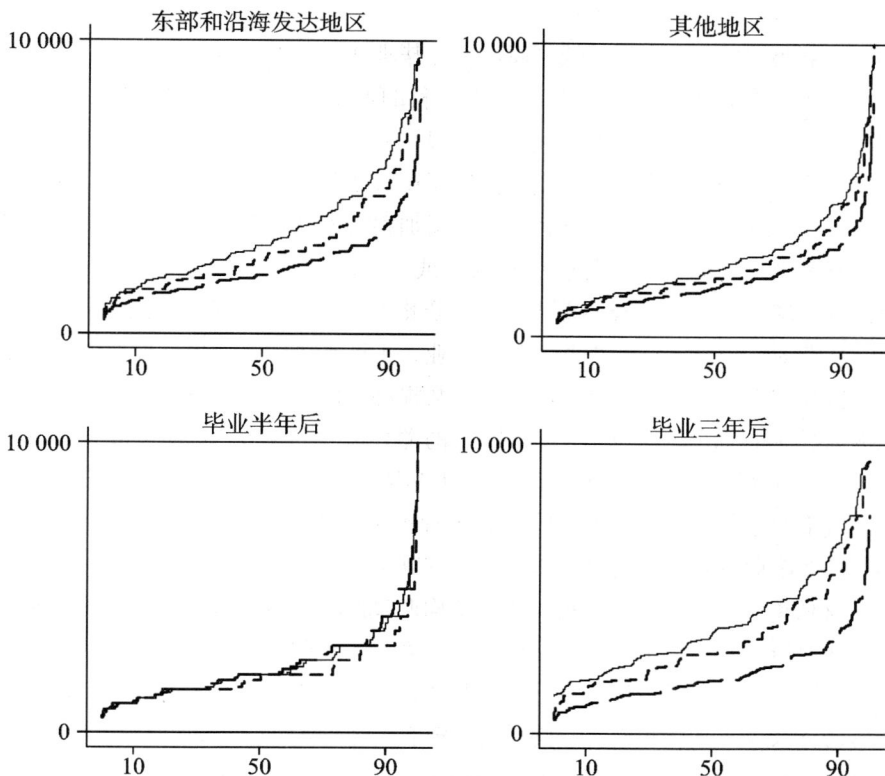

图 4.7　保留工资、实际工资和工资报价的群体差异比较

　　从性别差异来看，在第 10 分位数、第 50 分位数、第 90 分位数和均值上，男生保留工资、实际工资和工资报价均大于女生，这与目前我国劳动力市场的相关情况一致。当前我国女大学生在求职过程中间面临各种不平等待遇，降低了女大学生的实际工资和工资报价，女大学生为了争取更多的录取机会不得不降低自身的保留工资，平均低于男生 354.8 元。当然也与目前女性在整个社会承担的角色和责任以及自身所追求效用水平息息相关，如女性更加注重家庭生活和情感需求。

　　从实习经历来看，在第 10 分位数上，大学毕业生有实习经历，则他们的保留工资、实际工资和工资报价较无实习经历大学毕业生高，但是随着分位数升高，两者之间的差距越来越小，在第 90 分位数上，他们的保留工资、实际工资和工资报价甚至略低于无实习经历的大学毕业生。这可能由于当前大学生实习很难接触到用人单位的核心业务，从事的只是简单重复的劳动所致。虽然这些实习经历为个人简历增色不少，但不利于自身的长远发展，大学毕业生需要注重培养自身的核心竞争力。

从毕业学校类型来看，较之高职高专毕业生，无论是第10分位数、第50分位数还是第90分位数，"211"重点本科的保留工资、实际工资和工资报价均高于一般本科和高职高专毕业生；一般本科毕业生的保留工资、实际工资和工资报价均高于高职高专毕业生。这说明用人单位更加青睐名牌大学高学历毕业生，大学生及其家庭高等教育投资的增加则会推高他们的保留工资诉求，保留工资水平也比较高，这与翁杰和周必彧（2009）以及李锋亮、陈晓宇和汪潇潇等（2010）关于高校毕业生保留工资影响因素的实证研究结论一致。

从专业差异来看，较之非工程类专业，工程类大学毕业生的保留工资、实际工资和工资报价均比较高。随着分位数提高，两类专业毕业生的保留工资差距逐渐扩大，而实际工资和工资报价的差距却在缩小。这与郭娇、王伯庆（2015）① 对我国2011—2015届工程类大学毕业生就业分析结果相一致，工程类本科毕业生的平均月收入比同届非工程类毕业生略有优势，但优势在缩小；高职高专毕业生除了平均月收入之外，在其余指标上已被同届非工程类毕业生追平或赶超。这由于近年来我国产业结构调整使得制造业疲软，工程类毕业生面临就业压力较为突出。从就业地区差异来看，东部和沿海发达地区的保留工资、实际工资和工资报价均远远大于其他地区，这不仅反映东部和沿海发达地区的经济发展水平比较高，对受过高等教育人才的需求量比较大，从而工资水平也比较高；我国广大中西部地区的经济社会发展相对比较落后，工资水平较低，对人才的吸引力不足。

从毕业时间长短上看，2007届大学生毕业三年后的保留工资和实际工资均较大幅度大于毕业半年后的保留工资和实际工资，这说明随着大学毕业生工作经验和社会阅历的积累以及生活成本的提高，对自身的保留工资会相应地提高，这是一种理性的心理预期。与此相反，毕业生三年后的工资报价低于毕业半年后，原因有两方面：一方面是工资报价来源于2007届大学生毕业半年后的抽样调查中的问题"在您收到的全部受雇录取中最高月薪是多少？"由于时间比较久，该问题的测量误差较大；另一方面，由于2007届大学生毕业半年后调查时很多毕业生保留工资为0元的较多，同时工作搜寻成本缺失较多导致样本损耗大，仅为1 424人，明显少于毕业三年后的样本量3 358人，造成工资报价均值降低。

---

① 郭娇，王伯庆. 中国工程类大学毕业生2015年度就业分析 [J]. 高等工程教育研究，2016（4）：23-33.

4.5 大学毕业生工资期望落差的影响因素

表4.4显示,不同大学毕业生群体的实际工资、保留工资和工资报价存在较大差异,这些群体性因素可能是影响工资期望落差的重要因素。根据工作搜寻理论,保留工资、工资报价和实际工资两两正相关,那些影响工资报价的变量也同向影响保留工资和实际工资,而且影响系数大小基本相当。如果这些影响系数存在系统性差异,那么表明大学毕业生对于劳动力工资报价结构没有充分了解,存在较大的认知偏差。下文分别采用多元回归(OLS)和分位数回归两种方法,旨在考察性别、年龄、基本能力、职业能力、实习经历、毕业学校类型等因素对于保留工资、工资报价、实际工资、工资期望落差的影响。

表4.4　大学毕业生工资期望落差的多元回归(OLS)

因变量:对数化(log)	模型(1) 保留工资 b/se	模型(2) 工资报价 b/se	模型(3) 实际工资 b/se	模型(4) 保留工资- 工资报价 b/se	模型(5) 保留工资- 实际工资 b/se
工作搜寻成本(log)	−0.025 *** (0.006)	−0.013 ** (0.006)	−0.012 ** (0.005)	−0.012 * (0.007)	−0.014 ** (0.006)
女生	−0.119 *** (0.014)	−0.096 *** (0.014)	−0.143 *** (0.012)	−0.023 (0.016)	0.024 * (0.014)
年龄	0.017 *** (0.006)	−0.010 (0.006)	0.002 (0.006)	0.027 *** (0.008)	0.016 *** (0.006)
基本能力	0.293 *** (0.059)	0.446 *** (0.055)	0.421 *** (0.052)	−0.153 ** (0.067)	−0.128 ** (0.057)
职业能力	0.082 (0.052)	0.096 * (0.051)	0.095 ** (0.047)	−0.013 (0.061)	−0.013 (0.051)
无实习经历	0.001 (0.020)	−0.039 ** (0.019)	−0.002 (0.018)	0.041 * (0.023)	0.003 (0.020)
"211"重点本科	0.325 *** (0.018)	0.491 *** (0.017)	0.425 *** (0.016)	−0.166 *** (0.021)	−0.100 *** (0.018)
一般本科	0.181 *** (0.016)	0.291 *** (0.016)	0.254 *** (0.015)	−0.110 *** (0.020)	−0.073 *** (0.016)
工程类专业	0.076 *** (0.014)	0.011 (0.013)	0.031 ** (0.012)	0.065 *** (0.016)	0.045 *** (0.013)
东部和沿海发达地区	0.122 *** (0.018)	0.061 *** (0.017)	0.139 *** (0.017)	0.062 *** (0.021)	−0.017 (0.017)

表4.4(续)

因变量：对数化（log）	模型（1）保留工资 b/se	模型（2）工资报价 b/se	模型（3）实际工资 b/se	模型（4）保留工资-工资报价 b/se	模型（5）保留工资-实际工资 b/se
当地人均 GDP	0.150 *** (0.018)	0.140 *** (0.018)	0.176 *** (0.017)	0.010 (0.022)	−0.026 (0.017)
当地城镇登记失业率	−0.009 (0.009)	−0.012 (0.008)	−0.006 (0.008)	0.003 (0.010)	−0.003 (0.008)
大学生毕业三年后	0.347 *** (0.024)	−0.115 *** (0.024)	0.488 *** (0.022)	0.461 *** (0.029)	−0.141 *** (0.024)
Constant	5.362 *** (0.241)	6.010 *** (0.237)	5.338 *** (0.220)	−0.647 ** (0.297)	0.024 (0.234)
F	179.224	125.822	300.621	115.710	9.321
R2_ a	0.316	0.248	0.441	0.216	0.023
N	4 782	4 782	4 782	4 782	4 782

注：***、**、*分别代表在1%、5%、10%的水平下显著；括号内为稳健标准误。

表4.4中，模型（1）、模型（2）和模型（3）分别以保留工资、工资报价和实际工资作为因变量进行回归分析，结果显示，除当地城镇登记失业率这一变量外，工作搜寻成本、性别、基本能力、毕业学校类型、工程类专业、就业地区、当地人均 GDP 和毕业时间长短都对保留工资、工资报价和实际工资产生了显著影响，系数大小和显著性基本一致。模型（4）和模型（5）分别以两种参照点计算工资期望落差进行多元回归分析显示，年龄、基本能力、毕业学校类型、工程类专业和毕业时间长短是影响大学毕业生工资期望落差的重要因素。这些影响因素对于工资期望落差位于不同分位数的大学毕业生可能存在差异。由于分位数回归方法估计系数揭示解释变量对被解释变量在特定分位数上的边际效应，可以区分在不同工资期望落差水平上这些影响因素效应大小的变化趋势。

表4.5结果显示，模型（1）和模型（2）基本一致，下文以表4.5中的模型（2）和表4.4中的模型（5）的结果为准进行分析。工作搜寻成本的OLS影响系数为−0.014，在5%的水平下显著，这说明工作搜寻成本在一定程度上降低了保留工资及其落差，但其影响系数随分位数变化而变化。在第10分位数上，工作搜寻成本的影响系数为−0.011，在统计上并不显著，第50分位数的影响系数为−0.013，在10%的水平下显著，第90分位数的影响系数为−0.015，但不显著。从性别差异上看，女生工资期望落差高于男生2.4%，在

10%的水平上显著。从分位数回归的结果来看，性别差异随分位数变化而变化。在第 10 分位数上，女生保留工资显著高于男生 8.4%，而且随着分位数升高，女生的工资期望落差逐渐缩小，即在第 50 分位数和第 90 分位数上影响系数由正变负，虽然不显著，但仍反映出工资期望落差分布顶端女生比男生小，这反映出女生面临的"天花板效应"，工资分布顶端的实际工资和保留工资都比较低，即在工资分布顶端遭受歧视更大。谭远发（2012）[①] 也发现，大学生毕业半年后的性别工资差距随分位数升高而扩大，即存在"天花板效应"，工资分布顶端约 30% 的女生群体所受歧视更大。

表 4.5　大学毕业生工资期望落差的分位数回归（QR）

因变量：保留工资落差（log）	模型（1）保留工资-工资报价			模型（2）保留工资-实际工资		
	10 分位数 b/se	50 分位数 b/se	90 分位数 b/se	10 分位数 b/se	50 分位数 b/se	90 分位数 b/se
工作搜寻成本（log）	0.016 (0.011)	−0.022 *** (0.008)	−0.024 * (0.013)	−0.011 (0.011)	−0.013 * (0.007)	−0.015 (0.013)
女生	0.096 *** (0.024)	−0.030 (0.020)	−0.107 *** (0.032)	0.084 *** (0.031)	0.011 (0.015)	−0.015 (0.026)
年龄	0.021 (0.018)	0.028 *** (0.009)	0.040 *** (0.013)	−0.003 (0.014)	0.011 * (0.006)	0.024 ** (0.010)
基本能力	−0.445 *** (0.113)	−0.116 (0.090)	0.195 * (0.112)	−0.326 ** (0.137)	−0.151 ** (0.062)	0.008 (0.087)
职业能力	0.283 ** (0.115)	−0.065 (0.080)	−0.221 ** (0.106)	0.104 (0.111)	0.025 (0.066)	−0.080 (0.083)
无实习经历	0.028 (0.038)	0.046 (0.029)	0.077 * (0.041)	−0.060 (0.046)	0.027 (0.021)	0.009 (0.031)
"211" 重点本科	−0.189 *** (0.043)	−0.132 *** (0.028)	−0.246 *** (0.036)	−0.141 *** (0.042)	−0.074 *** (0.020)	−0.086 *** (0.033)
一般本科	−0.111 *** (0.038)	−0.095 *** (0.023)	−0.157 *** (0.040)	−0.116 *** (0.034)	−0.055 *** (0.017)	−0.059 ** (0.029)
工程类专业	0.112 *** (0.027)	0.070 *** (0.020)	0.031 (0.028)	0.056 * (0.034)	0.040 ** (0.016)	0.016 (0.022)
东部和沿海发达地区	0.086 ** (0.042)	0.090 *** (0.024)	−0.032 (0.037)	−0.023 (0.033)	−0.005 (0.017)	−0.047 (0.029)

① 谭远发. 中国大学毕业生性别工资差距分布特征研究："天花板效应"还是"粘地板效应"？[J]. 人口学刊，2012（6）：51-63.

表4.5(续)

因变量：保留工资落差（log）	模型（1）保留工资-工资报价			模型（2）保留工资-实际工资		
	10分位数	50分位数	90分位数	10分位数	50分位数	90分位数
	b/se	b/se	b/se	b/se	b/se	b/se
当地人均GDP	0.058	−0.029	0.055	−0.033	−0.038 **	−0.035
	（0.036）	（0.028）	（0.046）	（0.039）	（0.019）	（0.032）
当地城镇登记失业率	0.001	−0.009	0.041 **	−0.015	−0.012	0.007
	（0.015）	（0.012）	（0.020）	（0.018）	（0.009）	（0.013）
大学生毕业三年后	0.420 ***	0.451 ***	0.489 ***	−0.123 **	−0.087 ***	−0.192 ***
	（0.068）	（0.032）	（0.055）	（0.056）	（0.028）	（0.042）
Constant	−1.819 ***	−0.208	−0.838	0.069	0.238	0.417
	（0.562）	（0.385）	（0.575）	（0.514）	（0.238）	（0.414）
Pseudo_R2	0.100	0.152	0.138	0.027	0.013	0.018
N	4 782			4 782		

注：*** 、 ** 、 * 分别代表在1%、5%、10%的水平下显著；括号内均通过 Bootstrap（重复100 次）获得标准误。

随着年龄增长，工资期望落差也随着提高。因为年龄增长意味着大学毕业生工作经验和人力资本积累，保留工资和实际工资也会相应增长，但保留工资增长慢于实际工资增长。基本能力的 OLS 影响系数显著为负，这说明基本能力越强，工资期望落差越小，基本能力每增加 1 单位，工资期望落差降低12.8%。这一影响系数随分位数升高而不同，第 10 分位数和第 50 分位数上，基本能力的影响系数分别为−0.326 和−0.151，在第 90 分位数上影响系数由负变正，在统计上不显著。职业能力对于工资期望落差的影响在均值上和各分位数上都不显著，实习经历对于工资期望落差影响在均值上和各分位数也不显著，这说明大学毕业生的实习经历对提高工资水平和认清市场行情的作用并不明显。

毕业学校类型对工资期望落差的影响非常显著，平均来看，"211"重点本科和一般本科毕业生的工资期望落差比高职高专毕业生分别少 10%和7.3%。分位数回归的结果显示，这一差距随着分位数升高呈"U"型变化，即先缩小后扩大。在第 10 分位数上的差距分别为−14.1%和−11.6%，在第 50分位数上分别降低为−7.4%和−5.5%，在 90 分位数上分别扩大为−8.6%和−5.9%。这说明高职高专毕业生的工资期望落差最大，一般本科毕业生次之，"211"重点本科毕业生最小。《智联招聘 2016 年应届毕业生就业力调研报告》也有类似发现：学历越高，签约月薪大于等于期望月薪的比例越高；"211"或

"985"重点大学应届生签约月薪达到期望值的比例最高，而一般本科院校和专科院校签约月薪低于期望值的比例相对更高。

从专业来看，工程类大学毕业生工资期望落差逐渐扩大，平均来看，工程类毕业生的工资期望落差高于非工程类毕业生 4.5%。东部和沿海发达地区以及当地人均 GDP 和当地城镇登记失业率对工资期望落差的影响并不明显。这可能由于宏观经济和就业环境对保留工资、实际工资和工资报价的影响相当，因而对工资期望落差的影响不再显著。从毕业时间长短上看，2007 届大学生毕业三年后的工资期望落差较之毕业半年后平均低 14.1%。随着分位数升高呈"U"型变化（先缩小后扩大），由第 10 分位数上的 12.3%扩大至第 50 分位数上的 8.7%，再扩大至第 90 分位数上的 19.2%。这是由于 2007 届大学生毕业三年后的保留工资和实际工资均较大幅度大于毕业半年后的保留工资和实际工资，因为毕业生工作经验和社会阅历随时间增长，保留工资和实际工资会相应地提高。

4.6　大学毕业生就业信息来源和求职辅导

既然前文经证实大学毕业生有工资期望落差，而且存在群体差异，那么大学毕业生获取招聘信息渠道有哪些？高校就业指导机构提供了怎样的就业帮助？这将会影响大学毕业生对保留工资、工资报价以及实际工资的认知。图 4-8 显示，2006 届毕业生"参加校园招聘会"占比 32.3%，2007 届毕业生"参加校园招聘会"的比例提高 3.1 个百分点，而"直接向用人单位了解"比例比 2006 届毕业生下降 3 个百分点；2007 届毕业生"通过媒体看到招聘信息"的比例下降最多，只有 13.9%，下降 8 个百分点。对比看出，2006 届毕业生和 2007 届毕业生就业信息来源渠道差别不大，主要通过"参加校园招聘会"和"直接向用人单位了解"。

从高校就业指导机构提供的帮助来看，图 4.9 显示，2006 届毕业生和 2007 届毕业生认为高校就业指导机构主要是"组织招聘会"和"没有任何帮助"，分别占 2006 届的 55.8%和 33.3%，占 2007 届的 61.9%和 29.4%；"辅导面试技巧""辅导求职策略"和"辅导简历写作"的帮助不大；2007 年高校就业指导机构"组织招聘会"的比例比 2006 年提高 6 个百分点。这表明高校重视组织常态化的校园招聘会，忽视个性化的就业指导服务。

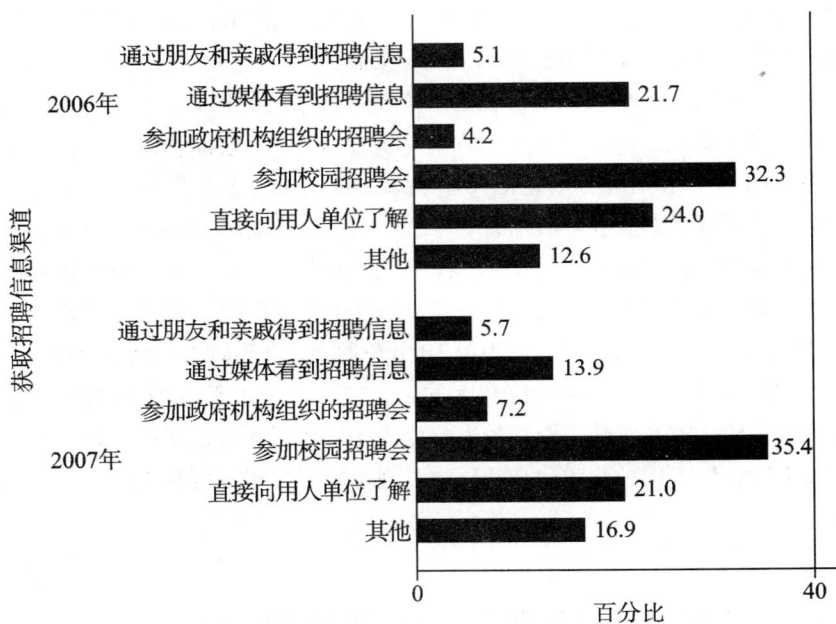

图 4.8　大学毕业生获取招聘信息渠道

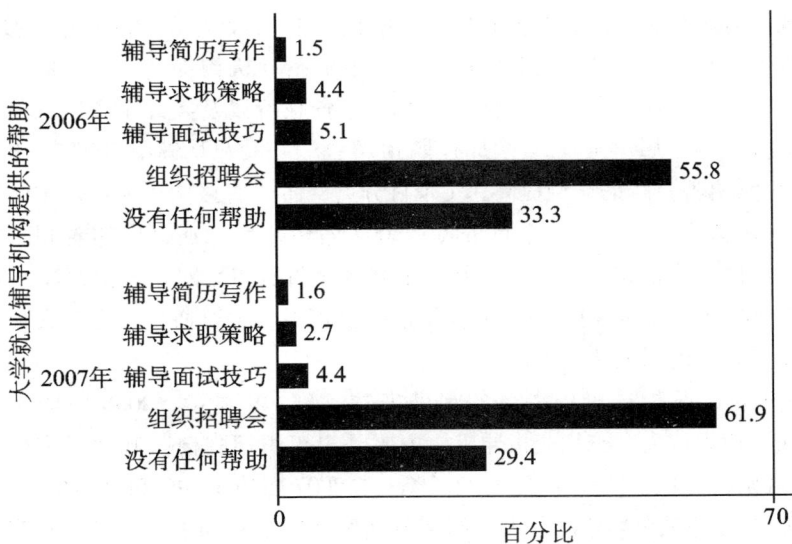

图 4.9　大学就业辅导机构提供的帮助

腾讯教育-麦可思研究院有关 2016 年的大学生择业观调查数据显示（图4.10），在校生择业主要听取"父母和亲戚""有经验的职场人士"和"朋友和同学"三大群体意见，而听取"老师（除就业指导老师外）"和"就业指导人员"意见的比例较低。这说明高校需要加强就业指导服务，提升就业指导人员的素质和能力。

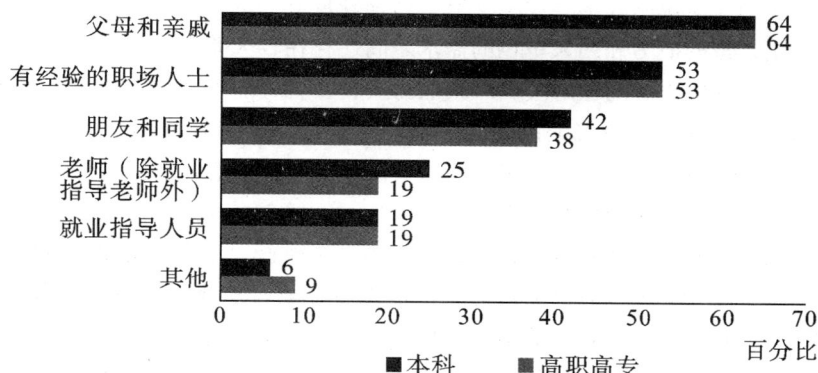

图 4.10　被研究的在校生择业过程中听取意见人群分布

资料来源：腾讯教育—麦可思研究. 调查称半数本科生最低期待薪资为 3 000～5 000 元［EB/OL］.（2016-03-23）.［2019-10-27］. http://edu.qq.com/a/20160323/013157.htm？query-lm01q.

4.7　本章小结

　　针对当前就业难背景下大学毕业生的工资期望却持续偏高的问题，本章基于麦可思 2007 届大学生毕业半年后和毕业三年后抽样调查数据，分别以工资报价和实际工资为参照点，测量工资期望落差，采用多元回归和分位数回归方法研究了大学毕业生对保留工资、工资报价和实际工资的认知以及工资期望落差及影响因素，还考察了大学毕业生就业信息来源和求职辅导。主要研究发现：就个体而言，不少大学毕业生保留工资存在较大落差，近七成大学毕业生保留工资比工资报价高 54.2%，近四成大学毕业生保留工资比实际工资高22.2%；从总体上看，大学毕业生对劳动力市场工资认知是理性的，符合工作搜寻理论预期，因为影响大学毕业工资报价的因素也同方向影响保留工资和实际工资，而且影响系数大小相当；此外，年龄、基本能力、毕业学校类型、工程类专业和毕业时间长短是影响大学毕业生工资期望落差的重要因素；大学毕业生获取就业信息的首要渠道是校园招聘会，高校就业指导机构提供的帮助也主要是组织招聘会。对此，主要政策建议如下：

首先，大学毕业生维持较高的保留工资是对于劳动力市场需求信息以及工资分布等掌握不全的必然反应，并非是不理性的行为。本章研究发现，大学毕业生的基本能力和职业能力对提高工资报价和实际工资、缩小工资期望落差具有重要作用，这说明大学毕业生更要不断提升自身的基本能力和职业能力。当前大学生具备的能力和用人单位的需求之间还存在较大差距。从用人单位的角度来看，沟通能力、问题解决和决策能力及自我管理能力既是大学毕业生必备的能力，又是他们普遍欠缺的能力。当然，大学毕业生还应当结合自身的年龄、性别、毕业学校、专业、工作能力等因素寻找最适合自己的工作，不要盲目扎堆在发达地区、热门行业就业。

其次，高校既需要转变教育理念，巩固专业教育，强化人文通识教育，积极创新培养机制，形成以能力培养为主的教育体系，更要提升就业服务能力。本章研究发现，目前高校就业指导机构提供的帮助主要是组织招聘会，没有任何帮助的比例接近30%。高校就业辅导机构必须通过正确的宣传教育、准确的就业和工资信息，帮助大学生树立正确的就业观念，引导学生形成合理的就业期望，进行理性的职业生涯规划与设计，不仅要为应届毕业生提供及时尽可能充分的就业信息，更应做好非应届毕业生的职业生涯规划工作，缓解大学生扎堆在发达地区、热门行业就业的现象，促进大学毕业生高质量充分就业。

最后，政府要建立畅通的信息传递机制，让大学生及时获得更完全的市场信息和工资行情，以及时调整偏高的工资期望，这是降低大学毕业生工资期望的有效途径。本章还发现，毕业学校类型和工程类专业对提高大学毕业生的保留工资、工资报价和实际工资，缩小工资期望落差促进就业有重要作用。这既说明重点大学和热门专业毕业生得到了较高的回报，也说明政府长期对重点大学的大量投资取得了一定成效。政府要合理分配高等教育的教育资源，促进教育资源在区域、城乡、校际、群体间的流动与均衡发展，实现教育公平。

5 大学毕业生工资期望落差与失业持续期[①]

5.1 大学毕业生失业问题

保留工资和失业持续期是工作搜寻理论的两个重要议题。与国外研究不同，国内学者对保留工资和失业持续期的研究最先针对下岗、失业人员和农民工，随着大学毕业生就业问题日益凸显，研究重点对象转移到了大学毕业生群体。由于大学毕业生花费了大量的公共投资，所以他们毕业时能够及时就业非常重要。[②] 图 5.1 显示，近年来我国大学毕业生就业呈现两个明显的特点：一是大学毕业生的平均起薪逐年上涨，由 2003 届的 1 569 元逐步上升到 2017 届的 4 812 元；大学毕业生的求职费用也逐年上涨，由 2003 届的 819 元逐步上升到 2017 届的 2 207 元。二是大学毕业生求职次数总体上逐年增多，由 2003 届的 3.4 次增长到 2017 届的 10.8 次，说明搜寻时间越来越长，工作搜寻过程越来越艰难。

为何大学毕业生工作搜寻过程越来越艰难？从宏观层面上看，体制改革逐渐深化但不彻底、高等教育扩招、劳动力市场的制度性分割、劳动力市场供求关系快速变化等是重要原因；从微观层面上看，颇具代表性的观点是大学毕业生工资期望落差较大，但该观点近年来也遭受质疑和挑战。中国青年政治学院2000 年和 2002 年调查发现，大学毕业生期望工资比实际起薪分别高 41.2% 和

---

① 谭远发，徐林，陈蕾. 大学毕业生保留工资落差与失业持续时间研究：来自山东省的经验证据 [J]. 宏观经济研究，2015（5）：117-126.

② SMITH H L, POWELL B. Great Expectations：Variations in Income Expectations among College Seniors [J]. Sociology of Education, 1990, 63（3）：194.

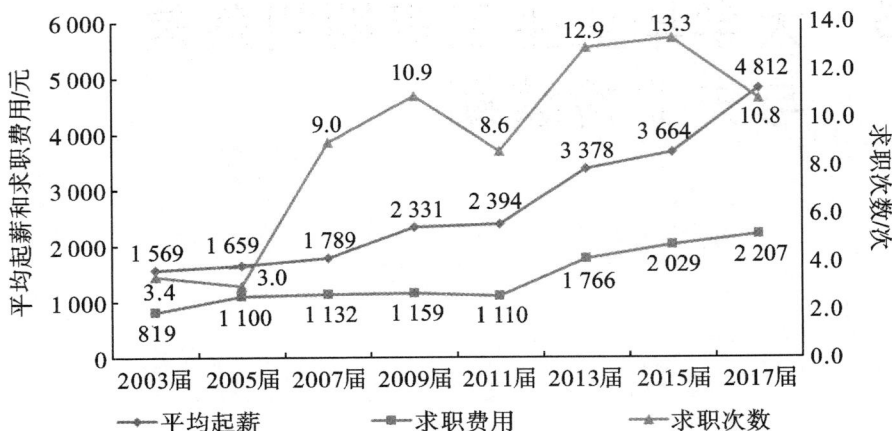

图 5.1　2003—2017 届大学毕业生平均起薪、求职费用和求职次数

资料来源：岳昌君，周丽萍. 中国高校毕业生就业趋势分析：2003—2017 年［J］. 北京大学教育评论，2017，15（4）：87-10.

37.7%。麦可思—中国大学毕业生求职与工作能力调查课题组 2008 年的报告指出："211"院校、一般本科院校和高职或专科院校应届毕业生的期望工资比雇主愿意支付的最高工资分别低 40%、37% 和 28%；比半年后的实际工资分别低 34%、32% 和 24%。就全国范围和平均水平来讲，应届大学毕业生的工资期望并不高。因此，本章旨在研究以下三个问题：大学毕业生保留工资与雇主愿意支付工资（下文称"工资报价"）之间落差如何？它是否导致了失业持续期延长？随着失业持续期延长大学毕业生找到工作的概率增加还是降低？

　　工作搜寻理论还深化了人们对保留工资和失业持续期的关系认识。在工资分布既定条件下，若求职者保留工资越高，工作搜寻成功概率越小，失业持续期越长。[①] 失业持续期是与失业率同等甚至更重要的指标，不仅反映劳动力市场运行效率，还反映失业者工作搜寻的痛苦程度。国际上的代表性研究，通常从个体特征、人力资本、社会资本和家庭背景等视角研究大学毕业生的失业持续期（工作搜寻时间）及其影响因素，由于各个国家或地区在经济发展水平、大学毕业生就业相关制度以及社会文化背景等存在显著差异，至今尚无定论。即使取得了一致结论，其是否适用于中国大学毕业生群体仍值得实证检验。因为既有研究结论大多是建立在发达国家或地区成熟劳动力市场基础之上的。

――――――――――

① MORTENSEN D T. Markets with Search Friction and the DMP Model［J］. American Economic Review，2011，101（4）：1 073-1 091.

我国台湾地区的相关研究较早且较为系统和深入，大陆的相关研究尚处于起步阶段，不仅数量偏少，也不够系统。大多数研究聚焦于应届毕业生的工作搜寻时间，对于严峻的就业形势下，已离校毕业生失业持续期还缺乏研究。从研究方法上看，一些研究未考虑失业持续期的右截尾特征，[①] 而处理了该特征的研究[②]未将保留工资纳入失业持续期的影响因素。研究结论也存在分歧，甚至得到了与工作搜寻理论和常理相悖的结论。唐镶和孙长（2009）、谢勇和李珣（2010）分别发现大学毕业生的保留工资和期望工资对其找到工作的概率有正向影响，对失业持续期有负向影响。林祖嘉（1991）对中国台湾地区大专以上毕业生的相关研究发现，毕业生保留工资越高，其失业持续期反而越短。然而，Chuang（1999）发现，保留工资预期反向的情况得到改善。陶宏麟和李嘉宏（2006）通过寻找保留工资的工具变量，采用两阶段回归方法，发现保留工资对失业持续期具有显著的正向影响。

　　此外，大多数研究忽略了工作能力（技能）和保留工资之间的关联。工作能力（技能）水平往往是大学生设定保留工资的重要依据，保留工资在一定程度上成为衡量大学毕业生内在能力的一个有效信号。既有研究证实[③][④]，求职者技能水平越高，保留工资越高。李锋亮、陈晓宇和汪潇潇等（2010）发现，保留工资既有助于显著提高大学毕业生的起薪，还有助于显著提高其就业概率。同理，当其他因素既定时，大学毕业生因工作能力强而保留工资高，但失业持续期可能反而短。既有研究未控制工作能力变量而将它归入随机误差项，则会导致参数估计偏误。为此，本章在验证保留工资数据有效性的基础上，采用工资期望落差，即保留工资分别与工资报价或实际工资之差，来减少变量测量误差。由于工资报价或实际工资反映了雇主对求职大学生工作能力（技能）的评估，保留工资反映了大学毕业生对自身内在能力的评价，通过差分剔除了很难观测的工作能力因素影响，更能准确地反映求职大学生对工资的真实期望偏差。

---

　　① 范元伟，郑继国，吴常虹. 初次就业搜寻时间的因素分析——来自上海部分高校的经验证据 [J]. 清华大学教育研究，2005，26（2）：27-33.

　　② 胡永远，余素梅. 大学毕业生失业持续时间的性别差异分析 [J]. 人口与经济，2009（4）：43-47.

　　③ FOUGÈRE D, PRADEL J, ROGER M. Does Job-Search Assistance Affect Search Effort and Outcomes? A Microeconometric Analysis of Public versus Private Search Methods [W]. IAZ Discussion Papers, 2005.

　　④ 张建武，崔惠斌. 大学生就业保留工资影响因素的实证分析 [J]. 中国人口科学，2007（6）：68-74.

5.2 工资期望落差与失业的理论关系

5.2.1 基于自愿失业理论

本章首先用自愿失业理论分析大学毕业生工资期望偏高如何引起失业。大学毕业生工资期望是否偏高取决于选定的某个参照点。从经济学角度上看，这个参照点可以是大学毕业生劳动力市场上的均衡工资。如图 5.2 所示，曲线 S 和 D 分别表示大学毕业生供给和需求，两者共同决定的均衡点为 E_0，均衡工资为 w_0，均衡就业量为 L_0。若劳动力市场上大学毕业生保留工资刚好等于 w_0，那么大学毕业生的需求等于供给，大学毕业生劳动力市场实现了充分就业。如果大学毕业生保留工资 w_1 高于市场均衡工资 w_0，此时劳动力市场上大学毕业生供大于求的部分 $L_2 - L_1$，即自愿失业大学生数量，若落差越大 $w_1 - w_0$，则供求缺口 $L_2 - L_1$ 越大，自愿失业率越高，就个人而言，失业概率也就越大。

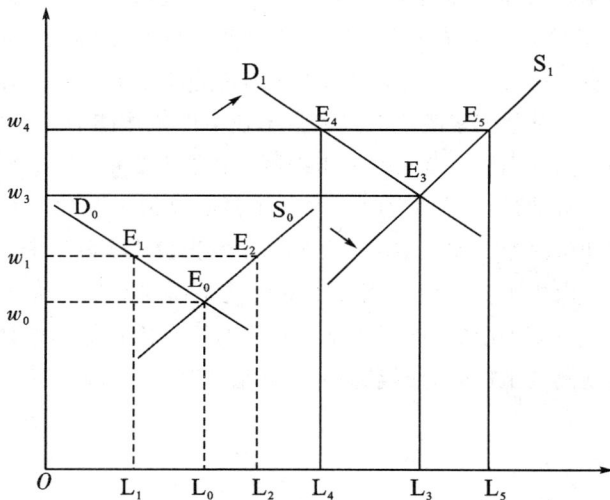

图 5.2　大学毕业生的工资期望落差与失业的关系

资料来源：吴克明，孙百才. 大学生就业期望偏高的经济学分析 [J]. 教育与经济，2005（4）：52-55；有扩充。

当然，参照点的均衡工资并非恒定，它随着大学毕业生劳动市场上的供求关系变化。大学毕业生市场上，供给变化主要受每年大学毕业生数量所影响。自 1999 年我国高校开始大规模扩招以来，毕业生人数也随之逐年增加。

2000—2016 年毕业生数量增长了 6 倍，使大学毕业生供给曲线从 S_0 向右大幅度移动平移到 S_1。近年来政府一直高度重视就业问题，相继出台了一系列促进高校毕业生就业创业政策和措施，促进了用人单位对大学毕业生需求，需求曲线从 D_0 向右平移到 D_1。大学毕业生供给与需求同时变化使原来的供求平衡被打破，均衡点从 E_0 转移到 E_3，新的市场均衡工资上升，即从 w_0 上升至 w_3。如果大学毕业生保留工资 w_4 高于市场均衡工资 w_3，劳动力市场上大学毕业生供大于求的部分 $L_5 - L_4$，即为自愿失业大学毕业生数量，若落差 $w_4 - w_3$ 越大，则供求缺口 $L_5 - L_4$ 越大，就个人而言，自愿失业概率也就越大。

需要补充说明的是，在给定保留工资水平下，例如在 w_1 和 w_2 时，一些大学毕业生自愿失业，另外一些大学毕业生却找到了工作，该保留工资对于失业大学生 $L_2 - L_1$ 和 $L_5 - L_4$ 是偏高的，对已就业大学生 OL_1 和 OL_4 却是合理的。此外，$w_4 - w_3$ 大于 $w_1 - w_0$，$L_5 - L_4$ 大于 $L_2 - L_1$，这说明自愿失业越来越严重。因此，工资期望落差越大，失业概率越大，由于失业持续期长短与失业概率高低之间有一对一的倒数关系，因而失业持续期越长。

5.2.2　基于工作搜寻理论

参照杜凤莲和刘文忻（2005）[①] 的研究，假设大学毕业生采取序列搜寻工作，工作搜寻成功概率取决于工作机会存在的概率和其被求职者接受的概率。工作机会存在概率受四类因素影响：①大学毕业生的个人特征，主要包括年龄、性别、学历层次、学校名气和工作能力等。由于存在性别歧视，经统计，"211" 重点本科、工作能力较强的男性本科毕业生更容易获得工作。②就业城市类型主要分为直辖市、省会城市和地级市以及区县。直辖市和省会城市通常较地级市以及区县有更多的工作机会。③工作搜寻开始时间和获取招聘信息渠道。工作搜寻开始时间越早，可选择的和合适的工作机会越多，则工作搜寻成功的概率越大；同时，获取招聘信息渠道越有效，工作搜寻成功的概率也越大。④工资报价。工资报价越高，就业竞争越大，则获得工资水平的概率越小。工作机会存在概率记为 $p = p(X, w_o)$，其中 w_o 代表工资报价，X 代表其他三大类因素。

工作机会被失业大学生接受的概率取决于"终止规则"：工作搜寻中，大学毕业生按事先确定的保留工资 w_r 进行持续搜寻，直至发现工资报价 w_o 高于

[①] 杜凤莲，刘文忻. 失业救济金与中国城镇人口失业持续时间 [J]. 经济科学，2005（4）：18-28.

或等于 w_r 时才接受。换句话说，当 $w_o < w_r$ 时，拒绝接受工资报价 w_o，并继续搜寻；当 $w_o \geq w_r$ 时，接受工资报价 w_o，终止搜寻。假设 w_o 分布的概率密度函数为 $f(w_o)$，且 $f(w_o)$ 和 $p(\mathrm{X}, w_o)$ 均不随大学毕业生失业期间长度而变化。由于失业持续期存在右截尾问题，持续期模型（Duration Model）因而将失业持续期估计转化为求失业大学生实现就业的条件概率，即机会函数 $h(t)dt$。它是大学毕业生失业持续 t 期之后，在时期 $(t, t+dt)$ 内实现就业的概率，它是工作机会存在的概率及其被接受的概率之积。参照 Narendranathan 等（1988）[①] 的研究，则失业大学生实现就业概率为：

$$h(\mathrm{X}, w_r) = \int_{w_r}^{+\infty} p(\mathrm{X}, w_o) f(w_o) dw_o \qquad (5.1)$$

通过求一阶偏导数，保留工资与实现就业概率之间的关系为：

$$\frac{\partial h(\mathrm{X}, w_r)}{\partial (w_r)} = -p(\mathrm{X}, w_r) f(w_r) \leq 0 \qquad (5.2)$$

与保留工资相比，工资期望落差剔除了很难测量的工作能力因素影响，更能准确地反映求职大学生对工资的真实期望偏差。因为工资报价和实际工资均反映了雇主对求职大学生工作能力（技能）的评估，保留工资反映了大学毕业生对自身内在能力的评价。当以工资报价为参照点时，工资期望落差为 $\ln w_\Delta = \ln w_r - \ln w_o$，对两端指数化处理后整理得 $w_r = w_\Delta w_o$，依据"链式法则"，代入式（5.2）并求导得：

$$\frac{\partial h(\mathrm{X}, w_\Delta)}{\partial (w_\Delta)} = \frac{\partial h(\mathrm{X}, w_r)}{\partial w_r} \cdot \frac{\partial w_r}{\partial (w_\Delta)} = -p(\mathrm{X}, w_r) f(w_r) w_o \leq 0 \qquad (5.3)$$

依据式（5.3）的经济学含义而提出理论假说：在其他条件不变的情况下，工资期望落差越大，失业大学生实现就业的概率就越小。由于失业持续期是实现就业概率的倒数，在其他条件不变的情况下，工资期望落差越大，则失业持续期就越长。

5.3　失业持续期模型

假设失业持续期 T 为一随机变量 T>0，大学毕业生在 t 时点前脱离失业状态找到工作的概率为：

---

① NARENDRANATHAN W, NICKELL S, STERN J. Unemployment Benefits Revisited [J]. Economic Journal, 1985, 95（378）：307-329.

$$F(t) = \int_0^t f(\mathrm{T})d\mathrm{T} = Pr(\mathrm{T} \leqslant t) \tag{5.4}$$

其中 $f(.)$ 和 $\mathrm{F}(.)$ 分别为概率密度函数和累计概率函数。存活函数（Survivor Function）为失业状态持续期超过时间 t 的概率函数。其设定为：

$$s(t) = Pr(T > t) = 1 - \mathrm{F}(t) \tag{5.5}$$

机会函数（Hazard Function）是指求职者在时间 t 处于失业状态，但在时间 $(t, t + \delta)$ 脱离失业状态（找到工作）的条件概率。它的数学表达式如下：

$$h(t) = \lim_{\delta \to 0} \frac{Pr(t \leqslant \mathrm{T} < t + \delta \,|\, \mathrm{T} \geqslant t)}{\delta} = \lim_{\delta \to 0} \frac{1}{\delta} \frac{\mathrm{F}(t + \delta) - \mathrm{F}(t)}{s(t)} = \frac{f(t)}{s(t)} \tag{5.6}$$

依据工作搜寻理论，机会函数是工作机会存在的概率和其被求职者接受的概率之积。当工作机会存在概率和该机会被求职者接受概率影响因素已知时，失业持续期 T 服从某种特定分布。一般有指数分布、Weibull、Log-normal 及 Generalized-Gamma 等。参照 Lancaster（1979）、谢勇和李珣（2010）的研究，本章也假设 T 服从 Weibull 分布。将式（5.6）的机会函数设定如下：

$$h[t \,|\, w(t)_\Delta, \mathrm{X}(t)] = \exp[w(t)_\Delta \gamma + \mathrm{X}(t)\beta] \alpha t^{\alpha - 1} \tag{5.7}$$

其中，$\mathrm{X}(t)$ 是工作机会存在概率的影响因素组成的向量，主要包括大学毕业生的个人特征、工作搜寻开始时间和工作搜寻方法等，β 为对应的系数向量。$w(t)_\Delta$ 是工资期望落差，也即保留工资与工资报价之差（log）[1]，记为 $w_\Delta(t) = \ln w(t)_r - \ln w(t)_o$，它直接影响求职者接受工作机会的概率。当 $w_\Delta > 0$，求职者继续搜寻；反之，则终止搜寻。这就表明 w_Δ 越大，机会函数越小，则 $\gamma < 0$。α 为规模参数（Scale Parameter），它反映大学毕业生失业持续期是否具有时间依赖性（Time Dependence）。$\alpha > 1$ 表示随着失业持续期增加，机会函数递增，更易于找到工作；反之，$0 < \alpha < 1$ 表示随着失业持续期增加，机会函数递减，更难找到工作。$\alpha = 1$ 表示机会函数不随时间变化。

鉴于大学毕业生失业主要表现为摩擦性失业，本章因而合理地假设解释变量 $\mathrm{X}(t)$ 和 $w(t)_\Delta$ 不随时间 t 而变化。预期失业持续期简化为：

$$\mathrm{E}(\mathrm{T} \,|\, w_\Delta, \mathrm{X}) = \mathrm{T}(1 + \frac{1}{\alpha}) \exp(-\frac{w_\Delta \gamma + \mathrm{X}\beta}{\alpha}) \tag{5.8}$$

其中 $\mathrm{T}(\cdot)$ 为标准的伽马分布函数。$\mathrm{E}(\mathrm{T} \,|\, w_\Delta, \mathrm{X})$ 对 w_Δ 的反应弹性为：

$$\frac{\partial \ln \mathrm{E}(\mathrm{T} \,|\, w_\Delta, \mathrm{X})}{\partial w_\Delta} = -\frac{\gamma}{\alpha} \tag{5.9}$$

---

[1] 取对数不改变变量之间的关系，还可以消除异方差，更易于解释，它表示保留工资比工资报价高百分之几。

式（5.9）的经济学含义是：在其他因素不变时，工资期望落差每增加1个百分点，则失业持续期将延长 $-\gamma/\alpha$ 个百分点。

5.4 变量与描述统计

由于麦可思2007届大学生毕业半年后的抽样调查和2007届大学生毕业三年后职业发展跟踪调查数据，在毕业半年后和三年后仍未就业大学毕业生仅为76人和61人，仅占当年调查总数的1.93%和1.56%，样本量较少，无法满足研究需求。因此，本章以麦可思2008年调查的山东省2007届毕业生为潜在样本。除去"自主创业""升学或出国留学"的样本后，共计4 089人。其中，毕业离校时未落实全职工作的占46.88%；毕业半年后已就业和仍失业大学生各占80.12%和19.88%。山东省2007届毕业生半年后的就业率为90.68%，与全国近三年的就业情况基本一致，既说明当前我国大学毕业生就业总体稳定，也说明山东省样本具有很强的代表性。本章以毕业离校时和毕业半年后均无全职工作者为研究对象，在剔除缺失值和异常值后，共508人。

5.4.1 变量测量

失业持续期是因变量，以月为计算单位。大学生毕业离校时（每年7月）未落实全职工作则被视为失业开始，而毕业半年后被调查时间为计算失业终点。对于毕业半年后被调查时已就业的大学生，通过两个时点的时间差得到完整的失业持续期（Complete Spell）。对于那些毕业半年后仍未就业的大学生，我们只能观察到他们尚在失业状态，但无法确切知道他们何时才能找到工作，通过两个时点的时间差得到不完整的失业持续期（Incomplete Spell），即他们实际面临的失业持续期可能更长。

工资期望落差是自变量，首先根据保留工资（log）与工资报价（log）之差而得。由于山东省2008年法定最低工资标准的最低档为500元，本章因而将工资报价低于500元的样本剔除。在对保留工资和工资报价取自然对数以后，保留工资（log）大于工资报价（log）则表明失业大学生的工资期望偏高；反之，保留工资（log）不大于工资报价（log）则表明失业大学生的工资期望偏低。统计显示，工资期望偏高群体所占比例为87%，工资期望被高估了41%。图5.3进一步直观呈现了这两个群体工资期望落差的分布特征。图5.4还用工资期望落差占工资报价百分比的核密度（Kernel Density）分布检验了大

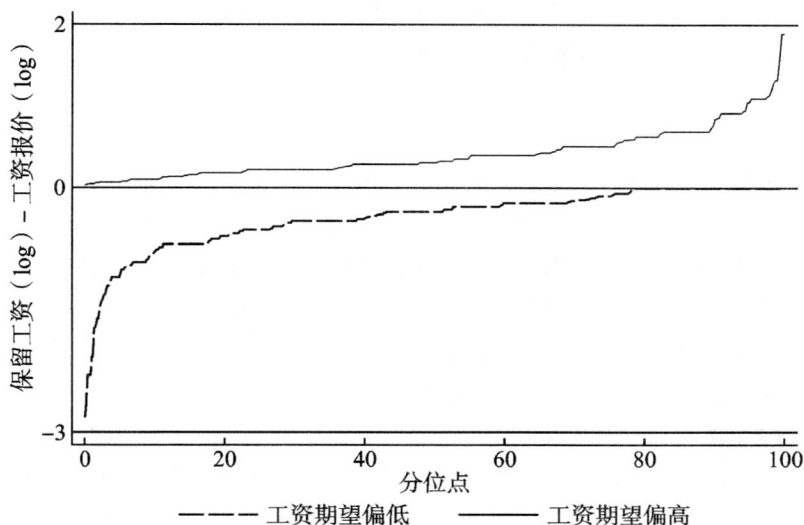

图 5.3　工资期望落差的分位数分布

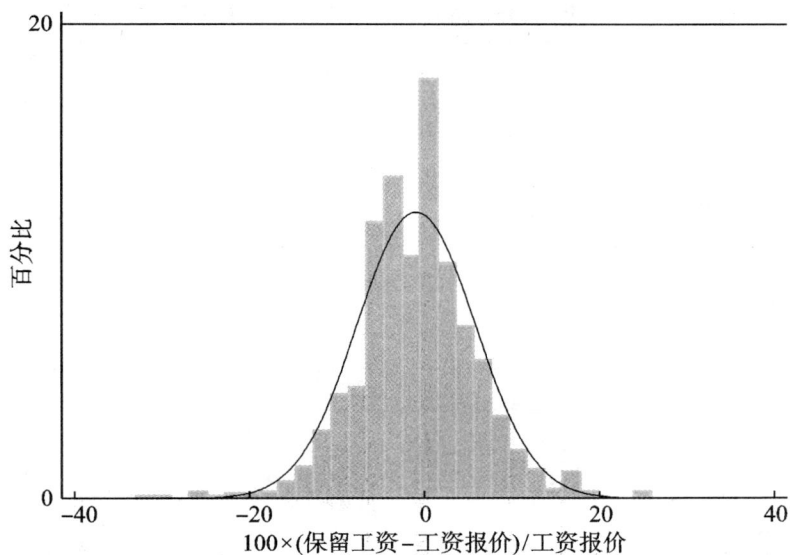

图 5.4　工资期望落差的概率分布

学毕业生填报的保留工资的有效性。工资期望落差占工资报价的百分比略呈左偏态分布（偏度为-0.060），但绝大多数样本都聚集在 0 附近。从理论上看，这一偏态分布是合理的。因为人力资本折旧，财富消耗和失业烙印等效应存在，所以保留工资随失业持续期延长而降低①。这表明以保留工资（log）与工资报价（log）之差计算的保留工资数据是有效的。

5.4.2 描述统计

上述变量中，连续变量取其真实值。对于离散变量，符合相应的描述时记为"1"；否则记为"0"。如表 5.1 显示，在平均意义上，毕业半年后仍失业的大学生比已就业大学生的失业持续期长约 6 个月。如果再考虑数据的右截断特征，前者的平均失业持续期会更长。毕业半年后已就业大学生的人力资本优于毕业半年后仍失业大学生。具体表现在：学历层次上，毕业半年后仍失业的大专生多 16.7%；学校名气上，"211"重点本科的毕业半年后仍失业大学生少 18.8%。然而，这两个群体在工作能力、工资期望落差、期望的就业城市类型、工作搜寻开始时间和工作搜寻方法等方面的差异均不显著。由于在对两个样本进行均值比较，未控制其他变量的影响，所得结论有一定局限性，因而在控制上述变量后，对大学毕业生工资期望落差与失业持续期的关系予以验证。

表 5.1 毕业半年后仍失业和已就业大学生的差异比较（N = 508）

变量名称	均值（频率差距）	t 值
失业持续期（月）	6.233 ***	15.60
工资期望落差	0.107	0.99
年龄（岁）	−0.003	−0.01
女生	0.1%	0.01
学历层次		
高职高专[d]	16.7% ***	3.74
本科学历	−16.7% ***	−3.74
学校名气		
一般本科[d]	18.8% **	2.17
"211"重点本科	−18.8% **	−2.17
工作搜寻方法		
通过朋友和亲戚得到招聘信息[d]	−11.1%	−1.35
通过媒体看到招聘信息	−4.27%	−0.42
参加政府机构组织的招聘会	0.79%	0.09

---

① JONES S R G. The Relationship between Unemployment Spells and Reservation Wages as a Test of Search Theory [J]. Quarterly Journal of Economics，1988，103（4）：741-765.

表5.1(续)

变量名称	均值（频率差距）	t 值
参加大学组织的校园招聘会	−9.54%	−1.00
直接向用人单位了解	−0.52%	−0.07
工作搜寻开始时间		
毕业前 12 个月或更久开始求职	−3.48%	−0.63
毕业前 6 个月开始求职	−6.16%	−0.62
毕业前 4~5 个月开始求职	4.72%	0.61
毕业前 2~3 个月开始求职	0.96%	0.13
毕业前 1 个月开始求职	2.34%	0.47
毕业后开始求职[d]	1.62%	0.20
就业城市类型		
直辖市[d]	−9.47%	−1.34
省会城市	−6.3%	−0.61
地级城市及区县	15.8%	1.52
工作能力（分）	−1.911	−0.70

注：***、**、* 分别代表在 1%、5%、10% 的水平下显著。"d" 代表参照组。

5.5 实证分析

5.5.1 Weibull 分布检验

鉴于持续期是否服从 Weibull 分布将直接影响参数估计和结论，下文首先采用非参数估计方法，分别呈现工资期望偏低和工资期望偏高的纳尔逊—阿伦（Nelson-Aalen）累积机会函数。累积机会函数的斜率即机会函数。从图 5.5 可知，工资期望偏低组的累积机会函数显著高于工资期望偏高组；而且两者的机会函数随失业持续期延长而增加。这表明前文假设失业持续期服从 Weibull 分布是合理的。因此，下文再分别以两种方法来计算工资期望落差对实现就业的概率和失业持续期的影响。

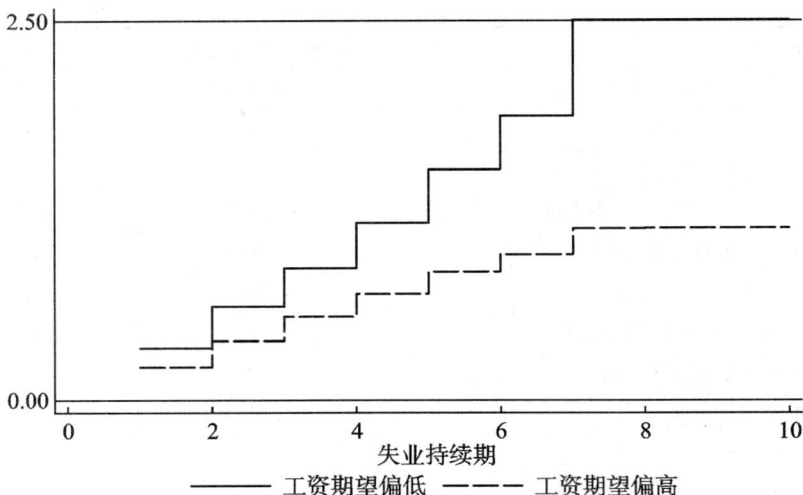

图 5.5　失业持续期是否服从 Weibull 分布检验

5.5.2　估计结果分析

为使机会函数估计更可靠、稳健和贴近现实，本章将分别采用 Weibull 参数和 Cox 半参数两种方法予以估计。如表 5.2 显示，Weibull 参数和 Cox 半参数估计结果基本一致，绝大多数变量估计系数、机会比率和标准误的符号和显著性基本相同。细微差别体现在估计系数、机会比率和标准误的大小，但并不影响核心结论。因此，下文以 Weibull 参数估计结果为基准，从工资期望落差、个体特征、就业城市类型等方面予以详细分析和解释。

第一，工资期望落差。在控制个体特征、就业城市类型和工作搜寻开始时间和信息渠道等因素后发现，工资期望落差对失业大学生实现就业概率具有显著的负向影响。平均来说，大学生的保留工资每高于工资报价 1%，则大学生实现就业的机会比率就下降 0.21%。这证实工资期望落差越大，大学生实现就业的概率就越低。对于工资期望落差对失业持续期的影响，根据式（5.9）计算预期失业持续期对工资期望落差的反应弹性为 0.140（0.209/1.490）。其经济学含义在于，大学生的保留工资每高于工资报价 1%，则预期失业持续期将延长 0.14%。如图 5.6 显示，工资期望偏高组和工资期望偏低组的预期失业持续期都随着分位数的升高而增加，而且在各分位数上前者位于后者上方。这更直观地证实了工资期望落差越大，大学生失业持续期就越长。

表 5.2　工资期望落差以工资报价为参照点的机会函数估计结果（N=508）

相关变量	模型（1）：Weibull 参数估计			模型（2）：Cox 半参数估计		
	系数	机会比率	标准误	系数	机会比率	标准误
工资期望落差	-0.209**	0.811**	0.113	-0.166**	0.847**	0.083
女生	-0.081	0.922	0.101	-0.080	0.923	0.076
年龄	-0.105***	0.900***	0.016	0.009	1.009	0.031
本科学历	0.552**	1.736**	0.470	0.429*	1.535*	0.351
"211"重点本科	0.387***	1.473***	0.176	0.337***	1.401***	0.128
省会城市	-0.145	0.865	0.130	-0.083	0.920	0.103
地级城市及区县	-0.378**	0.685**	0.107	-0.242**	0.785**	0.092
通过媒体看到招聘信息	-0.334***	0.716***	0.086	-0.237***	0.789***	0.072
参加政府机构组织招聘会	-0.047	0.954	0.131	-0.040	0.961	0.101
参加大学组织校园招聘会	0.388***	1.473***	0.196	0.301***	1.351***	0.134
直接向用人单位了解	-0.048	0.953	0.149	-0.026	0.974	0.118
毕业前12个月或更久求职	0.417**	1.518**	0.315	0.294*	1.342*	0.218
毕业前6个月开始求职	0.150	1.162	0.159	0.144	1.155	0.124
毕业前4~5个月开始求职	0.003	1.003	0.165	0.011	1.011	0.132
毕业前2~3个月开始求职	0.067	1.069	0.176	0.108	1.114	0.137
毕业前1个月开始求职	0.189	1.208	0.282	0.222	1.249	0.221
工作能力	0.001	1.001	0.004	0.003	1.003	0.003
α	0.399***	1.490***	0.044	NA	NA	NA
Wald chi2 (17)	692.40			71.53		
Prob > chi2	0.000			0.000		

注：***、**、*分别代表在1%、5%、10%的水平下显著；标准误为稳健标准误；"NA"代表该项值不存在。

第二，规模参数。表5.2显示，α = 1.499 > 1，这表示随着大学毕业生失业持续期增加，机会函数递增，更易找到工作。胡永远和余素梅（2009）、谢勇和李珣（2010）的大学毕业生工作搜寻时间研究并没有提供该参数值。杜凤莲和刘文忻（2005）对中国城镇人口失业持续期研究所得参数 α = 0.9309 < 1。林祖嘉（1991）、陶宏麟和李嘉宏（2006）对我国台湾地区大专以上毕业生失业持续期的研究显示，规模参数 α 均大于1。这表示随着失业持续期延长，失业持续期增长的概率变小，即较易于找到工作。其原因可能是，在劳动力市场有效运行下，随着失业持续期的拉长，增加了失业大学生找到工作的效率。

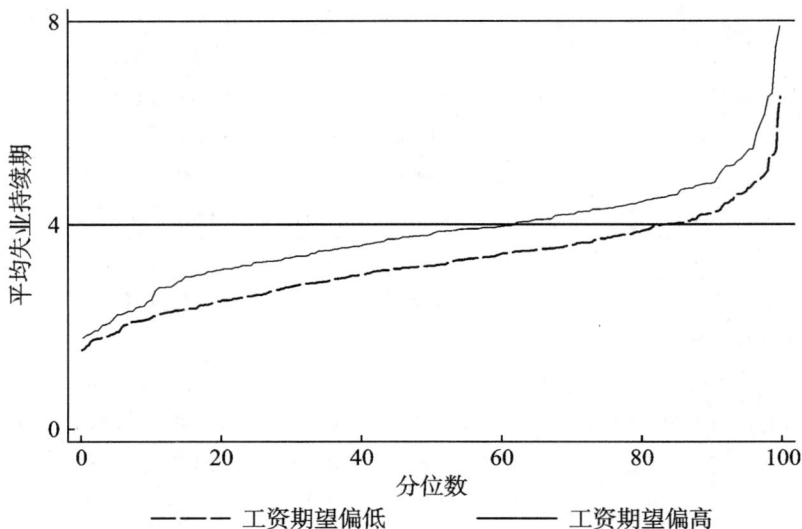

图 5.6　工资期望偏低组和偏高组的预期失业持续期比较

第三，个体特征。性别对失业大学生实现就业的影响不显著，即女生在劳动力市场上经历了更长的失业持续期，但并不显著。这与胡永远和余素梅（2009）的结论并不完全一致，还有待进一步探索。然而，年龄是影响失业大学生实现就业的重要因素，这在一定程度上反映了劳动力市场上的年龄歧视现象，即用人单位更加偏好年龄较小者。因为在人力资本投资数量相同的情形下，用人单位期望从年轻者身上获得的人力资本投资回报期更长。学历层次和学校名气作为重要人力资本投资形式和方面对大学生摆脱失业状态具有积极作用。其他条件相同，与高职高专学历者相比，本科学历者实现就业的概率明显提高了约74%；与一般院校的毕业生相比，"211"重点本科的毕业生实现就业的概率明显提高了约47%。这印证了信号理论和人力资本理论的基本观点。"211"重点本科的毕业生明显能够享受更多、更优质的教育资源，通常具有高质量的人力资本。同时，能进入"211"重点本科学习，这本身也向雇主们传递了高能力的信号。①

第四，工作搜寻方法。与通过朋友和亲戚得到招聘信息相比，大学生通过

---

① 申晓梅，谭远发，边慧敏. 中国大学毕业生就业中的性别歧视甄别 [J]. 经济学家，2010（10）：46-55.

媒体看到招聘信息进而实现就业的概率要低28%；大学生通过参加大学组织的校园招聘会进而实现就业的概率要较之高47%；通过参加政府机构组织的招聘会和直接向用人单位了解这两种渠道对于大学生实现就业的影响并不显著。这可能是因为媒体发布招聘信息门槛低且纷繁复杂、缺乏针对性，而大学组织的招聘会更具有针对性、可靠性和有效性。

第五，工作能力对失业大学生实现就业概率的正向影响不显著。这正体现了工资期望落差较之保留工资的优越性，它较之保留工资更能准确地反映求职大学生对工资的真实期望偏差。因为工资报价和实际工资均反映了雇主对求职大学生工作能力（技能）的评估，保留工资反映了大学毕业生对自身内在能力的评价。工资期望落差已经剔除很难观测的工作能力因素，因而不再与之相关。

5.5.3 稳健性分析

由于工资报价与实际工资可能存在差距，工资报价是否能较好地衡量实际工资，并进而影响机会函数的估计，因而需要进行稳健性检验。具体地说，下文将以实际工资为参照点，用保留工资（log）与实际工资（log）之差来测度保留工资期望落差，然后按前文步骤估计工资期望落差对就业的概率和失业持续期的影响。由于调查时仍失业的大学毕业生实际工资不可观测，所以本章将参照 Prasad（2000）的研究采用 Heckman（1979）[①] 的样本选择模型预测他们可能挣得的实际工资或潜在工资。限于篇幅，这里省略了该步骤估计结果，但不影响阅读。

如图 5.7 所示，按照两种参照点计算的工资期望落差的核密度分布基本相同，可以进一步估计 $lnw_a - lnw_r$ 对实现就业的概率和失业持续期的影响。机会函数的设置与表 5.2 中完全相同。表 5.3 中按照两种方法计算的工资期望落差对实现就业的概率和失业持续期的影响与表 5.2 基本相同；而且，其他控制变量对实现就业的概率和失业持续期的影响也基本相同。微妙的变化仅体现在估计参数、机会比率及标准误的大小方面。从整体上看，本章所得结论是稳健和可靠的。

---

① HECKMAN J. Sample Selection Bias as a Specification Error [J]. Applied Econometrics，1979，47（1）：153-161.

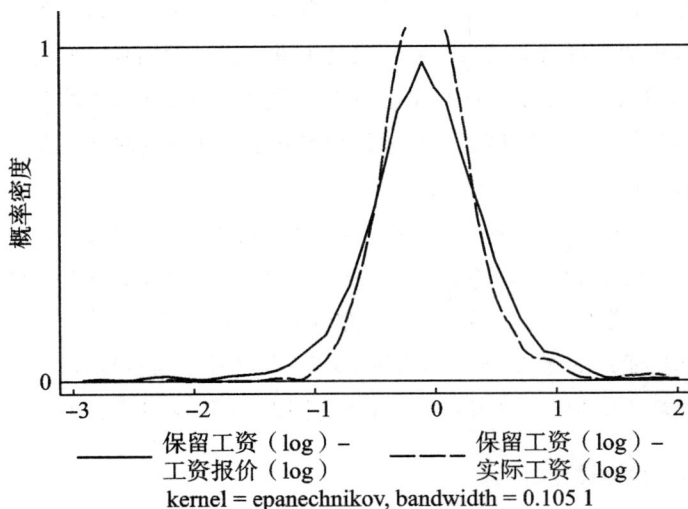

图 5.7　两种方法测量的工资期望落差的核密度分布

表 5.3　工资期望落差以实际工资为参照点的机会函数稳健性分析（N＝508）

相关变量	模型（1）：Weibull 参数估计			模型（2）：Cox 半参数估计		
	系数	机会比率	标准误	系数	机会比率	标准误
工资期望落差	−0.247**	0.781**	0.116	−0.189**	0.828**	0.090
女生	−0.085	0.918	0.111	−0.079	0.924	0.084
年龄	−0.108***	0.897***	0.018	0.002	1.002	0.032
本科学历	0.583**	1.792**	0.271	0.441*	1.555*	0.228
"211" 重点本科	0.410***	1.506***	0.124	0.352***	1.421***	0.093
省会城市	−0.050	0.951	0.153	−0.017	0.983	0.116
地级城市及区县	−0.265*	0.767*	0.156	−0.160	0.852	0.120
通过媒体看到招聘信息	−0.286**	0.751**	0.124	−0.197**	0.822**	0.093
参加政府机构组织招聘会	−0.119	0.888	0.14	−0.096	0.909	0.107
参加大学组织校园招聘会	0.434***	1.544***	0.135	0.332***	1.394***	0.100
直接向用人单位了解	−0.076	0.926	0.157	−0.047	0.953	0.122
毕业前 12 个月或更久求职	0.361*	1.434*	0.21	0.249	1.282	0.163
毕业前 6 个月开始求职	0.146	1.157	0.141	0.134	1.143	0.110
毕业前 4~5 个月开始求职	0.054	1.055	0.165	0.040	1.040	0.131
毕业前 2~3 个月开始求职	0.005	1.005	0.174	0.049	1.050	0.132
毕业前 1 个月开始求职	0.189	1.208	0.259	0.216	1.241	0.195

表5.3(续)

相关变量	模型（1）：Weibull 参数估计			模型（2）：Cox 半参数估计		
	系数	机会比率	标准误	系数	机会比率	标准误
工作能力	0.001	1.001	0.004	0.002	1.002	0.003
α	0.399 ***	1.490 ***	0.031	NA	NA	NA
Wald chi2（17）	631.91			65.73		
Prob > chi2	0.000			0.000		

注：***、**、* 分别代表在1%、5%、10%的水平下显著；标准误为稳健标准误；"NA"代表该项值不存在。

至于工作能力对失业大学生实现就业概率的正向影响为何不显著，下文采用工资期望落差与工资能力的散点图来探索，如图 5.8 显示，不论对于何种方法去计算工资期望落差，大多数观察样本基本均匀地分布在以工资期望落差水平线（0）和工作能力中位数的垂直线分割而成的四个象限内。这证实工作能力和工资期望落差之间再无线性相关关系。这可能有以下两方面的原因：一方面体现了工资期望落差较之保留工资的优越性，它较之保留工资更能准确地反映求职大学生对工资的真实期望偏差。因为工资报价和实际工资均反映了雇主对求职大学生工作能力（技能）的评估，保留工资反映了大学毕业生对自身内在能力的评价。因为工资期望落差剔除了很难测量的工作能力因素影响，所以工资期望落差与工作能力不再相关。

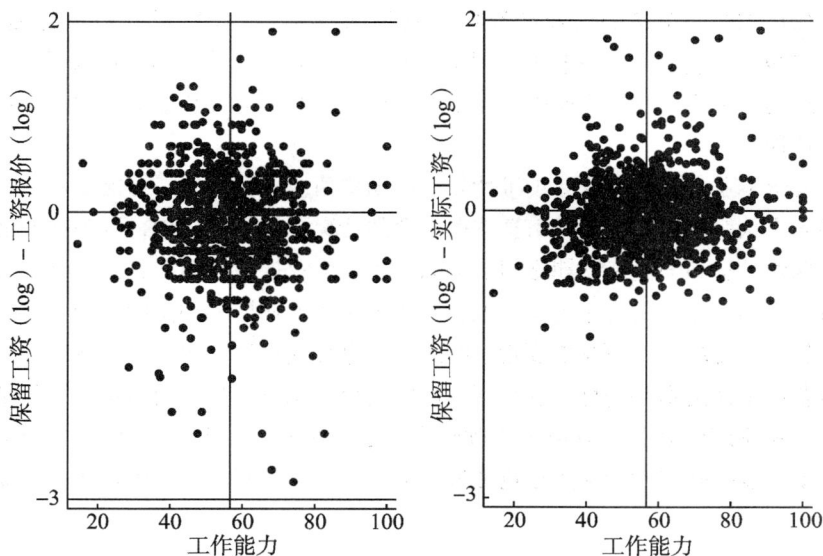

图 5.8　两种方法测量的工资期望落差与工作能力的散点分布

另一方面可能由于麦可思测评的工作能力存在测量误差。麦可思选取了衡量中国大学毕业生工作能力的 35 个子维度，在调查时，首先请大学毕业生评估各项能力在自己工作中的重要性，重要性的评价为 6 个级别。其次，按照重要性对每项能力所掌握的程度进行加权，计算出离校时掌握的 35 项能力的总体水平，并把它们换算为百分数，介于 0~100 分，得分越高说明工作能力越强。很显然，对于那些已经就业的大学毕业生可以比较准确地评估各项能力在自己工作中的重要性；对于毕业半年后仍失业的大学毕业生，根本不清楚各项能力在自己工作中的重要性。在后面章节中，我们将分别用工资报价和实际工资作为工作能力的代理变量，则工作能力越强，求职者获得的工资报价和实际工资就越高。

5.6　本章小结

保留工资和失业持续期是工作搜寻理论的两个重要议题。目前有关大学毕业生保留工资对失业持续期的影响研究尚无定论。本章利用持续期模型考察了工资期望落差对大学毕业生失业持续期的影响。主要发现有：一是 87% 的大学毕业生在就业中存在较大的工资期望落差，即工资期望被高估了 41%；二是其他影响因素既定时，大学毕业生工资期望落差每增加 1%，实现就业的概率就下降 0.21%，预期的失业持续期将延长 0.14%；三是规模参数估计显示，$\alpha = 1.499 > 1$ 表明大学毕业生找到工作的概率随着失业持续期延长而增加。这些发现共同表明：大学毕业生仍需要对保留工资和失业持续期进行权衡并做出理性选择。

大学毕业生在工作搜寻中维持较高的期望值或保留工资，可能是对劳动力市场需求状况、工资分布等信息掌握不全的情况下的理性行为，因为他们通过权衡保留工资和失业持续期之间的关系，延长失业搜寻时间，找到了高于自己保留工资的工作。从这个意义上说，解决大学生就业期望偏高的问题不在于道德说教、宣传教育，而是需要建立畅通的信息传递机制，让大学毕业生能更及时地获得全面的市场信息，在市场机制的充分作用下，他们会根据市场行情主动调整就业期望值，从而减少摩擦性失业。要促进大学毕业生高质量充分就业，就应该打破二元劳动力市场之间的分割，尤其是制度性原因造成的市场分割，从而减少自愿性失业。①

此外，通过估计持续期模型还发现，学历层次和学校名气作为人力资本投资形式对大学生就业和缩短失业持续期具有积极作用。这表明大学生应努力提高人力资本存量，尤其要积累更多优质的人力资本。工作搜寻信息渠道对大学生就业具有重要影响。从工作搜寻方法来看，与通过朋友和亲戚得到招聘信息相比，大学生通过媒体看到招聘信息进而实现就业的概率要低28%；大学生通过参加大学组织的校园招聘会进而实现就业的概率要较之高47%。这些发现具有重要的政策含义：一方面，高校更应该切实举办好校园招聘会，大学毕业生则应充分利用好这一平台；另一方面，政府部门更应该规范媒体招聘信息发布，加强对招聘信息的真实性和可靠性的监管，以此提高大学毕业生的就业效率。

---

① 赖德胜，孟大虎，等. 中国大学毕业生失业问题研究 [M]. 北京：中国劳动社会保障出版社，2008.

6 大学毕业生工资期望落差、工作转换与首职持续期①

6.1 大学毕业生职业发展问题

大学毕业生初次进入职场后频繁更换工作是全世界普遍存在的社会现象。统计显示，2013 年，日本大学毕业生毕业三年内的平均离职率为 30%，美国"80 后"大学毕业生毕业三年内离职高达 60%。② 当前我国大学毕业生就业呈现两个特点（见图 6.1）：一是大学生毕业半年内失业率居高不下，是城镇登记失业率 2 倍左右；另一个是大学生毕业半年内离职率维持在 33% 左右，这表明每 3 个大学毕业生就有 1 个在毕业半年内离职的。《大学生职业适应状况调查报告（2012）》显示，大学毕业生三年内变动两次以上工作的占 57%。③ 首份工作是大学毕业生进入职场的第一堂课，具有长期福利效应，若首份工作不好，更容易在经济衰退中面临失业风险。④ 因此，首职持续期是与离职率同等甚至更重要的指标，它反映首份工作质量的好坏以及忠诚度的高低，对未来职业生涯发展十分重要。

---

① 谭远发，邱成绪. 大学毕业生保留工资落差、工作转换和首职持续时间 [J]. 高等教育研究，2017（7）：54-64.

② SCHAWBEL D. The cost of millennial retention study [EB/OL]. (2013-08-06). [2019-10-28]. http://millennialbranding. com/2013/08/cost-millennial-retention-study.

③ 于静.《大学生职业适应状况调查报告》显示：六成新人三年内跳槽超两次 [EB/OL]. (2012-11-28). [2019-10-28]. http://cppcc.people.com.cn/n/2012/1128/c34948-19723351.html.

④ OREOPOULOS P，VON WACHTER T，HEISZ A. The Short-and Long-Term Career Effects of Graduating in a Recession [J]. American Economic Journal：Applied Economics，2012，4（1）：1-29.

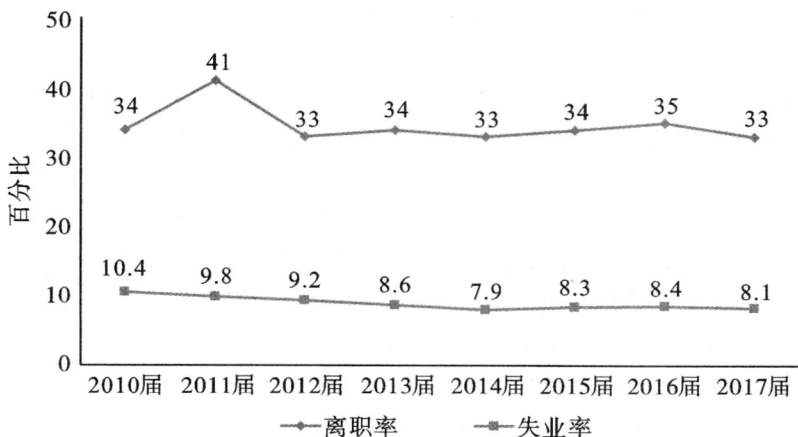

图 6.1 2010—2017 届大学生毕业半年内的失业率和离职率

资料来源：麦可思研究院发布的 2011—2018 年《中国大学生就业报告》。

在就业难的背景之下，大学毕业生频繁转换工作，首职持续期不长的原因何在？宏观因素方面，翁杰、周必彧和韩翼祥（2008）[①] 认为始于 1999 年的高校扩招和以就业率为导向的就业政策是诱因，前者改变了大学毕业生劳动力市场供求关系，后者在一定程度上导致了大学毕业生首份工作"误配"，工作转换可视为对"误配"的纠正和自我价值再发现的过程。微观因素方面，《中国本科生就业报告（2016）》[②]和《中国高职高专生就业报告（2016）》[③] 指出，大学毕业生离职的主要原因是工作不符合自己的职业期待。2015 届大学毕业生半年内的离职人群中，98%的人是主动离职，主要是因为个人发展空间不够（本科生比例为 49%，高职高专生比例为 46%）和薪资福利偏低（本科生比例为 42%，高职高专生比例为 48%）。《大学生职业适应状况调查报告（2012）》指出，大学毕业生离职的主要原因依次是工资待遇、人际环境和工作地点。[④] 程君

---

① 翁杰，周必彧，韩翼祥.中国大学毕业生就业稳定性的变迁——基于浙江省的实证研究 [J].中国人口科学，2008（2）：33-41.

② 麦可思研究院，王伯庆，郭娇.2016 年中国本科生就业报告 [M].北京：社会科学文献出版社，2016.

③ 麦可思研究院，王伯庆，周凌波.2016 年中国高职高专生就业报告 [M].北京：社会科学文献出版社，2016.

④ 于静.《大学生职业适应状况调查报告》显示：六成新人三年内跳槽超两次 [EB/OL]. (2012-11-28). http://cppcc.people.com.cn/n/2012/1128/c34948-19723351.html.

和羽琪（2013）[①] 则认为，与期望中的落差太大是大学毕业生频繁辞职的主要原因。

我们如何看待这些观点？我们如何对其进行理论分析和实证检验呢？由于大学毕业生初入职场，信息和经验相对缺乏，就业困难，即使他们找到人生的首份工作，也很可能在短期内转换到更适合自己或工资更高的工作上去。本章用工资期望落差来反映大学毕业生的工资期望与现实的落差，即工资期望落差。关注并回答以下几个问题：①大学毕业生工资期望落差是否影响首职持续期？②大学毕业生工资期望落差如何影响工作转换次数？③经常转换工作的大学毕业生首职持续期有何差异？这些问题的回答将为大学毕业生职业发展提供更多经验证据，从而能够更加有效地指导大学毕业生就业工作。

对于毕业生或青年人初入职场后出现频繁更换工作的现象，国外的相关研究较多。20 世纪以来，经济学家主要从宏观视角考察工资、劳动力市场结构和失业率等因素对个体离职的影响提出了一些模型和理论。由于经济学家的研究视角过于狭窄，既未考虑非经济因素，也未能阐明经济因素（如薪酬）如何影响个体离职。心理学家从微观视角特别强调个体心理变量影响个体离职，还试图描述个体离职决策过程中的心理变化，为打开个体离职动机的"黑箱"起了重要作用。越来越多的研究开始关注个体离职的微观因素，但大多研究仅限于职业流动或者工作转换这一单一视角，没有系统地分析其前因后果。正如江沈红（2012）[②] 所评述的那样，"定性有余定量不足，描述有余分析不足，研究成果角度单一、视野狭窄、综合不足"。再加上，由于研究侧重点不同，经济学家强调经济因素，心理学家强调个体心理变量，社会学家强调社会因素。此外，由于国内学者对大学毕业生初职获得、离职、跳槽行为关注较多，缺乏对首职持续期的关注，还未形成系统化研究，不利于大学毕业生就业和职业发展问题的深入探索和解决。

从理论上看，工作转换具有双重性：一方面有利于提高个人经济收入、实现人生价值，还可以实现人才的合理流动和配置，从而实现高效的人力资源利用效率；另一方面，频繁转换工作对大学毕业生和用人单位都带来损失，毕业生要承担失业风险和再次求职成本，导致了毕业生首份工作的质量严重下降，还会造成用人单位培训成本、社会资源和教育投入的浪费，使得我国高校毕业生的人力资本投入产出均出现大幅度贬值，引发一系列社会问题。因此，在大

---

① 程君，羽琪. 大学毕业生为何频频"闪辞"？期望落差是离职关键 [N]. 南方日报，2013-10-09.

② 江沈红. 大学毕业生跳槽现象研究现状简述 [J]. 学校党建与思想教育，2012（15）：73-74.

学毕业生就业难的背景下，大学毕业生频繁转换工作以及首职持续期不长的原因何在？是有待我们深入研究的现实问题。

6.2 工作转换理论

对于个体离职原因，20 世纪以来，经济学家主要从宏观视角提出了一些模型和理论。Burdett（1978）[①] 首先提出在职搜寻及离职行为理论模型，他认为每一个人对下一期的就业决策都有三种可能：不在职搜寻、在职不搜寻和在职搜寻，特别强调工资是决定工作转换的唯一因素，就业者转换工作旨在得到一份工资更满意的工作。Johnson（1978）[②] 随后提出"逛职场"理论，认为劳动市场存在不确定性及不完全信息，导致青年就业者在初入劳动市场时工作流动性相当高。依据最佳搜寻策略，就业者会建立一个工作移动决策，并逐渐转换到一个具有生产性及持久性的工作职位上。Jovanovic（1979）[③] 提出工作匹配与转换理论，他认为劳动市场上信息不充分，个体需要通过工作转换来找到最佳工作配对，决定是否要转换工作的关键在于工作匹配度高低，工作匹配度越差者越容易离开，工作匹配度越佳者更倾向于留任，工作持续期越长。本书根据 Burdett（1978）在职搜寻及离职行为理论和 Jovanovic（1979）工作匹配理论，参考林祖嘉和林建志（2002）的研究，来构建大学毕业生工作转换模型。

各位在职的大学毕业生，在任一时点上都可能存在两种情形：一种是满意此工作，继续留任，设其概率为 $1-p_1$；另一种是不满意现有工作，准备更换工作，设其概率 p_1。当在职者有了更换工作的念头，他们可选择两种方式寻找下一份工作：一种是失业搜寻方式来寻找下一个工作；另一种是用在职搜寻方式来寻找下一个工作。[④] 与一般群体不同，大学毕业生刚刚完成从学校向职

---

① BURDETT K. A Theory of Employee Job Search and Quit Rates [J]. The American Economic Review，1978，68（1）：212-220.

② JOHNSON S. A Theory of Job Shopping [J]. Quarterly Journal of Economics，1978，92（2）：261-277.

③ JOVANOVIC B. Job Matching and the Theory of Turnover [J]. Journal of Political Economy，1979，87（5）：972-990.

④ Burdett（1978）假设每一个在职者面临三种选择，即在职不搜寻、在职搜寻和离职搜寻，但该分法并不能指出离职者的离职概率。因为每一个时点上都有可能因找到工作而离职，但也可能找不到工作而留在原工作。

场的转换，失业搜寻工作要承受更大的心理压力和经济压力，本章将之简化为大学生毕业半年后至三年都采用在职搜寻工作。至于他们在哪个时点上离职，则决定于其是否找到一个新的可以接受的工作，假设其概率为 p_2；若没有找到，则会继续搜寻，其概率为 $1 - p_2$。将大学毕业生的工作搜寻决策过程简化为两阶段模型，即大学毕业生工作转换模型，如图 6.2 所示。

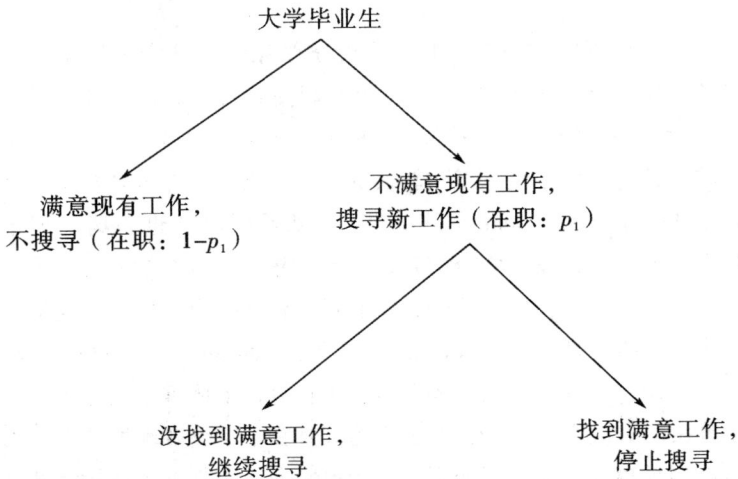

大学毕业生

满意现有工作，不搜寻（在职：$1-p_1$）

不满意现有工作，搜寻新工作（在职：p_1）

没找到满意工作，继续搜寻

找到满意工作，停止搜寻

图 6.2　大学毕业生工作转换模型

图 6.2 显示，一个在职者在任何时点上离职的情况是：虽不满意现有工作，但会采用在职搜寻，直到找到工作为止，则每一个时点上，在职者可能离职的概率可以写成 $p = p_1 p_2$。图 6.2 清晰地呈现了在职者可能离职的情况及其概率，区分在职者是否离职的决策过程还有一个优点，我们可以清楚地看到不同决策层次中哪些因素会影响到这些决策过程。这样我们就可以在分层说明这些可能的影响因素之后，进一步利用实证分析来检查这些因素是否具有预期的影响方向与效果。

首先，在任何时点上在职者是否搜寻下一份工作的概率 p_1，主要决定于当前工作本身以及在职者的个人因素，如工作与专业对口、离校未就业、教育程度以及专业、性别、年龄等。在职者的工作与专业对口对该工作的满意度越高，工作转换的意愿越低。毕业时没有落实工作，而在毕业离校半年后落实工作者，可能由于定位不清导致先就业后择业，需要通过工作转换来调整，因而离职特别是主动辞职的意愿较高。教育程度较高者、工程专业毕业生、男生、年龄较长者、自身条件较好者，在面对当前工作比较好且离职的机会成本较高，以及在当前就业形势本来就比较严峻的情况下，他们转换工作的意愿较低。当工作搜寻成本较高，意味着工作搜寻代价很大，这在一定程度上阻碍了在职者离职的意愿。由于p_1是p单调递增隐函数，因而这些变量对p_1和p的影响方向相同。

其次，在职者选在职搜寻后，在任何一时点上是否离职则取决于其找到并接受新工作的概率p_3，取决于就业机会的多少以及求职者保留工资的高低。地方经济越发达，就业环境越宽松，可选择的和合适的高薪就业机会越多，在职者立即离职的概率就越大；反之，当保留工资越高，越不容易找到新的工作，在职者立即离职的概率就越小。由于p_2是p单调递增隐函数，这些变量对p_2和p的影响方向相同。此外，依据持续期模型，首职持续期长短与离职概率高低之间有一对一的倒数关系。因此，当一个变量对于离职概率p的影响为正的时候，对首职持续期的影响也必然是负的。

6.3　区间回归模型

既有研究大多采用持续期模型来考察就业或失业持续期的影响因素以及不同就业状态（如就业、失业、退出劳动市场等）的转换情形。首职持续期是指大学生毕业后首份工作从入职到离职的时间间隔，也即毕业生为第一个雇主工作的持续期。该变量是依据问题"您本科（高职高专）毕业后在第一个雇主处工作的持续期"来获得，既无法采用持续期模型，也无法使用 OLS 估计。[①] 本章首先采用 Probit 模型来分析大学毕业生工作转换概率及其影响因素，[②] 然后使用区间回归模型来考察首职持续期的影响因素，并予以对比。

首职持续期用 12 个区间值来表示，分别是"3 个月及以下""4～6 个月""7～9 个月""10～12 个月""13～15 个月""16～18 个月""19～21 个月""22～24 个月""25～27 个月""28～30 个月""31～33 个月""34 个月及"以上。将这 12 个连续区间依次记为$j = 1，2，3\cdots，12$，若用y_i来表示对应的不同区间，

---

① 已有研究通常采用两种方法：一是取因变量的区间中值进行 OLS 回归，这一处理无法真实反映变量值在区间上的不确定分布，也就无法处理左截尾和右截尾数据，采用 OLS 可能会出现偏差；二是利用定序概率模型来处理，这一处理结果对模型以及各变量的统计显著性影响不大，但所得到的预测值只能反映各类区间出现的概率，回归系数的经济学含义难以解释。

② Topel（1986，1992）分别以 Probit 模型及比例风险模型（Proportional Hazard Model）分析青年就业流动性。

用潜变量 y_i^* 来表示首职持续期的真实值。参考 Stewart（1983）[①] 的研究，潜变量 y_i^* 是以下变量的线性函数：

$$y_i^* = \alpha D(\ln w_i^r - \ln w_{-i}^r) + \eta z_i + \varepsilon_i = x_i'\beta + \varepsilon_i \tag{6.1}$$

其中，$\ln w_i^r - \ln w_{-i}^r$ 是工资期望落差，即被调查者 i 保留工资 $\ln w_i^r$ 与同一地区其他人（i 除外）保留工资均值 $\ln w_{-i}^r$ 之差，$D(\ln w_i^r - \ln w_{-i}^r)$ 是虚拟变量，当 $\ln w_i^r > \ln w_{-i}^r$，则 $D(\ln w_i^r - \ln w_{-i}^r) = 1$，表明保留工资有落差；反之，当 $\ln w_i^r \leqslant \ln w_{-i}^r$，则 $D(\ln w_i^r - \ln w_{-i}^r) = 0$，表明保留工资无落差。$\ln w_{-i}^r$ 的计算公式为：

$$\ln w_{-i}^r = \frac{1}{N-1} \sum_{i \neq j}^{N-1} (\ln w_i^r) \tag{6.2}$$

式（6.1）中，α 是工资期望落差 $D(\ln w_i^r - \ln w_{-i}^r)$ 的回归系数，z_i 是由年龄、性别、工作与专业对口、离校未就业、教育程度等组成的控制变量向量，η 为待估参数组成的向量，ε_i 是随机误差项。区间回归模型假设 x_i 和 ε_i 独立，且 ε_i 服从正态分布 $\varepsilon_i \sim N(0, \delta^2)$。$y_i$ 与潜变量 y_i^* 的对应关系表达如下[②]：

$$y_i = \begin{cases} 1 & \text{若 } y_i^* \leqslant k_1 \\ 2 & \text{若 } k_1 < y_i^* \leqslant k_2 \\ \vdots \\ 12 & \text{若 } y_i^* > k_{11} \end{cases} \tag{6.3}$$

其中，$k_j(j = 1, 2, \cdots, 12)$ 为升序排列的已知常数，代表不同区间上限或下限，也称门槛值（Threshold Value），与有序概率模型不同，它们是不需要估计的已知值。根据 Wooldridge（2002）[③] 的研究，给定 x_i 时，y_i 的条件分布依次如下：

$$P(y_i = 1|) = P(y_i^* \leqslant k_1 | x_i) = P(x_i'\beta + \varepsilon_i \leqslant k_1 | x_i) = \Phi(k_1 - x_i'\beta)$$

$$P(y_i = 2|) = P(k_1 < y_i^* \leqslant k_2 | x_i) = P(k_1 < x_i'\beta + \varepsilon_i \leqslant k_2 | x_i) = \Phi(k_2 - x_i'\beta) - \Phi(k_2 - x_i'\beta)$$

......

$$P(y_i = 12|) = P(y_i^* > k_{11} | x_i) = P(x_i'\beta + \varepsilon_i > k_{11} | x_i) = 1 - \Phi(k_{11} - x_i'\beta) \tag{6.4}$$

---

① STEWART M B. On least squares estimation when the dependent variable is grouped. Review of Economics Study, 1983, 50 (3): 737-753.

② BRATTI M, MIRANDA A. Non-pecuniary returns to higher education: The effect on smoking intensity in the UK. Health Economics, 2010, 19: 906-920.

③ WOOLDRIDGE J M. Econometric Analysis of Cross Section and Panel Data [M]. MIT Press, Cambridge, Mass, 2002.

其中, $\Phi(\cdot)$ 代表累积正态分布函数。若以 $I(y_i = j)$ 表示指示函数, 即:

$$S(y_i = j) = \begin{cases} 1 & 若 y_i = j \\ 0 & 若 y_i \neq j \end{cases} \tag{6.5}$$

结合式 (6.5) 则相应的对数极大似然函数 L 为:

$$L = I(y_i = 1)\ln\left(\Phi\left(\frac{k_1 - x_i'\beta}{\delta}\right)\right) + I(y_i = 2)\ln\left(\Phi\left(\frac{k_2 - x_i'\beta}{\delta}\right) - \Phi\left(\frac{k_1 - x_i'\beta}{\delta}\right)\right)$$

$$+ \cdots + I(y_i = 12)\ln\left(1 - \Phi\left(\frac{k_{11} - x_i'\beta}{\delta}\right)\right) \tag{6.6}$$

区间回归模型与定序概率模型相比有以下优点：一是不需要估计门槛值, 随机误差项 ε_i 的方差 δ^2 也不需要标准化为 1, 可通过极大似然估计方法得到; 二是 β 系数可用极大似然估计, 用类似 OLS 对回归系数进行解释;[1] 三是大学毕业生首职持续期可能受到不确定性因素影响, 用"区间样本"较"点样本"更能刻画变量的不确定性特点, 包含更多信息, 用它来估计参数更可靠。

6.4 变量和描述统计

6.4.1 变量测量与编码

本章数据来源麦可思 2007 届大学生毕业半年后抽样调查和 2007 届大学生毕业三年后职业发展调查。在剔除掉相关变量的缺失值以后, 样本总量为 4 782 个。鉴于第二章文献综述影响工作转换和首职持续期的相关因素进行了回顾, 此处不再赘述纳入这些变量的理由。特别需要说明的是, 对于 2007 届大学生毕业三年后 (2010 年) 的保留工资、实际工资变量、工作搜寻成本、当地人均 GDP 等, 均按照各地区 2010 年的 CPI, 将其换算为毕业半年后即 2007 年的可比价格。用表 6.1 列出了所有变量测量与编码。

---

① 胡枫, 王其文. 中国农民工汇款的影响因素分析——一个区间回归模型的应用 [J]. 统计研究, 2007 (10): 20-25.

表 6.1　变量测量与编码

变量	测量与编码
首职持续期	区间变量，调查时用 12 个区间值来表示，分别是"3 个月及以下""4~6 个月""7~9 个月""10~12 个月""13~15 个月""16~18 个月""19~21 个月""22~24 个月""25~27 个月""28~30 个月""31~33 个月""34 个月及以上"
工资期望落差	虚拟变量，以同一地区其他人保留工资均值为参照点，当保留工资（log）>同一地区其他人保留工资均值（log），则表明有工资期望落差，记为 1；反之则表明无工资期望落差，记为 0
离职	虚拟变量，离职为 1，留任为 0
年龄	连续变量，依据调查年份减去出生年份计算而得整数年龄
女生	虚拟变量，女生为 1，男生为 0
无实习经历	虚拟变量，无实习经历为 1；否则为 0
"211"重点本科	虚拟变量，"211"重点本科为 1；否则为 0
一般本科	虚拟变量，一般本科为 1；否则为 0
高职高专	虚拟变量，高职高专为 1；否则为 0
工程类专业	虚拟变量，本科专业中的工学大类以及高职专业中的资源开发与测绘大类、材料与能源大类、土建大类、水利大类、制造大类、电子信息大类和轻纺食品大类为 1，其他所有专业为 0
工作与专业对口	虚拟变量，工作与专业对口为 1；否则为 0
基本能力	连续变量，基本能力是所有工作都必须具备的能力，取值 0~1
职业能力	连续变量，职业能力是从事某一职业特殊需要的能力，取值 0~1
离校未就业	虚拟变量，毕业离校时未就业者为 1；否则为 0
保留工资	连续变量，对首份或最近一份工作期待的最低月薪
实际工资	连续变量，首份或最近一份工作平均月收入（含奖金/提成/住宿折算现金）
工作搜寻成本	连续变量，对首份或最近一份工作的求职活动总花费（服装、差旅费、印制简历）
东部和沿海发达地区	虚拟变量，北京、福建、广东、江苏、山东、上海、天津、浙江为 1，其他地区为 0
当地人均 GDP	连续变量，来源统计年鉴，反映宏观经济发展水平
当地城镇登记失业率	连续变量，来源统计年鉴，在一定程度上反映各地区劳动力市场需求的宽松与紧张程度

6.4.2 描述统计

首职持续期是首份工作从入职到离职的时间间隔，代表毕业生首职的质量和毕业生初入职场的忠诚度。如图 6.3 所示，从总体上看，七成左右的大学毕业生首职持续期都在 34 个月以下，这表明他们在毕业三年内都发生过离职。2011 年《中国大学生就业报告》指出，2007 届大学毕业生三年内为第一个雇主工作持续期平均为 20 个月。这说明目前大学毕业生首职稳定性和忠诚度不高。大学毕业生首职持续期存在两极分化现象。32.66% 的大学毕业生首职持续期超过 34 个月，42% 的大学毕业生首职持续期不到 12 个月。

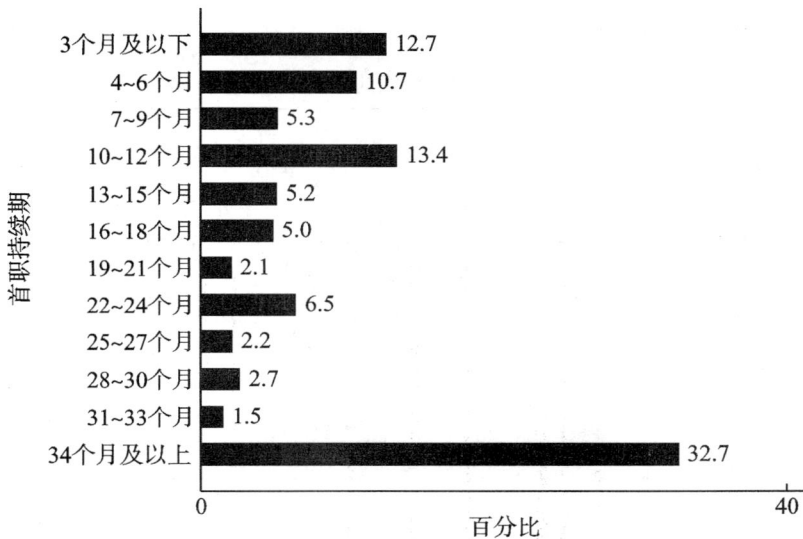

图 6.3　大学生首职持续期频率分布

考虑到离职和留任两类群体的保留工资和个人特征不同，下面将相关变量分为离职和留任两个方面来进行描述统计，并进行两者差异的 T 检验。表 6.2 所示，在 1% 的显著性水平下，留任群体的首职持续期上限和下限分别高于离职群体的 20.240 个月和 8.183 个月，这说明留任群体的首职稳定性较高，就业质量更好。四成左右的大学毕业生的保留工资期望仍偏高。具体来说，45% 的毕业生保留工资有落差，即自身保留工资大于等于同一地区其他人的保留工资均值，而且这一比例在毕业半年后和毕业三年的差异不大，分别为 45.4% 和 47.7%，这说明大学毕业生工资期望偏高是持续的普遍现象。同时，大学毕业生留任和离职群体差异显著，前者保留工资有落差比例高于后者约 10 个百分点。

从性别来看,离职群体中女生占34.1%,留任群体中女生占32.7%,这表明女生离职和留任的占比差异并不显著。有无实习经历者离职和留任的占比差异也不显著。毕业学校类型与离职有关,"211"重点本科、一般本科和高职高专毕业生占留任群体的比例分别为24.9%、40.0%和35.1%,占离职群体的比例分别为16.0%、32.2%和51.8%。这说明重点本科生就业稳定性和质量最好,一般本科生次之,高职高专生最差。工程类专业和非工程类专业毕业生的离职率的差异不显著。大学毕业生不对口就业现象突出,《大学生职业适应状况调查报告(2012)》显示,大学毕业生工作与专业不对口的占47%。表6.2显示,离职和留任毕业生工作与专业对口的比例分别为60.1%和71.3%,后者高于前者接近11.2个百分点,这说明工作与专业对口在一定程度上能够降低大学毕业生的离职比例。

表 6.2　相关变量的描述统计

相关变量	(1)		(2)		(3)=(2)-(1)	
	离职		留任		留任-离职	
	均值	标准差	均值	标准差	均值之差	标准差
首职持续期区间下限	13.050	(10.81)	33.29	(3.873)	20.240***	(55.51)
首职持续期区间上限	12.820	(8.360)	21.00	(10.12)	8.183***	(6.33)
保留工资有落差	0.451	(0.498)	0.542	(0.499)	0.091***	(4.87)
年龄	25.230	(1.171)	25.41	(1.178)	0.174***	(4.02)
女生	0.341	(0.474)	0.327	(0.469)	−0.014	(−0.77)
无实习经历	0.125	(0.330)	0.118	(0.323)	−0.006	(−0.52)
"211"重点本科	0.160	(0.367)	0.249	(0.433)	0.089***	(6.28)
一般本科	0.322	(0.468)	0.400	(0.490)	0.077***	(4.42)
专科	0.518	(0.500)	0.351	(0.478)	−0.166***	(−9.14)
工程类专业	0.452	(0.498)	0.463	(0.499)	0.011	(0.59)
工作与专业对口	0.601	(0.490)	0.713	(0.453)	0.112***	(6.24)
基本能力	0.576	(0.131)	0.581	(0.131)	0.005	(0.97)
职业能力	0.500	(0.144)	0.512	(0.142)	0.012**	(2.16)
实际工资	3 766.2	(1 861.0)	4 159.3	(1 865.6)	393.1***	(5.66)
保留工资	3 169.7	(1 670.5)	3 565.0	(2 014.6)	395.3***	(5.98)
工作搜寻成本	5.209	(1.073)	5.262	(1.111)	0.054	(1.32)
离校未就业	0.026	(0.158)	0.004	(0.062 7)	−0.022***	(−4.24)
东部和沿海发达地区	0.661	(0.473)	0.617	(0.486)	−0.045**	(−2.55)
当地人均GDP	10.540	(0.438)	10.53	(0.457)	−0.007	(−0.42)
当地城镇登记失业率	3.197	(0.828)	3.246	(0.873)	0.048	(1.54)
N	2 696		1 014		3 710	

离职和留任毕业生的基本能力并无显著差异，但两者职业能力有显著差异，后者显著高于前者 1.2 分。留任毕业生的保留工资和实际工资分别高于离职毕业生 393.1 元和 395.3 元，在统计上显著，这表明大学毕业生离职与保留工资和实际工资可能有关。此外，离职和留任群体在工作搜寻成本、东部和沿海发达地区、当地人均 GDP 和当地城镇登记失业率的差异不显著。离职群体中有离校未就业经历的占 26‰，远高于留任毕业生离校未就业的 4‰，这说明离校未就业经历可能对毕业后工作稳定性产生持续影响，这可能由于离校未就业群体能力较差，迫于生存压力，先就业后择业，因而离职率较高。

6.5 实证分析

6.5.1 工资期望落差与离职

大学毕业生找到人生首份工作以后，是否因工资期望有无落差而离职？图 6.4 显示，总体上看，近七成 2007 届大学毕业生在毕业三年内有过离职，保留工资有落差比保留工资无落差群体的离职比例低 7.26 个百分点。

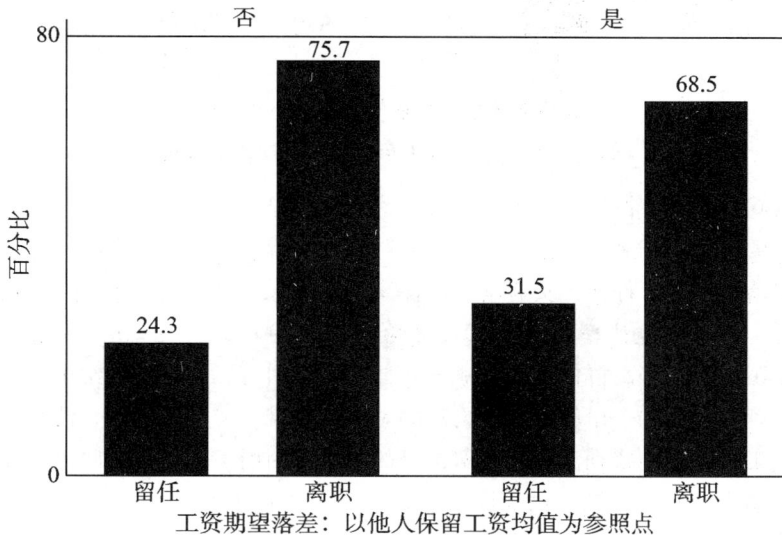

图 6.4　工资期望落差与离职的频率分布

从离职原因来看，图 6.5 显示，有九成大学毕业生是属于主动辞职，这可能是因为他们通过在职搜寻找到了新工作以后才主动辞职的。2016 年的《中国大学生就业报告》显示，2015 届大学毕业生半年内主动离职率高达 98%，主要是由于个人发展空间不够和薪资福利偏低。2018 年的《中国大学生就业报告》数据再次予以佐证，2017 届大学毕业生中，98% 的本科生和 99% 的高职高专毕业生都是主动离职，而离职的主要原因则是"个人发展空间不够"（本科占 48%；高职高专占 46%）和"薪资福利偏低"（本科占 42%；高职高专占 47%）。由于双变量分析，未控制其他影响因素，值得进一步考察。

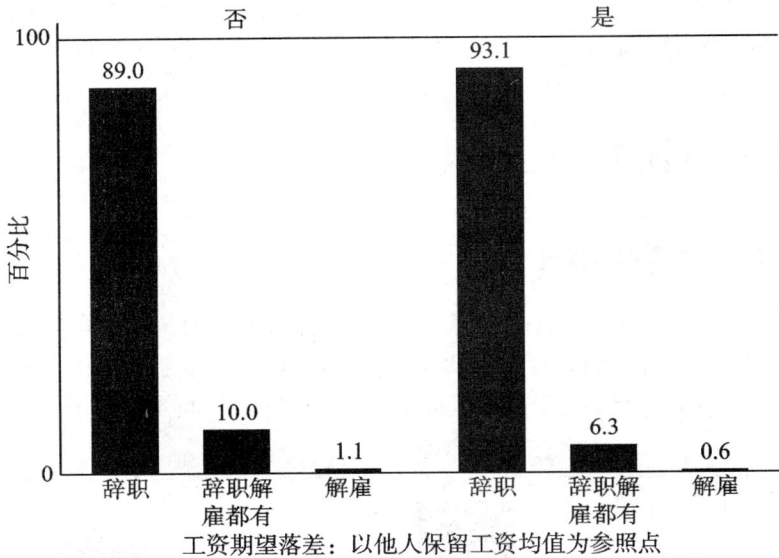

图 6.5　工资期望落差与离职原因的频率分布

表 6.3 显示，在控制年龄、性别、专业、工作与专业对口、离校未就业、教育程度等变量以后，保留工资有落差对离职具有显著的负向影响，较之保留工资无落差群体，保留工资有落差群体离职的对数发生比显著地低 0.219，也就是说，离职发生比率是保留工资无落差群体的 exp（−0.219）= 0.80 倍，这说明工资期望偏高群体的离职概率较低。其原因有二：一是大学毕业生的保留工资越高，找到一份较之薪水更高的工作更困难，从概率上讲，他就必须多找一些工作，才能找到满足他保留工资的工作，因而工作搜寻时间更长，抑制了离职动机，而是可能采用在职搜寻，减少了离职概率；二是工作能力（技能）水平往往是大学生设定保留工资的重要依据，保留工资在一定程度上成为衡量大学毕业生内在能力的一个有效信号。既有研究证实，求职者技能水平越高，保留工资越高（Fougere 等，2005；张建武、崔惠斌，2007）。大学毕业生工作能力越强，越能适应工作岗位需求，人岗匹配的程度越高，工资增长越

快,辞职和被解雇的概率也越小,这在图6.5显示的绝大多数大学毕业生主动离职得到佐证。

表6.3 工资期望落差与离职概率

因变量:离职	模型(1) 全体 b/se	模型(2) 女生 b/se	模型(3) 男生 b/se
保留工资有落差	−0.219***	−0.252*	−0.211**
	(0.085)	(0.150)	(0.104)
年龄	0.018	0.091	−0.009
	(0.039)	(0.074)	(0.045)
女生	0.024		
	(0.092)		
无实习经历	−0.051	−0.231	0.053
	(0.126)	(0.220)	(0.156)
"211"重点本科	−0.736***	−0.664***	−0.778***
	(0.118)	(0.216)	(0.142)
一般本科	−0.590***	−0.800***	−0.493***
	(0.105)	(0.195)	(0.125)
工程类专业	−0.086	−0.263*	0.002
	(0.087)	(0.160)	(0.103)
工作与专业对口	−0.418***	−0.248*	−0.520***
	(0.087)	(0.146)	(0.111)
基本能力	0.168	0.113	0.226
	(0.360)	(0.607)	(0.453)
职业能力	−0.420	0.013	−0.634
	(0.330)	(0.572)	(0.408)
工作搜寻成本	−0.014	−0.194***	0.066
	(0.037)	(0.065)	(0.046)
离校未就业	1.534***	2.134**	1.310**
	(0.510)	(1.059)	(0.571)
东部和沿海发达地区	0.333***	0.386**	0.300**
	(0.102)	(0.192)	(0.122)
当地人均GDP	−0.077	−0.229	−0.011
	(0.119)	(0.210)	(0.146)
当地城镇登记失业率	−0.055	−0.051	−0.061
	(0.054)	(0.086)	(0.071)
constant	2.224	2.744	1.882
	(1.640)	(2.868)	(2.006)

表6.3(续)

因变量：离职	模型（1）全体 b/se	模型（2）女生 b/se	模型（3）男生 b/se
chi2	132.246	45.506	101.777
p	0.000	0.000	0.000
N	3 219.000	1 104.000	2 115.000

注：***、**、*分别代表在1%、5%、10%的水平下显著；括号内为稳健标准误。

表6.3显示，在所有控制变量中，毕业学校类型对于离职概率具有显著的负向影响，较之高职高专毕业生，在毕业三年内，"211"重点本科和一般本科毕业生的离职概率更低，离职发生比率分别是高职高专毕业生的 exp（-0.736）= 0.479倍和 exp（-0.590）= 0.554倍，这可能由于"211"重点本科、一般本科和高职高专毕业生的规模与教育质量差异不同。在本章3 710个样本中，三类毕业生占比分别为18.38%、34.24%和47.38%。"211"重点本科毕业生和一般本科通常含有高质量的人力资本，在毕业离校时，向雇主传递了更好的教育质量和学校声誉信号，首份工作更理想，因而转换工作概率更低；然而，高职高专毕业生规模很大，不同学校的毕业生其质量参差不齐，就业压力很大，很多高职高专毕业生往往采取"先就业后择业"的策略，在毕业后通过频繁离职来找到自己更理想的工作。

工作与专业对口大学毕业生离职率更低，离职发生比率是工作与专业不对口大学毕业生的 exp（-0.418）= 0.658倍，这可能是因为大学毕业生工作与专业对口，使得其学以致用，能更好地胜任工作岗位要求，因为专业教育提高了相关职业的劳动生产率因而降低了离职动机和离职概率。这个观点也得到了既有研究证实。程淑辉（2007）[1] 通过问卷调查发现因为专业不对口而选择"跳槽"的大学毕业生比例高达83%；翁杰、周必彧和韩翼祥（2008）[2] 认为专业对口状况与工作转换倾向之间存在显著负相关关系。因为专业不对口会造成大学毕业生怀才不遇的消极情绪，从而积极去寻找与专业对口的工作。当然这和当前大学毕业生误解"先就业，后择业"的就业观念密不可分。

---

[1] 程淑辉. 大学毕业生频繁跳槽的成因及其治理 [J]. 江西科技师范大学学报, 2007（5）: 47-51.

[2] 饶贵生, 龙小军. 当前大学毕业生就业中频繁跳槽现象原因分析及对策——以江西外语外贸职业学院为例 [J]. 中国大学生就业, 2014（8）: 17-21.

离校未就业对于离职具有持续影响，离校未就业群体在毕业三年内的离职发生比是毕业即就业群体的 exp(1.534) = 4.637 倍，一方面由于离校未就业群体在毕业后更可能采取"先就业，后择业"的策略，并通过在职搜寻来转换工作；另一方面离校未就业群体的就业期望可能比较高，不断通过工作转换来找到自己更理想的工作。东部和沿海发达地区的大学毕业生离职率更高，离职发生比率分别是其他地区大学毕业生的 exp (0.333) = 1.395 倍，这是由于东部和沿海发达地区经济发展水平较高，且中小企业数量众多、发展速度较快以及职业发展渠道顺畅，这一方面给大学毕业生带来了很多就业机会，中小型企业吸纳了近70%的高校毕业生；① 另一方面东部和沿海发达地区完善的劳动力市场为该地区大学毕业生的工作转换提供了条件。② 因为东部和沿海发达地区劳动力市场发育更加完善，人力资源配置和管理制度更加宽松灵活。劳动力的价格——工资基本反映了劳动力市场的供求关系，大学毕业生会根据市场状况进行比较优势上的选择，从而实现劳动力在不同行业、不同地区之间的动态优化配置。③

较之工资期望落差，工作与专业对口、毕业学校类型、离校未就业对大学毕业生离职的回归系数绝对值更大。分性别样本来看，表6.3对男生估计结果与全体毕业生几乎完全相同，回归系数的显著性和方向完全一致，唯一的差别是，男生样本估计的回归系数稍小。然而，对于女生样本的估计结果与全体样本大体一致，也存在很多差异。虽然工资期望落差和工作与专业对口对女生离职概率的负向影响方向不变，但其影响系数的显著性明显下降，两者在5%的水平下不显著，只有在10%的水平下显著。工作搜寻成本对男生和全体样本的影响不显著，却对女生离职概率具有显著的负向影响，这表明女生因受到性别歧视，就业难度更大，离职受到工作搜寻成本的阻碍更大。

6.5.2　工资期望落差与首职持续期

本节旨在考察工资期望落差是否影响首职持续期，如图6.6所示，保留工资有落差和无落差两个群体的首职持续期的各区间占比排序基本一致，首职持续34个月及以上的占比最高、首职持续10~12个月的占比次之，首职持续

---

① 尤青，蔡江东. 对高校毕业生频繁跳槽现象的理性思考 [J]. 2012 (3)：93-94.

② 翁秋怡，蒋承. 教育能够促进工作转换吗——基于CHNS数据的实证分析 [J]. 教育与经济，2013 (5)：31-37.

③ 杨林，李正升. 发达地区与欠发达地区人力资源开发的比较分析 [J]. 云南财贸学院学报（社会科学版），2006 (6)：95-98.

31～33 个月的占比最小。差异在于，首职持续 3 个月以下的区间，前者比后者低 5.4 个百分点；随着首职持续期区间上升，两者的差异逐渐缩小，在 19～21 个月和 22～24 个月这两个区间持平；此后，随着首职持续期区间上升发生逆转，保留工资有落差群体的占比开始高于保留工资无落差群体，在首职持续 34 个月及以上这一区间，前者高于后者 10 个百分点。这初步说明工资期望落差和首职持续期相关，工资期望偏高群体的首职持续期较长，这可能是与保留工资有落差群体的离职概率较低有关。当然，由于图 6.6 是工资期望落差和首职持续期的双变量分析，没有控制其他影响大学毕业生首职持续期的因素，值得进一步考察。

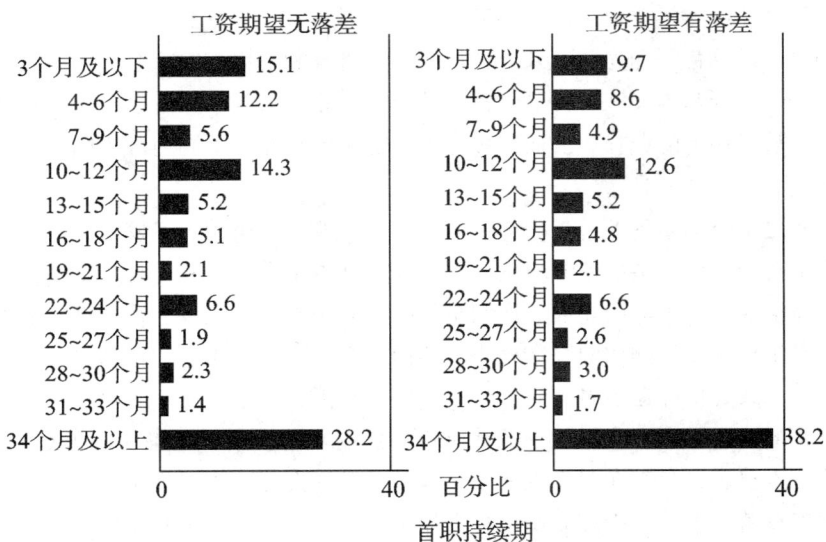

图 6.6　工资期望落差与首职持续期的频率分布

表 6.4 是工资期望落差与首职持续期区间估计结果，依据持续期模型的理论，首职持续期长短与离职概率高低之间有一对一的倒数关系。也就是说，当一个变量对于离职概率的影响为正的时候，对首职持续期的影响必然是负的。因此，对其原因的理论解释也一样。通过对比表 6.4 和表 6.3 发现，同一变量的回归系数符号相反，而且显著性水平保持高度一致。唯一的差别在于回归系数大小不同，这是由于首职持续期和离职的测量类型不同，前者由连续值决定上下限的区间变量，后者是定类变量。下面依次说明各个变量对于首职持续期的影响及其经济学含义。

表 6.4　工资期望落差与首职持续期的区间回归

因变量：首职持续期	模型（1）全体 b/se	模型（2）女生 b/se	模型（3）男生 b/se
保留工资有落差	3.158 *** (0.702)	2.999 ** (1.262)	3.219 *** (0.845)
年龄	−0.186 (0.314)	0.037 (0.611)	−0.281 (0.367)
女生	−0.144 (0.751)		
无实习经历	0.226 (1.005)	1.593 (1.816)	−0.717 (1.199)
"211"重点本科	7.637 *** (1.009)	6.093 *** (1.731)	8.381 *** (1.246)
一般本科	3.962 *** (0.832)	4.332 *** (1.479)	3.668 *** (1.012)
工程类专业	1.853 *** (0.707)	2.541 * (1.328)	1.436 * (0.843)
工作与专业对口	3.651 *** (0.668)	2.410 ** (1.125)	4.360 *** (0.830)
基本能力	0.070 (2.991)	−4.401 (4.989)	2.723 (3.724)
职业能力	5.185 * (2.689)	5.076 (4.543)	4.909 (3.324)
工作搜寻成本	−0.063 (0.309)	1.195 ** (0.593)	−0.562 (0.361)
离校未就业	−10.023 *** (1.425)	−11.462 *** (1.998)	−9.507 *** (1.890)
东部和沿海发达地区	−2.084 ** (0.863)	−2.900 * (1.583)	−1.597 (1.030)
当地人均 GDP	1.573 (0.993)	3.739 ** (1.626)	0.447 (1.242)
当地城镇登记失业率	0.771 * (0.449)	0.937 (0.702)	0.668 (0.583)
constant	0.538 (13.634)	−31.224 (23.021)	15.847 (16.863)
Lnsigma_constant	2.844 *** (0.014)	2.846 *** (0.024)	2.838 *** (0.018)
chi2	265.054	98.516	189.388
p	0.000	0.000	0.000
N	3 047.000	1 061.000	1 986.000

注：***、**、* 分别代表在 1%、5%、10% 的水平下显著；括号内为稳健标准误。

从工资期望落差来看，在1%的显著性水平下，保留工资有落差毕业生的首职持续期显著高于保留工资无落差毕业生3.158个月。与高职高专毕业生相比，"211"重点本科和一般本科的首职持续期分别长7.637个月和3.962个月，这说明毕业学校类型会对大学毕业生首职持续期产生显著的正向影响。专业也是影响大学毕业生首职持续期的重要因素之一，工程类专业大学毕业生的首职持续期显著高于非工程类专业大学毕业生1.853个月。工作与专业对口大学毕业生的首职持续期显著高于工作与专业不对口毕业生3.651个月。离校未就业群体的首职持续期显著低于毕业即就业群体10.023个月。在东部和沿海发达地区，大学毕业生首职持续期显著低于其他地区2.084个月。

较之工资期望落差，工作与专业对口、毕业学校类型、离校未就业对大学毕业生失业持续期的回归系数绝对值更大。分性别样本估计来看，表6.4对男生样本估计结果与全体样本几乎完全相同，回归系数的显著性和方向完全一致，唯一的差别是男生样本估计的回归系数略高。然而，对于女生样本的估计结果与全体样本大体一致，但也有一些差异。虽然工资期望落差和工作与专业对口对女生首职持续期的正向影响不变，但其显著性明显下降，两者在1%的水平下不显著，只有在5%的水平下显著。工作搜寻成本和当地人均GDP对男生和全体样本首职持续期的影响不显著，却对女生首职持续期具有显著的正向影响，这表明女生离职受到工作搜寻成本的阻碍更大，首职持续期更长，当地人均GDP越高，首职对女生吸引力更强，因而首职持续期越长。

大学毕业生离校未就业，不仅是一种教育资源的浪费，更是会影响人们接受大学教育的信心。究其原因，虽然与我国每年将近700万大学毕业生，其就业形势严峻有关，但主要还是大学毕业生自身的原因。具体表现在：自身就业能力有不足、可雇用性差、职业规划缺乏、就业观念狭隘、自我认识不清、过度自信且工资期望偏高等。在表6.4模型的基础上，表6.5加入了保留工资有落差和离校未就业的交互项予以检验。为节约篇幅，仅列出了关键变量。表6.5显示，总体上看，保留工资有落差和离校未就业具有显著的交互效应，离校未就业而且保留工资有落差的大学毕业生首职持续期显著地减少了6.225个月。分性别来看，男生离校未就业而且保留工资有落差的首职持续期显著地减少了9.036个月，女生保留工资有落差和离校未就业的交互效应不显著，这主要是因为女生的保留工资有落差比例小于男生。

表 6.5 离校未就业群体的首职持续期

因变量：首职持续期	模型（1）全体 b/se	模型（2）女生 b/se	模型（3）男生 b/se
保留工资有落差	3.286 ***	3.010 **	3.395 ***
	（0.713）	（1.285）	（0.856）
离校未就业	−7.481 ***	−11.268 ***	−5.803 **
	（1.826）	（2.443）	（2.428）
保留工资有落差×离校未就业	−6.225 **	−0.478	−9.036 ***
	（2.700）	（4.124）	（3.400）
constant	0.567	−31.296	16.484
	（13.637）	（23.095）	（16.876）
Lnsigma_constant	2.844 ***	2.846 ***	2.838 ***
	（0.014）	（0.024）	（0.018）
chi2	274.373	99.717	207.660
p	0.000	0.000	0.000
N	3 047.000	1 061.000	1 986.000

注：***、**、*分别代表在1%、5%、10%的水平下显著；括号内为稳健标准误，控制变量与表6.4相同。

尽管表6.3显示，女生离职发生率是男生的 exp（0.024）= 1.024 倍，女生首职持续期比男生短0.144个月，但两者在统计上都不显著。由于这些结果都是基于男女样本混合估计，对所有控制变量估计了相同的系数，忽略了男女在控制变量上的差异，下文因而分性别进行首职持续期的生命表估计。表6.6显示，男女生的首职持续期确实存在差异，总体上看，男生在各个组的存活概率均高于女生，男生首职持续3个月以上的存活概率为88.31%，而女生的存活概率为85.64%，其含义是：在100个首次就业的大学毕业生中，在三个月以后，大约只剩下88个男生和86个女生继续留在原工作岗位上；在一年半以后，大约只剩下49个男生和47个女生继续留在原工作岗位上。

表 6.6 男女生首职持续期的生命表估计

Interval	Total	Deaths	Survival	Cum.Failure	Hazard
男生					
首职持续 0~3 个月	2 276	266	0.883 1	0.116 9	0.031 0
首职持续 4~6 个月	2 010	242	0.776 8	0.223 2	0.042 7
首职持续 7~9 个月	1 768	123	0.722 8	0.277 2	0.024 0
首职持续 10~12 个月	1 645	300	0.590 9	0.409 1	0.066 9

表6.6(续)

Interval	Total	Deaths	Survival	Cum.Failure	Hazard
首职持续 13~15 个月	1 345	121	0.537 8	0.462 2	0.031 4
首职持续 16~18 个月	1 224	116	0.486 8	0.513 2	0.033 2
首职持续 19~21 个月	1 108	50	0.464 9	0.535 1	0.015 4
首职持续 22~24 个月	1 058	141	0.402 9	0.597 1	0.047 6
首职持续 25~27 个月	917	50	0.380 9	0.619 1	0.018 7
首职持续 28~30 个月	867	68	0.351 1	0.648 9	0.027 2
首职持续 31~33 个月	799	42	0.332 6	0.667 4	0.018 0
首职持续 34 个月以上	757	757	0.000 0	1.000 0	1.000 0
女生					
首职持续 0~3 个月	1 184	170	0.856 4	0.143 6	0.038 7
首职持续 4~6 个月	1 014	125	0.750 8	0.249 2	0.043 8
首职持续 7~9 个月	889	61	0.699 3	0.300 7	0.023 7
首职持续 10~12 个月	828	153	0.570 1	0.429 9	0.067 9
首职持续 13~15 个月	675	63	0.516 9	0.483 1	0.032 6
首职持续 16~18 个月	612	60	0.466 2	0.533 8	0.034 4
首职持续 19~21 个月	552	23	0.446 8	0.553 2	0.014 2
首职持续 22~24 个月	529	84	0.375 8	0.624 2	0.057 5
首职持续 25~27 个月	445	27	0.353 0	0.647 0	0.020 9
首职持续 28~30 个月	418	26	0.331 1	0.668 9	0.021 4
首职持续 31~33 个月	392	15	0.318 4	0.681 6	0.013 0
首职持续 34 个月以上	377	377	0.000 0	1.000 0	1.000 0

同时，存活概率的性别差距随着首职持续期增长逐渐下降，在 0~3 个月以后，男生高于女生 2.67 个百分点，在 19~21 个月以后，性别差距缩小至 1.8 个百分点，然后又开始扩大，在 25~27 个月以后达到最值 2.79 个百分点，此后迅速下降，直至 34 个月及以后性别差距为 0。这说明男生的首职持续期仍高于女生，既可能与性别歧视有关，又与女性在整个社会中扮演角色有密切的关系，甚至还与女性职业晋升中的"玻璃天花板"效应密不可分。①

---

① 王存同，余姣."玻璃天花板"效应：职业晋升中的性别差异 [J]. 妇女研究论丛，2013 (6)：21-27.

6.5.3 工资期望落差、首职持续期与工作转换次数

上文考察了工资期望落差与首职持续期之间的关系，本节着重来探讨工资期望落差如何影响工作转换次数。工作转换次数是雇主数-1，雇主数是指毕业生从首职到毕业三年后被调查时为之工作过的雇主数量。工作转换次数越多，则表明毕业生工作越不稳定。总体上看，2007届大学毕业生毕业三年内平均转换工作1.3次，72.66%的大学毕业生都至少发生过1次工作转换，约有25%的大学毕业生还发生过2次工作转换。2011年的《中国大学生就业报告》显示，2007届大学毕业生毕业三年内平均为2.3个雇主工作过。本章的发现与之一致，客观反映了大学毕业生中期职业发展不稳定的现象。

如图6.7所示，总体上看，保留工资有落差和无落差群体的工作转换次数频率分布存在明显差异，在工作转换0次上，保留工资有落差群体明显高于无落差群体7个百分点，在工作转换1次、2次、3次和4次上，保留工资有落差群体均低于无落差群体约2个百分点。如图6.8所示，按首职持续期分组来看，工资期望落差与工作转换次数之间的关系并不明显，保留工资有落差和无落差群体的平均工作转换次数基本相当。按工资期望落差分组来看，不论是保留工资有落差，还是无落差群体，他们的平均工作转换次数随着首职持续期越长而递减。具体地说，当大学毕业生找到首份工作以后，首职持续3个月及以

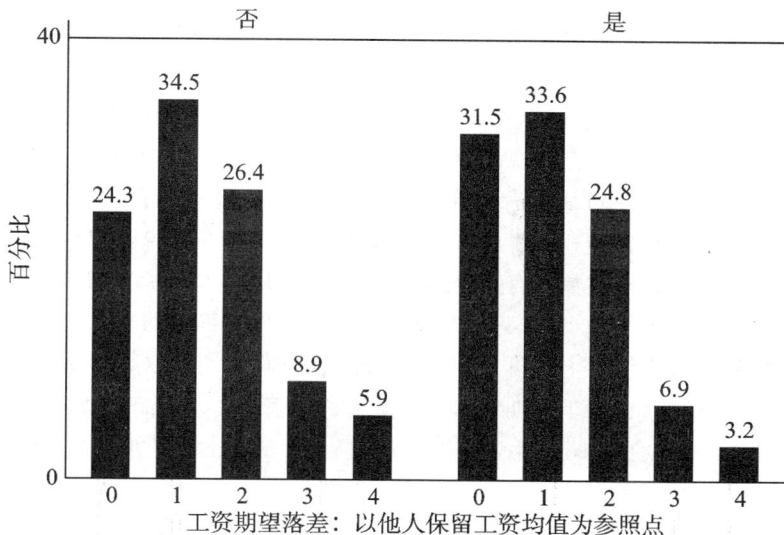

图6.7 工资期望落差与工作转换次数

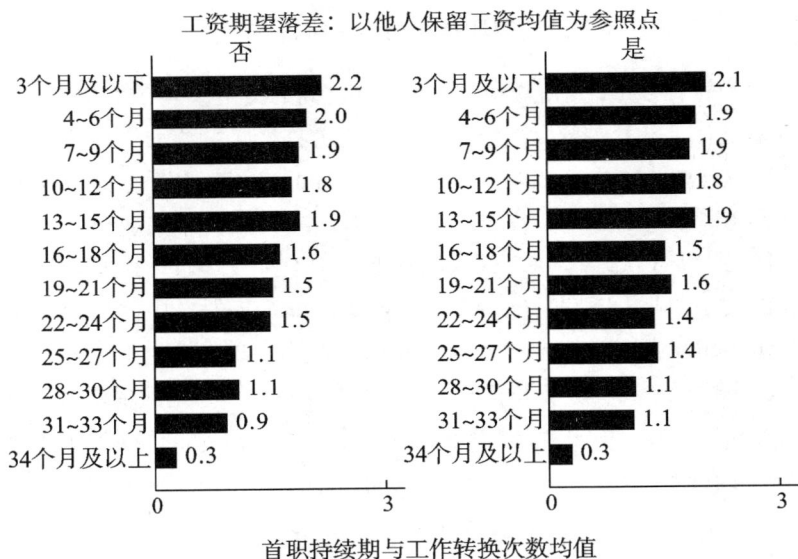

图 6.8　工资期望落差、首职持续期与工作转换次数

下的，将在毕业三年内平均转换工作 2.2 次；首职持续 10~12 个月的，将在毕业三年内平均转换工作 1.8 次；首职持续 28~33 个月的，将在毕业三年内平均转换工作 1.1 次；首职持续 34 个月及以上的，将在毕业三年内平均转换工作 0.3 次。图 6.7 和图 6.8 结果的差异，反映了首职持续期对工资期望落差与工作转换次数的关系的影响，还需控制其他影响工作转换次数的因素后做进一步研究。

　　表 6.7 报告了在控制和不控制首职持续期时，工资期望落差对工作转换次数的影响研究。由于工作转换次数是计数数据，因而采用泊松回归来分析。首先考察了未控制和控制首职持续期情形下，工资期望落差对于工作转换次数的影响，然后分全体样本和男女样本进行了比较。第（1）至第（3）列工资期望落差对于工作转换次数具有显著的负向影响，加入了首职持续期的虚拟变量以后，第（4）至第（6）列工资期望落差对于工作转换次数的直接影响由负数变为正数，但在统计上不再显著，首职持续期的虚拟变量对工作转换次数的影响非常显著，这说明工资期望落差通过延长首职持续期进而降低了工作转换次数。因此，下文以表 6.7 中第（4）至第（6）列估计结果进行详细分析。

表 6.7　工作转换次数的泊松回归系数

因变量：工作转换次数	未控制首职持续期			控制首职持续期		
	模型（1）全体 b/se	模型（2）女生 b/se	模型（3）男生 b/se	模型（4）全体 b/se	模型（5）女生 b/se	模型（6）男生 b/se
保留工资有落差	-0.086 *** (0.031)	-0.092 * (0.053)	-0.088 ** (0.038)	0.014 (0.023)	0.013 (0.041)	0.007 (0.028)
年龄	0.021 (0.014)	0.026 (0.027)	0.019 (0.017)	0.009 (0.011)	0.027 (0.020)	0.001 (0.013)
女生	-0.031 (0.033)			-0.038 (0.025)		
无实习经历	-0.017 (0.046)	-0.129 (0.087)	0.044 (0.054)	-0.024 (0.035)	-0.107 (0.069)	0.014 (0.041)
"211"重点本科	-0.420 *** (0.048)	-0.276 *** (0.080)	-0.497 *** (0.060)	-0.176 *** (0.035)	-0.102 * (0.059)	-0.230 *** (0.045)
一般本科	-0.304 *** (0.038)	-0.317 *** (0.064)	-0.292 *** (0.046)	-0.157 *** (0.028)	-0.171 *** (0.047)	-0.155 *** (0.035)
工程类专业	-0.088 *** (0.032)	-0.085 (0.059)	-0.084 ** (0.038)	-0.034 (0.024)	0.004 (0.044)	-0.048 * (0.029)
工作与专业对口	-0.151 *** (0.030)	-0.099 ** (0.049)	-0.179 *** (0.037)	-0.052 ** (0.023)	-0.043 (0.038)	-0.059 ** (0.029)
工作搜寻成本	-0.017 (0.014)	-0.081 *** (0.028)	0.005 (0.016)	-0.022 ** (0.010)	-0.045 ** (0.020)	-0.014 (0.012)
离校未就业	0.381 *** (0.072)	0.514 *** (0.106)	0.312 *** (0.096)	0.103 (0.064)	0.200 ** (0.091)	0.049 (0.086)
基本能力	0.206 (0.130)	0.239 (0.219)	0.178 (0.161)	0.172 * (0.097)	0.107 (0.155)	0.215 * (0.125)
职业能力	-0.233 ** (0.119)	-0.088 (0.190)	-0.288 * (0.150)	-0.105 (0.090)	-0.034 (0.140)	-0.133 (0.115)
东部和沿海发达地区	0.077 * (0.042)	0.169 ** (0.082)	0.039 (0.048)	0.008 (0.029)	0.067 (0.058)	-0.015 (0.034)
当地人均 GDP	-0.058 (0.048)	-0.163 * (0.085)	-0.019 (0.058)	-0.013 (0.033)	-0.020 (0.061)	-0.023 (0.041)
当地城镇登记失业率	-0.039 * (0.020)	-0.016 (0.032)	-0.051 ** (0.026)	-0.015 (0.015)	0.012 (0.023)	-0.034 * (0.020)
首职持续 4~6 个月				-0.093 ** (0.037)	-0.084 (0.062)	-0.102 ** (0.046)
首职持续 7~9 个月				-0.133 *** (0.046)	-0.121 (0.079)	-0.147 *** (0.055)

表6.7(续)

因变量：工作转换次数	未控制首职持续期			控制首职持续期		
	模型（1）全体 b/se	模型（2）女生 b/se	模型（3）男生 b/se	模型（4）全体 b/se	模型（5）女生 b/se	模型（6）男生 b/se
首职持续 10~12 个月				−0.148 ***	−0.215 ***	−0.116 ***
				（0.034）	（0.052）	（0.043）
首职持续 13~15 个月				−0.089 **	−0.090	−0.088
				（0.045）	（0.071）	（0.058）
首职持续 16~18 个月				−0.262 ***	−0.137 *	−0.325 ***
				（0.045）	（0.071）	（0.057）
首职持续 19~21 个月				−0.262 ***	−0.314 **	−0.260 ***
				（0.071）	（0.157）	（0.079）
首职持续 22~24 个月				−0.354 ***	−0.350 ***	−0.353 ***
				（0.044）	（0.071）	（0.056）
首职持续 25~27 个月				−0.443 ***	−0.451 ***	−0.438 ***
				（0.067）	（0.103）	（0.088）
首职持续 28~30 个月				−0.567 ***	−0.622 ***	−0.543 ***
				（0.060）	（0.108）	（0.072）
首职持续 31~33 个月				−0.704 ***	−0.625 ***	−0.724 ***
				（0.069）	（0.146）	（0.077）
首职持续 34 个月及以上				−2.008 ***	−1.906 ***	−2.058 ***
			（0.070）	（0.115）	（0.089）	
Constant	0.827	1.823 *	0.482	0.895 *	0.443	1.237 **
	（0.638）	（1.093）	（0.783）	（0.466）	（0.805）	（0.572）
chi2	266.800	105.014	191.922	1 191.707	416.437	837.162
P	0.000	0.000	0.000	0.000	0.000	0.000
N	3 219.000	1 104.000	2 115.000	3 034.000	1 058.000	1 976.000

注：***、**、*分别代表在1%、5%、10%的水平下显著；括号内为稳健标准误。

由于泊松回归的因变量与自变量之间是非线性关系，回归系数的解释比较困难，本章用类似于 Logit 回归的发生比率（Odds Ratio）的方法解释泊松回归系数，即发生率比（Incidence Rate Ratios；IRR），当工作转换次数的影响因素变化时，工作转换次数将是原来的多少倍。将表 6.7 回归系数对应的发生率比列入表 6.8 中。在其他条件不变时，随着首职持续期增长，工作转换次数显著下降。具体来看，大学毕业生首职持续"4~6 个月""7~9 个月""10~12 个月""13~15 个月""16~18 个月""19~21 个月""22~24 个月""25~27 个月""28~30 个月""31~33 个月"和"34 个月及以上"，分别是首职持续"3 个月及以下"的 0.911、0.875、0.862、0.914、0.770、0.770、0.702、0.642、0.567、0.495 和 0.134 倍。一方面可用工作匹配理论来解释,大学毕业生刚进入劳动力市场,并不完全了解首份工作是否适合自己,随着时间流逝,他们慢慢知道了自己对工作的满意程度和工作匹配程度;同理,雇主也渐渐清楚了大学毕业生与工作的匹配度,匹配好的大学毕业将继续留任,因而首职持续期越长,离职概率越小,工作转换次数也越少。另一方面由人力资本理论来解释,大学毕业生首职持续期越长,雇主提供的专用性培训也越多,工资增长越高,主动离职率越低。

表 6.8 工作转换次数的泊松回归发生率比(IRR)

因变量:工作转换次数	模型(1)全体 IRR	模型(2)女生 IRR	模型(3)男生 IRR	模型(4)全体 IRR	模型(5)女生 IRR	模型(6)男生 IRR
保留工资有落差	0.918 ***	0.912 *	0.915 **	1.014	1.013	1.007
年龄	1.021	1.027	1.019	1.009	1.028	1.001
女生	0.969			0.963		
无实习经历	0.984	0.879	1.045	0.976	0.899	1.014
"211"重点本科	0.657 ***	0.759 ***	0.609 ***	0.839 ***	0.903 *	0.794 ***
一般本科	0.738 ***	0.728 ***	0.747 ***	0.855 ***	0.843 ***	0.856 ***
工程类专业	0.916 ***	0.918	0.920 **	0.967	1.004	0.953 *
工作与专业对口	0.860 ***	0.906 **	0.836 ***	0.949 **	0.958	0.942 **
基本能力	1.229	1.271	1.195	1.188 *	1.113	1.240 *
职业能力	0.792 **	0.915	0.750 *	0.900	0.967	0.876
东部和沿海发达地区	1.080 *	1.184 **	1.040	1.008	1.070	0.985
工作搜寻成本	0.983	0.922 ***	1.005	0.978 **	0.956 **	0.987
离校未就业	1.464 ***	1.672 ***	1.366 ***	1.109	1.221 **	1.051
当地人均 GDP	0.943	0.850 *	0.981	0.987	0.981	0.978
当地城镇登记失业率	0.962 *	0.984	0.950 **	0.985	1.012	0.967 *
首职持续 4~6 个月				0.911 **	0.920	0.903 **
首职持续 7~9 个月				0.875 ***	0.886	0.863 ***
首职持续 10~12 个月				0.862 ***	0.806 ***	0.890 ***
首职持续 13~15 个月				0.914 **	0.914	0.916
首职持续 16~18 个月				0.770 ***	0.872 *	0.722 ***
首职持续 19~21 个月				0.770 ***	0.731 **	0.771 ***
首职持续 22~24 个月				0.702 ***	0.705 ***	0.702 ***

表6.8(续)

因变量：工作转换次数	模型(1) 全体 IRR	模型(2) 女生 IRR	模型(3) 男生 IRR	模型(4) 全体 IRR	模型(5) 女生 IRR	模型(6) 男生 IRR
首职持续25~27个月				0.642***	0.637***	0.646***
首职持续28~30个月				0.567***	0.537***	0.581***
首职持续31~33个月				0.495***	0.535***	0.485***
首职持续34个月及以上				0.134***	0.149***	0.128***
constant	2.286	6.187*	1.619	2.446*	1.557	3.446**
chi2	266.800	105.014	191.922	1 191.707	416.437	837.162
p	0.000	0.000	0.000	0.000	0.000	0.000
N	3 219.000	1 104.000	2 115.000	3 034.000	1 058.000	1 976.000

注：***、**、*分别代表在1%、5%、10%的水平下显著；为节约篇幅，省略了稳健标准误。IRR是指发生率比（Incidence Rate Ratios），即泊松回归系数的幂指数。

由于首职持续期长短与工作转换次数负相关，当一个变量对于首职持续期的影响为正的时候，则对工作转换次数的影响必然是负的。通过对比表6.4和表6.7发现，同一变量对于全体样本和男女样本的回归系数符号相反，而且显著性水平保持高度一致。唯一的差别在于回归系数大小不同，这是由于首职持续期和工作转换次数的两个变量测量类型不同导致的。通过比较表6.7的第（1）至第（3）列和第（4）至第（6）列的控制变量的系数发现，绝大多数系数的符号和显著性基本一致，只有少数变量发生变化。在其他条件不变的情况下，"211"重点本科和一般本科毕业生工作转换次数分别是高职高专毕业生的0.839倍和0.85倍，这说明毕业学校类型会对大学毕业生的工作转换次数产生重要影响，具体来说，毕业学校类型越好、学历层次越高，大学毕业生的工作转换次数就越少。这可能是因为雇佣双方信息不对称条件下，企业常把毕业学校类型作为衡量学生能力的标准之一，重点大学毕业生得到的就业机会更多，就业质量更高，因而工作转换次数也更低。从另一个角度来看，这些数据说明就读重点大学的经济回报很可观，这为学生家长竭尽全力让子女进入重点大学学习提供了数据支撑，也同时说明了政府长期对重点大学的投资取得了重要成效。

较之保留工资有落差，工作与专业对口、毕业学校类型、离校未就业对大学毕业生工作转换次数的回归系数绝对值更大。分性别样本来看，除毕业学校类型对男女都有显著的影响以外，大多数控制变量对于男女工作转换次数都无显著的影响，少数控制变量的显著性因性别而变化。对全体样本和男生样本，工作与专业对口的大学毕业生工作转换次数分别是工作与专业不对口的0.949

倍和 0.942 倍。对女生样本，工作与专业对口对工作转换次数并没有显著的影响；工作搜寻成本对于女生工作转换次数具有显著的负向影响；离校未就业对女生工作转换次数有显著的持续影响，当其他条件不变时，离校未就业女生的工作转换次数是毕业即就业的 1.221 倍。这些差异既表明我国劳动市场上雇主对女大学生的性别歧视现象，还可能由于失业带来的污名影响其未来就业。

6.5.4　稳健性检验

以同一地区其他人保留工资均值为参照点，是否较好地衡量了工资期望落差？下文以实际工资为参照点重新计算工资期望落差，并将两者予以对比。实际工资是指大学毕业生首份或最近一份工作平均月收入。当保留工资大于实际工资，即表明保留工资有落差；否则为无落差。

图 6.9 显示，两种不同测量方法测量的工资期望落差比例基本一致。毕业半年后，两者分别为 45.4% 和 45.2%；毕业三年后，两者有较大差异，分别为 47.7% 和 39.2%。以前一参照点计算的工资期望落差比例上升了 2.3 个百分点，以后一参照点计算的工资期望落差比例下降 6 个百分点。虽然两者不改变大学毕业生工资期望普遍偏高的判断，但也存在差异，因而有必要进一步考察两者对工作转换和首职持续期的回归系数是否一致。

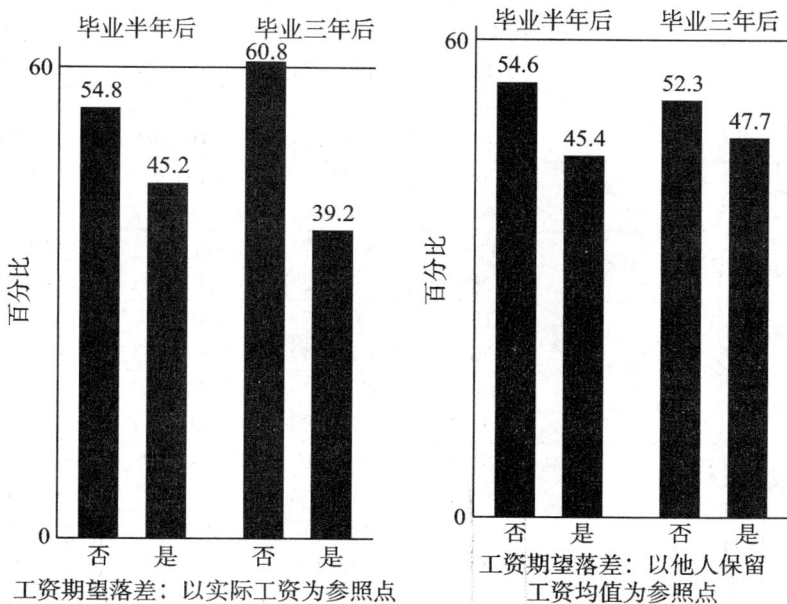

图 6.9　两种方法测量的工资期望落差比例

下文将以实际工资为参照点计算工资期望落差，再按前文模型设定估计工资期望落差对工作转换和首职持续期的影响。表6.9第（1）列对应于表6.3中的第（1）列，表6.9第（2）列对应于表6.4中的第（1）列，表6.9第（3）列对应于表6.7中的第（1）列，表6.9第（4）列对应于表6.7中的第（4）列。表6.9显示，按照两种方法计算的工资期望落差对离职概率、首职持续期和工作转换次数的影响方向和显著性与前文基本相同，控制变量对因变量的影响也基本相同。

表6.9 工资期望落差对离职和首职持续期的影响

因变量	模型（1）离职 b/se	模型（2）首职持续期 b/se	模型（3）工作转换 b/se	模型（4）工作转换 b/se
保留工资有落差	−0.511*** (0.082)	3.786*** (0.684)	−0.118*** (0.031)	−0.002 (0.023)
年龄	0.025 (0.038)	−0.215 (0.313)	0.022 (0.014)	0.010 (0.011)
女生	0.047 (0.092)	−0.501 (0.747)	−0.021 (0.033)	−0.039 (0.025)
无实习经历	−0.033 (0.127)	0.100 (1.008)	−0.013 (0.046)	−0.024 (0.035)
"211"重点本科	−0.844*** (0.117)	8.765*** (0.987)	−0.452*** (0.047)	−0.173*** (0.035)
一般本科	−0.662*** (0.104)	4.731*** (0.814)	−0.326*** (0.037)	−0.155*** (0.028)
工程类专业	−0.081 (0.087)	1.935*** (0.706)	−0.089*** (0.032)	−0.033 (0.024)
工作与专业对口	−0.429*** (0.087)	3.850*** (0.662)	−0.156*** (0.030)	−0.050** (0.023)
基本能力	0.135 (0.361)	0.717 (2.974)	0.189 (0.129)	0.178* (0.097)
职业能力	−0.468 (0.331)	5.595** (2.689)	−0.245** (0.119)	−0.105 (0.090)
工作搜寻成本	−0.014 (0.037)	−0.116 (0.308)	−0.016 (0.014)	−0.023** (0.010)
离校未就业	1.588*** (0.513)	−10.275*** (1.419)	0.384*** (0.072)	0.105 (0.064)
东部和沿海发达地区	0.306*** (0.102)	−1.675* (0.858)	0.066 (0.041)	0.010 (0.029)

表6.9(续)

因变量	模型（1）离职 b/se	模型（2）首职持续期 b/se	模型（3）工作转换 b/se	模型（4）工作转换 b/se
当地人均 GDP	−0.030 (0.119)	0.978 (0.993)	−0.043 (0.048)	−0.015 (0.033)
当地城镇登记失业率	−0.054 (0.055)	0.769* (0.448)	−0.040** (0.020)	−0.015 (0.015)
首职持续 4~6 个月				−0.093** (0.037)
首职持续 7~9 个月				−0.133*** (0.046)
首职持续 10~12 个月				−0.148*** (0.034)
首职持续 13~15 个月				−0.089** (0.045)
首职持续 16~18 个月				−0.262*** (0.045)
首职持续 19~21 个月				−0.261*** (0.071)
首职持续 22~24 个月				−0.354*** (0.044)
首职持续 25~27 个月				−0.436*** (0.067)
首职持续 28~30 个月				−0.565*** (0.060)
首职持续 31~33 个月				−0.703*** (0.069)
首职持续 34 个月及以上				−2.006*** (0.070)
constant	1.749 (1.643)	6.496 (13.650)	0.668 (0.639)	0.912* (0.466)
Lnsigma_ constant		2.842*** (0.014)		
chi2	158.689	271.839	272.304	1 189.557
p	0.000	0.000	0.000	0.000
N	3 220.000	3 048.000	3 220.000	3 035.000

注：***、**、*分别代表在1%、5%、10%的水平下显著；括号内为稳健标准误。

为便于比较,将表 6.9 估计的保留工资有落差系数与前文相应表格的系数整理在表 6.10 中。从整体上看,以两种不同参照点计算的保留工资有落差对因变量的回归系数方向和显著性完全一致,参数的标准误也非常接近,回归系数大小有差异,从绝对值上看,以自己实际工资为参照点估计的回归系数,显然大于以同一地区其他人保留工资均值为参照点估计的回归系数,这可能由于保留工资给定时,实际工资越高,计算的保留工资有落差比例越大,对因变量的影响系数也就越大。这表明实际工资是大学毕业生工作转换和首职持续期的一个重要影响因素。随着大学毕业生实际工资增长,大学毕业生的离职发生比率降低,首职持续期延长,工作转换次数会减少。李志、宋赞和薛艳(2009)[①] 证实,工资待遇不满意是影响大学毕业生离职倾向的一个重要因素。这说明本章采用两种参照点测量保留工资有落差所估计的结果是稳健和可靠的,后文将据此进行总结,并提出相应的政策建议。

表 6.10　两种方法测量保留工资对因变量的影响系数比较

自变量的参照点	模型（1） 离职 b/se	模型（2） 首职持续期 b/se	模型（3） 工作转换次数,未控制首职持续期 b/se	模型（4） 工作转换次数,控制首职持续期 b/se
保留工资有落差:以同一地区他人保留工资均值为参照点	-0.219 *** (0.085)	3.158 *** (0.702)	-0.086 *** (0.031)	0.014 (0.023)
保留工资有落差:以自己实际工资为参照点	-0.511 *** (0.082)	3.786 *** (0.684)	-0.118 *** (0.031)	-0.002 (0.023)

　　注: *** 、 ** 、 * 分别代表在 1%、5%、10%的水平下显著;括号内为稳健标准误,控制变量与表 6.9 相同。

6.6　本章小结

　　在就业难的背景之下,大学毕业生频繁转换工作,首职持续期不长,主要是因为工资期望和现实的落差太大吗? 本章通过研究大学毕业生工资期望落差

---

　　① 李志,宋赞,薛艳.从企业内部破解大学生员工"跳槽"之谜 [J].科技管理研究,2009(5):377-379.

对工作转换和首职持续期的影响。主要研究发现有四点：一是四成左右的大学毕业生保留工资有落差，七成左右的大学毕业生毕业三年内发生过离职，四成左右的大学毕业生首职持续期不到一年，大学毕业生平均转换工作 1.3 次；二是工资期望落差对离职具有显著的负向影响，工资期望偏高群体的离职发生比率是工资期望偏低群体的 0.80 倍，前者的首职持续期因而比后者长 3.158 个月；三是工资期望落差通过延长首职持续期进而降低了工作转换次数；四是较之工资期望落差，工作与专业对口、毕业学校类型、离校未就业是影响大学毕业生工作转换、首职持续期以及工作转换次数更重要的因素。这些发现说明工资期望落差是大学毕业生就业后频繁转换工作和首职持续期不长的原因之一，并非主要原因，不宜夸大。这些结论对促进大学毕业生高质量充分就业具有重要的政策含义：

首先，大学毕业生要理性看待"先就业，后择业"的理念，虽然看似比较务实地找工作，但若无科学的职业规划，则可能陷入匆匆就业、不断辞职、频繁择业的怪圈。本章研究发现，大学生毕业学校质量越好，工作转换次数就越少，首职持续期越长。这可能由于雇佣双方信息不对称条件下，企业常把毕业学校类型作为衡量学生能力的标准之一，重点大学毕业生的就业机会更多。当然，大学毕业生首职持续期存在两极分化现象，32.66% 的大学毕业生首职持续期超过 34 个月，42% 的大学毕业生首职持续期在一年以下。大学毕业生应当结合毕业学校类型、所学专业、工作与专业对口情况等进行科学的职业规划，选择长期职业目标和最适合自己的工作。在转换工作时，要统筹考虑工作搜寻成本以及专业、职业与事业的关系，尽量保持专业、职业和事业目标的一致性，减少职业生涯发展的"弯路"。用人单位应对初入职场的大学毕业生员工给予更多关怀，完善用人制度，帮助他们顺利度过职场适应期。

其次，高校既要优化专业设置，还要加强实践教学、改进就业指导工作。本章研究显示，工作与专业对口降低了大学毕业生的离职概率和工作转换次数，延长了首职持续期，这在一定程度上支持了人力资本理论，专业教育提高了相关职业的劳动生产率。因此，高校要紧密结合市场需求，调整和优化学科与专业设置，促进大学毕业生所学与用人单位需要之间的匹配，实现学以致用；同时，高校需切实加强实践教学工作，提高大学生的实践能力、创新能力和社会适应能力；此外，高校要学习借鉴发达国家职业生涯辅导的理论和实践，充分贯彻全程职业生涯辅导的理念，积极创造条件，鼓励大学生更理性选择长期职业目标，不宜过度宣传"先就业，后择业"的理念，还要针对我国大学生在校期间对社会和职场缺乏了解的特点，将就业指导的重点从职业规划转向职业适应。

最后，政府要推进市场就业机制的完善。大学毕业生频繁跳槽不仅损害了企业利益，也伤害了大学毕业生自身的利益。调查显示，大学毕业生进入民企和中小微企业工作后离职率居高不下。① 政府要以这些企业为重点，加强劳动合同管理，规范劳动合同的订立、变更、终止、解除等行为。目前，大学毕业生跳槽违约金缺乏一个合适的标尺。② 政府有必要出台相关法律法规和标准，以维护劳资双方的合法权益。教育和人社部门可将考核高校就业工作的统计指标，由初次就业率改为毕业半年就业率和毕业一年后就业率，通过延长统计的时间窗口，为大学毕业生更加从容地就业创造条件，帮助他们跳出匆匆就业、不断辞职、频繁择业的怪圈。

---

① 彭源. 高校毕业生频繁跳槽伤害了谁？[N]. 新华网，2014-12-24.

② 程淑辉. 大学毕业生频繁跳槽的成因及其治理 [J]. 江西科技师范大学学报，2007（5）：47-51.

7 结论与政策建议

7.1 研究结论

7.1.1 大学毕业生填报的保留工资具有较高的效度

既有研究往往通过问卷调查"您对毕业后的工作期待的最低月薪是多少?"和"最近一次求职中您期待的月收入期待底线?"获得保留工资,也就是问卷调查中大学毕业生填报保留工资,但该方法测得保留工资是否可靠需要检验,在既有研究中往往被忽略。本书采用随机前沿模型估计了工作搜寻理论界定的保留工资,并将之与问卷调查获得的保留工资进行一致性检验发现,问卷调查获得的保留工资具有较好的测量效度,大学毕业生填报的保留工资较好地反映了工作搜寻理论所界定的保留工资,可以代替工作搜寻理论界定的保留工资进行实证研究。本书利用 Oaxaca-Blinder(1973)分解技术进而考察 2007 届大学毕业生保留工资动态变化发现,大学毕业生填报的保留工资随工作时间增长而增长,毕业三年后比毕业半年后平均高 44.6%,其中八成左右可归于租金效应,而且租金效应随着分位数的升高而增长。

7.1.2 大学毕业生保留工资确实存在较大落差,群体差异明显

在就业难的背景下,大学毕业生的工资期望持续偏高现象仍然存在。与在校搜寻获得的最高工资报价和毕业半年后的实际工资相比,就个体而言,不少大学毕业生保留工资存在较大落差,近七成大学毕业生保留工资比工资报价高 54.2%,近四成大学毕业生保留工资比实际工资高 22.2%。从总体上看,大学毕业生对劳动力市场工资认知是理性的,符合工作搜寻理论预期。保留工资、工资报价和实际工资正相关,都受到性别、基本能力、职业能力、实习经历、毕业学校类型、专业类型、就业地区、毕业时间长短等因素的同方向影响,影

响系数大小相当。其中，年龄、基本能力、毕业学校类型、工程类专业和毕业时间长短是影响大学毕业生工资期望落差的重要因素。此外，大学毕业生获取就业信息的主要渠道是参加校园招聘会和直接向用人单位了解，大学就业指导机构提供的帮助主要也是组织招聘会，没有任何帮助的比例接近30%。

7.1.3 大学毕业生工资期望落差延长失业持续期

随着失业持续期延长，大学毕业生找到工作的概率增加，为大学毕业生工资期望落差和失业持续期及两者的关系提供了新的经验证据。控制了个体特征、就业城市类型、工作搜寻开始时间、信息渠道等影响因素后发现，平均来看，若大学毕业生工资期望落差每增长1%，也就是说，保留工资每高于工资报价1%，那么实现就业的机会比率则下降0.21%，预期失业持续期因而延长0.14%。这说明目前大学毕业生的就业期望偏高，还需要调低保留工资，以缩短失业持续期。本书进一步研究发现，机会函数的规模参数 $\alpha = 1.499 > 1$，这说明失业大学毕业生找到工作的概率随着失业持续期延长而增加，这意味着失业持续期延长是有效率的，也是值得的。因此，大学毕业生需要对保留工资和失业持续期进行权衡并做出理性选择。

7.1.4 大学毕业生工资期望落差延长首职持续期，降低工作转换次数

本书研究发现，首先，七成左右大毕业学生毕业三年内都发生过离职，四成左右大学毕业生首职持续期不到一年，大学毕业生毕业三年内平均转换工作1.3次。其次，工资期望落差对离职具有显著的负向影响，较之保留工资无落差群体，保留工资有落差群体离职的对数发生比显著地低0.219，也就是说，工资期望偏高群体的离职发生比率是工资期望偏低群体的 exp（−0.219）= 0.80 倍，这说明工资期望偏高群体的离职概率较低，因而首职持续期比工资期望偏低群体显著地长3.158个月。当未控制首职持续期时，工资期望落差对于工作转换次数具有显著的负向影响；控制首职持续期以后，工资期望落差对于工作转换次数的影响由负变为正，统计上不再显著；但首职持续期对工作转换次数的影响非常显著，这说明工资期望落差通过延长首职持续期进而降低了工作转换次数。较之工资期望落差，工作与专业对口、毕业学校类型、离校未就业是大学毕业生工作转换、首职持续期和工作转换次数的更重要影响因素。上述发现不因工资期望落差测量方法变化而改变，具有很好的稳健性。这些结论说明大学毕业生工资期望与现实之间有落差并非不理性，它是就业后频繁转换工作和首职持续期不长的原因之一，并非主要原因，不宜夸大。

7.2 促进大学毕业生高质量充分就业的政策建议

当前我国大学毕业生就业总体稳定，就业质量有待提高。我们要客观理性看待大学毕业生的工资期望落差及失业问题，并非我国独有，在西方发达国家和发展中国家也都普遍存在。本书证实，工资期望落差是导致大学生就业难的原因之一，对中期职业发展产生一定影响。大学毕业生降低就业期望值是有必要的，可在一定程度上减少摩擦性失业问题，但并不能消除就业结构性问题。大学生就业过程中保持较高期望值或保留工资也是一种理性行为，他们工资期望有落差是对人才供求比例、市场需求状况等信息掌握不全情况下的必然反应；[①] 也是社会畸形的单一升学成才模式、家庭对教育的迷失与过高投入、高校招生时虚高的就业率宣传等因素共同导致的后果。[②] 因此，不应笼统地断定其不理性，要结合客观环境和主观因素予以客观评价。

为解决大学毕业生离校未就业问题和工作转换问题，既要强化大学毕业生、高校、政府以及用人单位四个主体的社会责任意识，又要优化各主体间的分工协作与整体配合。具体地说，大学毕业生要转变就业观念，提高就业能力；高校要提升就业指导服务水平，提高人才培养质量；政府要提供全方位就业服务，促进大学毕业生更高质量更充分就业；用人单位要以人为本，提高人力资源管理效能。只有这样，才能充分发挥市场机制作用，让大学毕业生主动调整就业期望值，促进自己就业和未来职业发展。

7.2.1 大学毕业生要转变就业观念，提高就业能力

就业形势严峻是社会大背景，但对个人而言，就业难是相对的，机会总是青睐有准备的人。大学生在校期间尽早树立职业理想，明确职业规划，根据自己学校和专业情况，决定将来是继续深造还是直接就业。选择就业时应转变就业观念，认清形势，准确定位，将目光放长远，着重关注未来的发展空间和如何提高自身的能力，不要盲目扎堆发达地区和热门行业，不要过分看重当前工资高低，这样会丧失就业与发展的大好机会。这也并不是说大学毕业生求职过程中一味降低工资期望，应结合自身的年龄、性别、毕业学校、专业、工作能

---

① 赖德胜，孟大虎，等. 中国大学毕业生失业问题研究 [M]. 北京：中国劳动社会保障出版社，2008.

② 熊丙奇. 起薪期待过高易成就业绊脚石 [N]. 中国教育报，2014-08-15.

力等因素设定合理的保留工资区间，保持适度的工资预期弹性，寻找最适合自己的工作。大学毕业生在不同阶段要采取不同的求职策略，初期是广泛搜集信息阶段，随后是确定目标后的重点突破阶段。① 大学毕业生应主动了解就业形势及相关信息，特别是要了解用人单位提供的市场工资行情，尽早确定一个符合实际情况的保留工资，以缩短在劳动力市场中搜寻的时间，尽快找到合适的工作。

　　大学毕业生降低期望值是必须的，但不能完全解决问题。更要坚持职业能力与职业素养并重，提高自身综合素质，打造核心竞争力，这是提升就业质量的关键。② 麦克思研究院发布的《2017 年中国本科生就业报告》显示：2014届本科毕业生同 2006 届与 2007 届大学毕业生都认为持续学习能力对职业发展最重要，占比分别为 89% 和 83%。在职业素养方面，2014 届本科毕业生三年后认为首先是压力承受能力、环境适应能力，其次是协作解决问题能力，占比分别为 80% 和 79%；2006 届与 2007 届大学毕业生十年后认为最重要的是协作解决问题能力，占比 67%。可见协作解决问题能力的重要性随着职业生涯发展在逐渐增加。③ 职业能力和职业素养都对就业质量和在校体验产生重要影响，高校师生互动和社团活动会对学生素养产生潜移默化的影响。因此，大学生在校期间要对自己的兴趣、气质、性格和能力等进行全面分析，认识自己的优势与劣势、特长与不足，做好职业生涯规划，积极参与师生互动和社团活动，构建自身合理的知识结构，充分发挥职业能力和职业素养的效能，匹配用人单位的实际需求，实现个人就业和职业发展。④

　　大学毕业生要把握好搜寻时间和离职时机。麦可思调查数据显示，一半以上的 2008 届大学毕业生至少是在毕业前 6 个月开始求职，工作搜寻时间越早，毕业半年后就业率和工资也越高。校园招聘一般 9 月中旬就开始启动，10 月份则是招聘旺季，高潮会一直持续到 11 月底，春节前后是淡季，次年 3—4 月份又会迎来一次小高潮。大学毕业生应该掌控好搜寻时间，抓住就业机会。错过最佳的就业时机后，也可选择"慢就业"为自己提供缓冲期，选好人生首

---

　　① 张天舒. 高校毕业生求职时间与就业结果关系的实证研究——基于北京地区 12 所高校的调研数据 [J]. 湖南科技大学学报（社会科学版），2012，15（3）：150-153.

　　② 张路杨. 大学生高质量充分就业的现实困境与路径选择 [J]. 中国就业，2014（2）：24-25.

　　③ 大学生毕业后，各项职业能力和职业素养中什么更重要？ [EB/OL].（2019-02-18）.[2019-10-28]. http://www.sohu.com/a/295360292_121294.

　　④ 雷佑新，王俊文，孙晋然. 高校毕业生保留工资影响因素分析 [J]. 经济问题，2016（3）：118-122.

份工作，提升就业质量，实现充分满意就业。① 首份工作是大学毕业生进入职场的第一堂课，对未来职业生涯发展十分重要。首职持续期反映首份工作质量的好坏以及忠诚度的高低，大学毕业生要提高首职持续期。工作转换时要统筹考虑工作搜寻成本，专业、职业与事业的关系，尽量保持专业、职业和事业目标的一致性，减少职业生涯发展的"弯路"。也要把握离职的时机和频率，讲究离职策略，考虑离职的法律和道德责任，避免侵害用人单位正当利益。②

7.2.2 高校要提高人才培养质量，提升就业指导服务水平

高校既需要转变教育理念，紧密结合市场需求，调整和优化学科与专业设置巩固专业教育，人才培养模式要从注重学科知识转向注重学生的能力和素养的全面发展。麦可思研究院发布的《2017 年中国本科生就业报告》显示：职业能力和职业素养都对就业质量和在校体验产生重要影响，高校师生互动和社团活动会对学生素养产生潜移默化的影响。高校在培养过程中，通过师生互动和社团活动，高校可以更有效地提升学生的素养、优化学生的在校体验、增强毕业生在职场上的中长期竞争力；同时，还需要提升就业服务能力，促进大学毕业生所学与用人单位所需之间的匹配，实现学以致用。目前高校就业指导机构提供的帮助主要是组织招聘会，没有任何帮助的比例接近 30%。高校开展的就业指导不应直到大学生面临毕业寻找工作时才开始展开，更不应只是简单地提供一些招聘信息和组织相关招聘活动，需要充分贯彻全程职业生涯辅导的理念，长期培养他们的就业观，引导其选择合理的就业目标，缓解大学生扎堆在发达地区、热门行业就业的现象。

就业指导是一项系统工程，应分年级、分阶段开展职业教育指导。在大一阶段实施职业启蒙教育，通过适应大学生活，树立职业理想。在大二阶段实施职业体验教育，参加社会实践，认识职业，了解社会，帮助学生拟定自我规划。在大三阶段实施职业反思教育，增强职业针对性，引导学生明确自身的职业方向，及时调整生涯规划与心理预期。在大四阶段实施职业指导教育、帮助学生了解就业形势、向学生提供信息、举办招聘会、对学生进行求职技巧辅导等。高校就业指导服务在普遍指导的同时，还要加强针对性和个性化服务，综合分析毕业生的学习、专长、经验、就业期望等因素，形成毕业生就业期望档

---

① 郑晓明，王丹. 高校毕业生"慢就业"现象的成因与治理策略 [J]. 社会科学战线，2019（3）：276-280.

② 郝登峰，卓晓岚. 广州市大中专毕业生跳槽问题的实证研究 [J]. 中国青年研究，2010（1）：41-44.

案，并做针对性的引导。鼓励大学生更理性选择长期职业目标，不宜过度宣传"先就业，后择业"的理念。在毕业季，高校要及时跟进学生签约状况，动态把握毕业生工作搜寻过程中的实际困难、就业期望和现实的差距，有计划、有针对性地加强就业服务。①

高校就业指导部门要密切关注人才需求信息，及时了解社会对人才的基本能力和专业技能的需求变化，建立本校毕业生就业信息数据库，为调整高校的专业设置、课程设置和教学方式提供科学依据。定期对毕业生进行跟踪调查，了解学生的就业去向、工资水平以及工作后对自己的能力和知识结构的评估；同时还可对毕业生的主要雇主进行调查，了解雇主对毕业生的招聘需求、评价和满意度，了解雇主对毕业生基本能力和知识的要求水平，以调整教学目标，改进培养模式和方法，提高培养人才的质量。② 吴蓉芳（2018）③ 通过对武汉大学 2017 届毕业生校园招聘专场招聘单位情况以及毕业生就业期望情况的调查指出，应届毕业生对于用人单位的选人标准以及用人标准认识方面还比较欠缺，应届毕业生对于自身能力表现的自我评价方面与用人单位的评价有一定出入，建议高校加强就业市场与就业指导信息双向反馈机制的建立，提高精准服务水平。高校要学习借鉴发达国家职业生涯辅导的理论和实践，充分贯彻全程职业生涯辅导的理念，积极创造条件，鼓励大学生更理性选择长期职业目标，不宜过度宣传"先就业，后择业"的理念。

高校要加强创业教育，提高大学生创业意识与创业能力。麦可思调查数据显示，大学毕业生半年后创业率由 2009 届的 1.2% 快速增长至 2015 届的 3%。虽然四年间的创业率增长 1.5 倍，但仍然低于发达国家，创业成功率则更低，这说明当前我国大学生创业既有很大的难度，又有很大的发展空间。大学毕业生具有一定的专业知识，但创业知识缺乏。虽然我国目前开展创业教育的高校逐渐增多，但在实施主体、课程设置等方面较为混乱，无法满足大学生创业需求。高校既要通过创业教育来提高大学生的创新创业能力，还要鼓励大学生在岗创新创业，应不盲目鼓励毕业就创业。大学毕业生应在工作中更加深刻地认识社会，并积累更多的工作经验、管理技能，以此构建属于自己的社会网络，

---

① 涂建明，涂晓明. 高校毕业生就业期望偏差的特征及其就业引导功能 [J]. 产业与科技论坛，2014（18）：140-141.

② 王伯庆. 高校专业对就业率和薪资的影响分析 [J]. 深圳信息职业技术学院学报，2009，7（3）：27-31.

③ 吴蓉芳. 新形势下高校应届毕业生就业期望匹配度调查研究——以武汉大学 2017 届毕业生为例 [J]. 中国大学生就业（理论版），2018（7）：34-40.

降低创业风险，提高创业成功率。由于大学生知识单一、经验不足，其资金实力、自身心态及经验、能力等有明显的欠缺，这也是创业成功率低的主要原因。①

7.2.3 政府要提供全方位就业服务，全面提升服务质量

党的十九大提出了"提供全方位公共就业服务"要求，人力资源和社会保障部、国家发展和改革委员会、财政部联合印发《人力资源和社会保障部、国家发展和改革委员会、财政部关于推进全方位公共就业服务的指导意见》，明确提出推进服务功能贯穿全程。具体要求是："要立足基本公共就业服务内容，围绕劳动者求职创业全过程，明确求职招聘服务、创业服务的基本内容，对难以实现就业和创业的困难人员实施就业援助帮扶。同时，推行终身职业技能培训制度，适应市场需求开展专项服务，并建立公共就业服务应急机制。"还提出"打造全国统一的智能公共就业服务信息化平台，全面推进'互联网+公共就业服务'，完善信息发布、规范业务经办、实现数据共享，推进智慧化服务。"打造全国统一的智能公共就业服务信息化平台，有利于大学毕业生和用人单位在同一信息平台上浏览信息，节约工作搜寻成本，缩短工作搜寻时间，提高匹配效率。政府还应当定期开展全国性就业调查，及时准确发布薪酬数据，推动用人单位与毕业生在薪酬上的准确对接。用人单位可据此设定和调整薪酬水平，设计合理的薪酬体系，以增强市场竞争力，大学毕业生可据此调整就业心理预期值，理性地选择工作的区域、行业、岗位和薪酬水平等，以更贴近社会实际。

改革大学毕业生就业率的统计期限。大学毕业生初次就业率与半年后的就业率相差 20 个百分点，也就是说，近 20% 的大学毕业生是离校半年内落实工作的。过分看重初次就业率不仅影响学生对求职时间的选择，还会对用人单位产生连带反应，导致招聘时间一再提前。一些高校在毕业前一年至半年期间就停止授课，将时间留给毕业生寻找工作，使得大学四年制教育缩水，影响教育质量。当然工作搜寻是要花一定时间的，也是值得的。建议取消统计初次就业率，而采取委托第三方机构统计中长期就业率，跟踪关注大学生毕业后半年、一年甚至三年后的职业发展状况，更能真实反映大学毕业生的就业率和就业质量，也能规避高校急功近利地对就业促进工作和初次就业率注水。

建立大学生失业保险和救济制度。随着大学毕业生就业难成为常态，大学

<hr>

① 谭远发. 成年人就业型和机会型创业动机和绩效研究 [M]. 西南财经大学出版社，2015.

生毕业半年后的失业率仍维持在10%左右，这部分长期找不到工作的大学毕业生数量增加，会导致"读书无用论"悲观情绪蔓延，应得到重点关注。短期内，我国应建立健全就业困难大学毕业生的帮扶机制。针对离校未就业的大学毕业生，引导他们到人力资源和社会保障部门注册登记，并将其纳入离校未就业高校毕业生就业促进计划。落实和使用好就业困难大学毕业生的帮扶资金，组织他们参加公益性就业技能培训、专场招聘会及发放求职补贴等。① 长期内，我国应该建立大学生失业保险和救济制度。我国现行的失业保险和救济制度只是针对一般失业人员，大学毕业生不在考虑范围内。大学生在毕业之后如未成功就业，离校后的住宿、交通和其他求职费用增加，会加大工作搜寻成本和心理压力，甚至导致他们仓促就业，然后频繁离职，造成人力资源损耗甚至浪费。

进一步完善和落实大学毕业生就业创业政策。为促进大学毕业生就业创业，中央和地方政府相继出台了一系列优惠政策，起到了非常积极的作用，大学毕业生就业率和创业率逐年提高。需要注意的是，大学毕业生就业创业政策碎片化、种类繁多、程序复杂、执行不到位等因素，在一定程度上影响了政策实施效果。② 因此，政府需要进一步加强对相关政策的顶层设计，简化程序，提供便利，加强人力资源和社会保障部门与教育、税务、财政和工商等部门之间的协同，强化政策执行和落实，使政策更好地发挥作用。

7.2.4　用人单位要以人为本，提高人力资源管理效能

大学毕业生员工频繁离职，既增加了用人单位的用工成本，又耗费了较高的招聘成本，这可能与用人单位的管理有关。为降低大学生员工的离职率，用人单位要重点做好以下几个方面的工作：首先，用人单位要实事求是地做好招聘宣传，诚实公布所招岗位的数量、岗位要求、单位效益及薪资待遇等。即使双方签订了劳动合同，但招聘时，用人单位所宣传的承诺待遇不能兑现，这就会导致毕业生离职。③ 招聘和选拔过程中，还要注重考察大学毕业生的价值观

---

① 莫荣，汪昕宇.2016年中国产业结构调整对高校毕业生就业的影响［M］//田丰，范雷，李炜，张翼，陈光金，李培林.2017年中国社会形势分析与预测.北京：社会科学文献出版社，2016：35-53.

② 莫荣，丁赛尔.产业转型升级下的高校毕业生就业研究［M］//张新民，郑东亮，刘学民，莫荣，金维刚.中国劳动保障发展报告（2015）.北京：社会科学文献出版社，2016：81-98.

③ 程淑辉.大学毕业生频繁跳槽的成因及其治理［J］.江西科技师范大学学报，2007（5）：47-51.

与企业文化的匹配程度。入职后，要加强企业文化宣传教育，塑造共同价值观。[①] 其次，对职业适应期的大学生员工给予更多关怀，及时了解他们的心理动向，通过有效沟通去解决矛盾与问题，积极营造尊重人才、关爱人才的良好氛围。要根据个人特长和企业发展的需要安排岗位，提高人才与职位的匹配度，尽可能实现大学毕业生多岗位轮岗锻炼，以便消除其工作的单调性。最后，要强化绩效导向的考核，还要根据行业特色和企业实际情况，及时调整薪酬水平，增强薪酬的内部公平性和外部竞争性，更要使大学生员工的职业发展通道保持畅通，向其提供良好的发展空间。麦可思多次调查表明，大学毕业生离职主要是因为个人发展空间不够和薪资福利偏低。

7.3　创新与不足

本书有以下主要创新点：

第一，理论分析上，本书按时间先后顺序将大学毕业生的工作搜寻过程分为在校搜寻、离校搜寻和在职搜寻三个阶段，并整合了工资期望落差、失业持续期、工作转换与首职持续期的理论关系，构建了"四位一体"的分析框架，重点研究了工资期望落差对失业持续期和首职持续期的影响，还基于工作转换理论构建了大学毕业生的工作转换模型。从本质上看，大学毕业生工作搜寻过程是他们对工资期望落差、失业持续期、首职持续期的权衡、优化及动态调整过程。保留工资是贯穿DMP模型的重要概念，较高的保留工资常常被认为是失业的重要原因（Stern，1989）。本书从理论上阐明了就业难背景下研究大学毕业生保留工资的重要意义。

第二，研究内容上，本书不是考察保留工资而是考察工资期望落差，它与特定参照点（例如雇主提供的工资报价、实际工资和其他人保留工资）相比是否偏高，可以解读为个体对自身的相对工资定位。依据劳动经济学理论，相对工资往往影响个体劳动供给行为。若大学毕业生的工资期望偏高，则会提高离校未就业概率，延长失业搜寻持续期，推迟了就业时间；当大学毕业生找到首份工作以后，保留工资仍高，将会降低工作机会达到率，延长在职搜寻时间，推迟了跳槽时间，使得首职持续期延长。

---

① 李志，宋赞，薛艳.从企业内部破解大学生员工"跳槽"之谜 [J]. 科技管理研究，2009（5）：377-379.

第三，研究方法上，本书以实证性分析为主，同时将理论研究和经验研究以及宏观分析和微观考察相结合。经验研究主要采用随机前沿模型、分位数回归、持续期模型和区间回归等前沿方法进行实证分析。本书分别采用工资报价、实际工资和他人保留工资作为参照点来测量工资期望落差，并对前述实证结果进行稳健性检验，以提供更稳健和可靠的经验证据。

第四，关键变量测量上，本书首次对问卷调查获得的大学毕业生保留工资进行了测量效度检验，既有研究都忽视了这一点。如果保留工资数据存在测量误差，那么基于这些数据所得到的结论自然不可靠。控制变量方面，既有研究对于宏观因素大多是地区虚拟变量，本书不仅控制地区虚拟变量，还控制了当地人均 GDP 和城镇登记失业率：前者主要用于反映宏观经济发展水平，经济发展水平越高的地区，实际工资和保留工资可能越高；后者在一定程度上反映各地区劳动力市场需求的宽松与紧缩程度，它会影响工资分布和工作机会的到达率，进而影响保留工资与实际工资。

第五，从研究视角上看，本书还可以结合人力资本理论和劳动力市场分割理论来解释大学毕业生工资期望偏高及其失业后果，丰富研究内容，进而提出更具说服力和操作性的政策建议。

当然，本书还存在以下不足之处：

首先，由于本书样本中毕业半年后和三年后仍未就业的大学毕业生人数较少，使得研究工资期望落差对于失业持续期的影响受到一定的局限。本书只研究了毕业离校时至毕业半年内工资期望落差对于失业持续期的影响，未能研究毕业半年后至毕业三年内工资期望落差对于失业持续期的影响，长期失业的大学毕业生更加值得我们关注。

其次，大学毕业生失业持续期和首职持续期也可能影响保留工资。因为失业持续期越长，他们越痛苦，就会不断调整自己的保留工资，逐渐向工资报价趋近。鉴于大学毕业生初次进入劳动力市场，多为摩擦性失业，保留工资受失业持续期影响较小，这也是本书未将失业持续期作为大学毕业生保留工资影响因素的原因之一。同理，大学毕业生首职持续期越长，得到的专用性培训越多，工资增长越快，保留工资更高。因此，后续研究可基于长期跟踪调查数据，寻找工资期望落差的工具变量，考察工资期望落差对失业持续期和首职持续期的影响，以消除可能存在的内生性和估计偏误。

参考文献

［1］ ADDISON J T, CENTENO M, PORTUGAL P. Do Reservation Wages Really Decline? Some International Evidence on the Determinants of Reservation Wages ［J］. Journal of Labor Research, 2009, 30 （1）: 1-8.

［2］ ADDISON J T, MACHADO J A F, PORTUGAL P. The Reservation Wage Unemployment Duration Nexus ［J］. Oxford Bulletin of Economics and Statistics, 2013, 75 （6）: 980-987.

［3］ BATTESE G E, COELLI T J. Frontier Production Functions, Technical Efficiency and Panel Data: With Application to Paddy Farmers in India ［M］. International Applications of Productivity and Efficiency Analysis. Springer Netherlands, 1992: 149-165.

［4］ BATTESE G E, COELLI T J. Prediction of Firm-Level Technical Efficiencies with a Generalized Frontier Production Functions and Panel Data ［J］. Journal of Econometrics, 1988, 38 （3）: 387-399.

［5］ BERKHOUT P H G, BAS V D K, VAN VUURENY A. Labor Market Prospects, Search Intensity and the Transition from College to Work ［W］. Working Paper, 2004.

［6］ BETTS J R. What Do Students Know about Wages? Evidence from a Survey of Undergraduates ［J］. Journal of Human Resources, 1996, 31 （1）: 27-56.

［7］ BIGGERI L, BINI M, GRILLI L. The Transition from University to Work: A Multilevel Approach to the Analysis of the Time to Obtain the First Job ［J］. Journal of the Royal Statistical Society: Series a （Statistics in Society）, 2001, 164 （2）: 293-305.

［8］ R LAYARD, M BLAUG, M WOODHALL. The Causes of Graduate Unemployment in India ［M］. London: Allen Lane, The Penguin Press, 1969: 237-239.

[9] BLINDER A S. Wage Discrimination: Reduced Form and Structural Estimates [J]. Journal of Human Resources, 1973, 8 (4): 436-455.

[10] BLINDER A. Wage Discrimination: Reduced Form and Structural Estimates [J]. Journal of Human Resources, 1973, 7 (4): 436-55.

[11] BOHEIM R. The Association between Reported and Calculated Reservation Wages [W]. Working Paper, University of Essex, 2002.

[12] BRATTI M, MIRANDA A. Non-pecuniary returns to higher education: The effect on smoking intensity in the UK. Health Economics, 2010, 19: 906-920.

[13] BURDETT K. A Theory of Employee Job Search and Quit Rates [J]. The American Economic Review, 1978, 68 (1): 212-220.

[14] CARVAJAL M J, BENDANA D, BOZORGMANESH A, et al. Inter-Gender Differentials between College Students' Earnings Expectations and the Experience of Recent Graduates [J]. Economics of Education Review, 2000, 19 (3): 229-243.

[15] CHRISTENSEN B. Reservation Wages, Offered Wages, and Unemployment Duration: New Empirical Evidence [W]. Kiel Working Papers, 2002.

[16] CHRISTENSEN B. The Determinants of Reservation Wages in Germany Does a Motivation Gap Exist? [W]. Kiel Working Papers, 2001.

[17] CHUANG H. Estimating a Structural Search Model for College Graduates in Taiwan [J]. Asian Economic Journal, 1997, 11 (1): 95-110.

[18] CHUANG H L. Estimating the Determinants of the Unemployment Duration for College Graduates in Taiwan [J]. Applied Economics Letters, 1999, 6: 677-681.

[19] CROSSLIN R L, STEVENS D W. The Asking Wage-Duration of Unemployment Relation Revisited [J]. Southern Economic Journal, 1977, 43(3): 1 298-1 302.

[20] DAWES L. Long-term Unemployment and Labor Market Flexibility [D]. Centre for Labor Market Studies, University of Leicester, UK, 1993.

[21] DOMINITZ J, MANSKI C F. Eliciting Student Expectations of the Return to Schooling [J]. Journal of Human Resources, 1994, 31 (1): 1-26.

[22] DONALD R. Haurin, Kala S. Sridhar. The Impact of Local Unemployment Rates on Reservation Wages and the Duration of Search for a Job [J]. Applied Economics, 2003, 35 (13): 1469-1476.

[23] EHRENBERG R G, OAXACA R L. Unemployment Insurance, Duration of Unemployment and Subsequent Wage Gain [J]. American Economic Review, 1976, 66 (5): 754-766.

[24] FOUGÈRE D, PRADEL J, ROGER M. Does Job-Search Assistance Affect Search Effort and Outcomes? A Microeconometric Analysis of Public versus Private Search Methods [W]. IZA Discussion Papers, 2005.

[25] FOUGÈRE D, PRADEL J, ROGER M. Does Job-Search Assistance Affect Search Effort and Outcomes? A Microeconometric Analysis of Public versus Private Search Methods [W]. Iza Discussion Papers, 2005.

[26] FRANZ W. The Reservation Wage of Unemployed Persons in the Federal Republic of Germany: Theory and Empirical Tests [W]. NBER Working Papers, 1980.

[27] HALL R E. Turnover in the labor force. [J]. Brookings Papers on Economic Activity 1972, 3, 709-756.

[28] HECKMAN J. Sample Selection Bias as a Specification Error [J]. Applied Econometrics, 1979, 47 (1): 153-161.

[29] HOFLER R A, MURPHY K J. Estimating Reservation Wages of Employed Workers Using a Stochastic Frontier [J]. Southern Economic Journal, 1994, 60 (4): 961.

[30] HOFLER R A, MURPHY K J. Estimating Reservation Wages of Employed Workers Using a Stochastic Frontier [J]. Southern Economic Journal, 1994, 60 (4): 961.

[31] HOGAN V. The Determinants of Reservation Wages [J]. Privredna Kretanja I Ekonomska Politika, 2009, 18 (117): 27-57.

[32] JENSEN U, GARTNER H, RASSLER S. Estimating German Overqualification with Stochastic Earnings Frontiers [J]. AStA Advances in Statistical Analysis, 2010, 94 (1): 33-51.

[33] JOHNSON S. A Theory of Job Shopping [J]. Quarterly Journal of Economics, 1978, 92 (2), 261-277.

[34] JONDROW J, LOVELL C A K, MATEROV I S. On The Estimation of Technical Inefficiency in the Stochastic Frontier Production Function Model [J]. Journal of Econometrics, 1981, 19 (2-3): 233-238.

[35] JONES S R G. Reservation Wages and the Cost of Unemployment [J].

Economica, 1989, 56 (222): 225-246.

[36] JONES S R G. The Relationship between Unemployment Spells and Reservation Wages as a Test of Search Theory [J]. Quarterly Journal of Economics, 1988, 103 (4): 741-765.

[37] JOVANOVIC B. Job Matching and the Theory of Turnover [J]. Journal of Political Economy, 1979, 87 (5): 972-990.

[38] KIEFER N M, NEUMANN G R. An Empirical Job-Search Model, With a Test of the Constant Reservation Wage Hypothesis [J]. Journal of Political Economy, 1979 (1): 89-107.

[39] KIEFER N M. Economic Duration Data and Hazard Functions [J]. Journal of Economic Literature, 1988, 16: 646-679.

[40] KOENKER R, BASSETT G. Regression quantiles [J]. Econometrica, 1978, 46: 33-50.

[41] LANCASTER T, CHESHER A. An Econometric Analysis of Reservation Wages [J]. Econometrica, 1983, 51 (6): 1661-1676.

[42] LANCASTER T. Econometric Methods for Duration of Unemployment [J]. Econometrica, 1979, 47 (4): 939-956.

[43] LANCASTER T. Simultaneous Equations Models in Applied Search Theory [J]. Journal of Econometrics, 1985, 28 (1): 113-126.

[44] LASSIBILLE G, GOMEZ L N, RAMOS I A, et al. Youth Transition from School to Work in Spain [J]. Economics of Education Review, 2001, 20 (2): 139-149.

[45] LEPPIN J S. The Estimation of Reservation Wages: A Simulation-Based Comparison [J]. Jahrbücher Für Nationalökonomie Und Statistik, 2012, 234 (5): 603-634.

[46] LEVINSOHN J, PUGATCH T. The Role of Reservation Wages in Youth Unemployment in Cape Town, South Africa: A Structural Approach [W]. University of Michigan, 2010.

[47] LYNCH L M. The Rate Off-the-Job V. S. On-the-Job Training for the Mobility of Women Workers [J]. The American Economic Review, 1991 (87): 1 246-1 260.

[48] MCCALL J J. Economics of Information and Job Search [J]. Quarterly Journal of Economics, 1970, 84 (1): 113-126.

[49] MELLY B. Estimation of Counterfactual Distributions Using Quantile Regression [J]. Review of Labor Economics, 2006, 68: 543-572.

[50] MEYER B D. Lessons from the U. S. Unemployment Insurance Experiments [J]. Journal of Economic Literature, 1992, 33 (1): 91-131.

[51] MOFFITT R, NICHOLSON W. The Effect of Unemployment Insurance on Unemployment: The Case of Federal Supplemental Benefits [J]. Review of Economics and Statistics, 1982, 64 (1): 1-11.

[52] MORTENSEN D T. Markets with Search Friction and the DMP Model [J]. American Economic Review, 2011, 101 (4): 1073-1091.

[53] NARENDRANATHAN W, NICKELL S, STERN J. Unemployment Benefits Revisited [J]. Economic Journal, 1985, 95 (378): 307-329.

[54] OAXACA R. Male-Female Wage Differentials in Urban Labor Markets [J]. International Economic Review, 1971, 14 (3): 693-709.

[55] OAXACA R. Male-Female Wage Differentials in Urban Labor Markets [J]. International Economic Review, 1973, 14 (3): 693-709.

[56] OPHEM H, HARTOG J, BERKHOUT P. Reservation Wages and Starting Wages [W]. IZA Discussion Paper, 2011 (1), No. 5435.

[57] OREOPOULOS P, VON WACHTER T, HEISZ A. The Short-and Long-Term Career Effects of Graduating in a Recession [J]. American Economic Journal: Applied Economics, 2012, 4 (1): 1-29.

[58] PRASAD E S. The Dynamics of Reservation Wages: Preliminary Evidence from the GSOEP [J]. Vierteljahreshefte zur Wirtschaftsforschung, 2000, 69 (2): 44-50.

[59] PRASAD E S. What Determines the Reservation Wages of Unemployed Workers? New Evidence from German Micro Data [W]. Discussion Paper No. 694, 2003.

[60] ROBERT WEBB, DUNCAN WATSON, TIM HINKS. Testing for Wage Overpayment in UK Financial Services: A Stochastic Frontier Approach [J]. Service Industries Journal, 2003, 23 (5): 123-136.

[61] SALAS-VELASCO M. The Transition from Higher Education to Employment in Europe: The Analysis of the Time to Obtain the First Job [J]. 2007, 54 (3): 333-360.

[62] SCHAWBEL D. The cost of millennial retention study [EB/OL]. (2013-

08-06). http://millennialbranding. com/2013/ 08/cost-millennial-retention-study.

[63] SCHMIEDER J F, WACHTER T V, BENDER S. The Effect of Unemployment Benefits and Nonemployment Durations on Wages [J]. American Economic Review, 2016, 106 (3): 739-777.

[64] SIAN G. Early Career Change among Millennial Us College Graduates [D]. College of Liberal Arts and Social Sciences Theses and Dissertations, 2013.

[65] SMITH H L, POWELL B. Great Expectations: Variations in Income Expectations among College Seniors [J]. Sociology of Education, 1990, 63 (3): 194.

[66] STERN S. Estimating a Simultaneous Search Model [J]. Journal of Labor Economics, 1989, 7 (3): 348-369.

[67] STEWART M B. On Least Squares Estimation When The Dependent Variable Is Grouped. Review of Economics Study, 1983, 50 (3): 737-753.

[68] TAYLOR J, NGUYEN A N. Transition From School to First Job: The Influence of Educational Attainment [W]. Working Papers, 2003.

[69] TOPEL R H. Job Mobility, Search and Earnings Growth: A Reinterpretation of Human Capital Earnings Functions [J]. Research in Labor Economics, 1986, 8: 199-223.

[70] TOPEL R H, M P WARD. Job mobility and the Career of Young Men, Quarterly Journal of Economics, 1992, 107 (2): 439-479.

[71] WATSON D, WEBB R. Reservation Wage Levels in UK and German Financial Services Sectors [J]. Service Industries Journal, 2008, 28(8): 1 167-1 182.

[72] WATSON D, R WEBB. Reservation Wage Levels in UK and German Financial Services Sectors [J]. The Service Industries Journal, 2008(28): 1 167-1 182.

[73] WOOLDRIDGE J M. Econometric Analysis of Cross Section and Panel Data [M]. MIT Press, Cambridge, Mass, 2002.

[74] ZHANG Y J. A Review of Employee Turnover Influence Factor and Countermeasure [J]. Journal of Human Resource and Sustainability Studies, 2016 (4): 85-91.

[75] 班晓娜. 工作搜寻视角下大学毕业生保留工资问题研究 [D]. 大连：东北财经大学, 2015.

[76] 边燕杰, 张文宏. 经济体制、社会网络与职业流动 [J]. 中国社会科学, 2001 (2): 77-90.

[77] 蔡昉. 中国人口与劳动问题报告：人口与劳动绿皮书 (2009) [M].

北京：社会科学文献出版社，2009.

[78] 曾湘泉. 变革中的就业环境与中国大学生就业 [J]. 经济研究，2004 (6)：87-95.

[79] 查建中. 为什么大学生找不到工作 职场也找不到称职的人才 [N]. 中国青年报，2013-08-23.

[80] 柴国俊，邓国营. 行业选择与工资差异——来自大学毕业生劳动力市场的证据 [J]. 南开经济研究，2011 (1)：54-71.

[81] 柴国俊，邓国营. 双重选择框架下的大学毕业生部门工资差异 [J]. 山西财经大学学报，2011 (9)：25-34.

[82] 陈成文，许一波. 当前中国职业流动问题研究综述 [J]. 南华大学学报（社会科学版），2005 (3)：8-13.

[83] 陈红霞. 大学生就业观存在的偏差及引导——以福州高校为例 [J]. 理论观察，2013 (2)：144-145.

[84] 陈鹏. 大学毕业生工作搜寻时间演变特征 [J]. 当代青年研究，2016 (6)：41-46.

[85] 程君，羽琪. 大学毕业生为何频频"闪辞"？期望落差是离职关键 [N]. 南方日报，2013-10-09.

[86] 程淑辉. 大学毕业生频繁跳槽的成因及其治理 [J]. 江西科技师范大学学报，2007 (5)：47-51.

[87] 邓光平. 大学生薪酬预期与实际支付的对接 [J]. 江苏高教，2010 (1)：105-106.

[88] 董志强，蒲勇健. 失业劳动力保留工资影响因素的实证研究 [J]. 中国软科学，2005 (1)：59-63.

[89] 杜凤莲，鲍煜虹. 搜寻理论、失业救济金与中国城镇人口失业持续时间 [J]. 经济理论与经济管理，2006 (3)：17-22.

[90] 杜凤莲，程荣. 失业持续时间与再就业者收入 [J]. 南方经济，2006 (3)：70-80.

[91] 杜凤莲，刘文忻. 失业救济金与中国城镇人口失业持续时间 [J]. 经济科学，2005 (4)：18-28.

[92] 范元伟，郑继国，吴常虹. 初次就业搜寻时间的因素分析——来自上海部分高校的经验证据 [J]. 清华大学教育研究，2005，26 (2)：27-33.

[93] 风笑天，王晓焘. 城市在职青年的工作转换：现状、特征及影响因素分析 [J]. 社会科学，2013 (1)：81-91.

［94］郭娇，王伯庆.中国工程类大学毕业生2015年度就业分析［J］.高等工程教育研究，2016（4）：23-33.

［95］郭晋晖.大学生结构性失业理想与现实的落差［J］.发展，2005（7）：73-73.

［96］郝登峰，卓晓岚.广州市大中专毕业生跳槽问题的实证研究［J］.中国青年研究，2010（1）：41-44.

［97］何亦名，朱卫平.我国大学毕业生工作搜寻行为的实证分析与逻辑推演［J］.学习与实践，2008（8）：62-67.

［98］何亦名.中国高等教育扩张的就业与工资效应研究［M］.北京：经济科学出版社，2008.

［99］胡枫，王其文.中国农民工汇款的影响因素分析——一个区间回归模型的应用［J］.统计研究，2007（10）：20-25.

［100］胡永远，余素梅.大学毕业生失业持续时间的性别差异分析［J］.人口与经济，2009（4）：43-47.

［101］胡永远.摩擦性失业的微观基础及其启示——纪念诺贝尔奖得主戴尔·莫滕森对劳动经济学的贡献［J］.经济学动态，2014（11）：98-106.

［102］江沈红.大学毕业生跳槽现象研究现状简述［J］.学校党建与思想教育，2012（15）：73-74.

［103］蒋承，范皑皑，张恬.大学生就业预期匹配程度研究：以北京市为例［J］.高等教育研究，2014（3）：34-39.

［104］赖德胜，孟大虎，等.中国大学毕业生失业问题研究［M］.北京：中国劳动社会保障出版社，2008.

［105］赖德胜，田永坡.对中国"知识失业"成因的一个解释［J］.经济研究，2005（11）：111-119.

［106］乐君杰.工作搜寻理论、匹配模型及其政策启示——2010年诺贝尔经济学奖获得者研究贡献综述［J］.浙江社会科学，2011（1）：135-140.

［107］雷佑新，王俊文，孙晋然.高校毕业生保留工资影响因素分析［J］.经济问题，2016（3）：118-122.

［108］黎煦，苏圣丹.大学毕业生失业持续时间影响因素分析［J］.商品与质量：学术观察，2013（12）：281-282.

［109］李斌.大学生身价等同农民工警示什么.中国青年报［N］.2006-02-16.

［110］李锋亮，陈晓宇，汪潇潇，等.保留工资与工作找寻结果：对全国

高校毕业生的实证研究 [J]. 清华大学教育研究, 2010, 31 (4)：57-64.

[111] 李锋亮, 陈鑫磊, 何光喜. 工作找寻的强度、保留工资与起薪——来自硕士毕业生的证据 [J]. 青年研究, 2011 (2)：8-14.

[112] 李锋亮, 何光喜. "拉力" 与 "推力"：硕士毕业生迁移就业的双重驱动 [J]. 高等教育研究, 2011 (4)：25-29.

[113] 李锋亮, 陈晓宇, 陈鑫磊. 高校毕业生保留工资影响因素的实证分析 [J]. 北京大学教育评论, 2010 (3)：134-149.

[114] 李锋亮, 丁小浩. 学用结合状况对毕业生起薪的影响 [J]. 北京大学教育评论, 2005 (10)：50-54.

[115] 李锋亮, 刘帆, 郭紫墨. 对硕士毕业生迁移就业目的地的实证研究 [J]. 清华大学教育研究, 2009 (4)：67-71.

[116] 李琴, 孙良媛. 外来务工人员工作搜寻时间代际差异分析——兼论对收入的影响 [J]. 南方人口, 2012, 27 (5)：71-80.

[117] 李有刚. 大学生跳槽行为与成因的实证研究：以东北某高校学生的跟踪调查为例 [J]. 中国大学生就业, 2013 (12)：31-37.

[118] 李志, 宋赟, 薛艳. 从企业内部破解大学生员工 "跳槽" 之谜 [J]. 科技管理研究, 2009 (5)：377-379.

[119] 廖根深. 当代青年职业流动周期的研究——兼论当代中国青年职业发展的三个阶段 [J]. 中国青年研究, 2010 (1)：35-40.

[120] 林李月, 朱宇. 流动人口初职时间间隔及其影响因素的性别差异——基于生存分析的视角 [J]. 南方人口, 2014, 29 (1)：39-46.

[121] 林祖嘉, 陈惠薇. 就业期间、就业次数、与薪资——台湾地区专上毕业生纵横资料分析 [W]. 工作论文, 2002.

[122] 林祖嘉. 工作搜寻模型与失业期间——台湾地区大专毕业生之经验 [J]. 经济论文, 1991 (2)：183-215.

[123] 林祖嘉. 失业搜寻、在职搜寻与工作转换：巢式 Logit 模型的应用 [J]. 经济论文丛刊, 1996, 24 (2)：205-225.

[124] 林祖嘉. 台湾大专毕业生工资预期与失业期间关系之研究 [J]. 台湾银行季刊, 1992 (43)：347-371.

[125] 刘丽玲, 吴娇. 大学毕业生就业能力研究——基于对管理类和经济类大学毕业生的调查 [J]. 教育研究, 2010 (3)：82-90.

[126] 龙书芹. "自主选择" 还是 "身不由己" 对南京企业员工职业流动的事件史分析 [J]. 社会, 2009, 29 (6)：39-59.

［127］陆义敏.金融危机前后大学生保留工资变化研究［J］.桂海论丛，2010，26（6）：75-78.

［128］罗冰.大学生保留工资的理论模型构建与最优尺度法实证［J］.商业经济，2016（7）：41-43.

［129］马永霞，高晓英.高校毕业生薪酬期望的理性分析：基于筛选理论的视角［J］.教育学术月刊，2013（5）：52-58.

［130］麦可思研究院.2015年中国本科生就业报告［M］.北京：社会科学文献出版社，2015.

［131］麦可思研究院.2016年中国本科生就业报告［M］.北京：社会科学文献出版社，2016.

［132］麦可思研究院.2017年中国本科生就业报告［M］.北京：社会科学文献出版社，2017.

［133］麦可思研究院.2014年中国大学生就业报告［M］.北京：社会科学文献出版社，2014.

［134］麦可思研究院.2015年中国高职高专生就业报告［M］.北京：社会科学文献出版社，2015.

［135］麦可思研究院.2016年中国高职高专生就业报告［M］.北京：社会科学文献出版社，2016.

［136］麦可思研究院.2010年中国大学生就业报告［M］.北京：社会科学文献出版社，2010.

［137］麦可思研究院.2012年中国大学生就业报告［M］.北京：社会科学文献出版社，2012.

［138］麦可思研究院.2013年中国大学生就业报告［M］.北京：社会科学文献出版社，2013.

［139］麦可思研究院.2011年中国大学生就业报告［M］.北京：社会科学文献出版社，2011.

［140］麦可思中国大学生就业研究课题组.2009年中国大学生就业报告［M］.北京：社会科学文献出版社，2009.

［141］门垚，王伯庆，郭娇.我国工程类大学毕业生2011年度就业分析［J］.高等工程教育研究，2012（3）：82-91.

［142］莫荣，丁赛尔.产业转型升级下的高校毕业生就业研究［M］//张新民，郑东亮，刘学民，莫荣，金维刚.中国劳动保障发展报告（2015）.北京：社会科学文献出版社，2016：81-98.

［143］莫荣，汪昕宇.2016 年中国产业结构调整对高校毕业生就业的影响
［M］//田丰，范雷，李炜，张翼，陈光金，李培林.2017 年中国社会形势分析与预测.北京：社会科学文献出版社，2016：35-53.

［144］聂爱霞.失业保险对失业持续时间的影响——以厦门为例［J］.南方人口，2012，27（3）：43-48.

［145］彭瑶瑶，林欣.DMP 模型下大学生就业市场"失业"与"空岗"并存现象研究［J］.经济视野，2013（3）：234-234.

［146］彭源.高校毕业生频繁跳槽伤害了谁？［N］.新华网，2014-12-24.

［147］邱玥，陈恒.今年高校毕业生达 765 万人 岗位从经济转型中呈现［N］.光明日报，2016-05-23.

［148］饶贵生，龙小军.当前大学毕业生就业中频繁跳槽现象原因分析及对策——以江西外语外贸职业学院为例［J］.中国大学生就业，2014（8）：17-21.

［149］汝信，陆学艺，李培林.2009 年中国社会形势分析与预测［M］.北京：社会科学文献出版社，2008.

［150］申晓梅，谭远发，边慧敏.中国大学毕业生就业中的性别歧视甄别［J］.经济学家，2010（10）：46-55.

［151］史珍珍.我国岗位空缺持续时间及区域差异分析——基于网络大数据的研究［J］.调研世界，2016（9）：27-31.

［152］宋健，白之羽.城市青年的职业稳定性及其影响因素——基于职业生涯发展阶段理论的实证研究［J］.人口研究，2012，36（6）：46-56.

［153］宋晓东，贾国柱，王天歌.本科生就业起薪期望的影响因素研究［J］.黑龙江高教研究，2013，31（8）：67-70.

［154］宋月萍.社会融合中的性别差异：流动人口工作搜寻时间的实证分析［J］.人口研究，2010，34（6）：10-18.

［155］孙海荣.基于人力资本视角下的我国大学生专业—职业匹配的实证研究［J］.中国人力资源开发，2015（3）：77-83.

［156］孙中伟.教育、保留工资与不同户籍外来工的工资差异——基于珠三角和长三角的问卷调查［J］.农业技术经济，2011（12）：70-78.

［157］谭远发，邱成绪.大学毕业生保留工资落差、工作转换和首职持续时间［J］.高等教育研究，2017（07）：54-64.

［158］谭远发，徐林，陈蕾.大学毕业生保留工资落差与失业持续时间研究：来自山东省的经验证据［J］.宏观经济研究，2015（5）：117-126.

［159］谭远发.成年人就业型和机会型创业动机和绩效研究［M］.成都：西南财经大学出版社，2015.

［160］谭远发.中国大学毕业生性别工资差距分布特征研究："天花板效应"还是"粘地板效应"？［J］.人口学刊，2012（6）：51-63.

［161］唐镳，孙长.基于事件史分析的高校毕业生工作搜寻持续时间研究［J］.经济理论与经济管理，2009（9）：22-27.

［162］陶宏麟，李嘉宏.保留工资、劳工个人特性与失业期间之关联［J］.经济论文，2006（3）：25-354.

［163］腾讯教育.2015年中国大学生就业压力调查报告［EB/OL］.（2015-05-29）.http://edu.qq.com/a/ 20150529/032180.htm。

［164］腾讯教育—麦可思研究.调查称半数本科生最低期待薪资为3000-5000元［EB/OL］.（2016-03-23）.http://edu.qq.com/a/20160323/013157.htm? query-lm01q.

［165］田永坡.劳动力市场分割与保留工资决定［J］.人口与经济，2010（5）：20-26.

［166］田永坡.高等教育扩展与"知识失业"：国外的研究和经验［J］.高等教育研究，2006（7）：103-108.

［167］涂建明，涂晓明.高校毕业生就业期望偏差的特征及其就业引导功能［J］.产业与科技论坛，2014（18）：140-141.

［168］王伯庆.2008年度中国大学毕业生就业报告［J］.第一资源，2009（3）：1-16.

［169］王伯庆.高校专业对就业率和薪资的影响分析［J］.深圳信息职业技术学院学报，2009，7（3）：27-31.

［170］王春光.中国职业流动中的社会不平等问题研究［J］.中国人口科学，2003（2）：27-36.

［171］王存同，余姣."玻璃天花板"效应：职业晋升中的性别差异［J］.妇女研究论丛，2013（6）：21-27.

［172］王贵军，李明昱.大学生择业期内为何离职率高［J］.人才资源开发，2006（11）：43-45.

［173］王琦，赖德胜.基于供给侧改革背景下的大学生就业问题研究［M］//金维刚，莫荣，鲁士海，郑东亮，刘燕斌.中国劳动保障发展报告（2016）.北京：社会科学文献出版社，2016：81-98.

［174］王小璐，风笑天.人力资本、社会资本与工作转换——基于城乡大

学毕业生的比较研究 [J]. 南方人口, 2016 (1): 9-17.

[175] 王增文, 何冬梅. "民工潮"与"民工荒"并存经济学诠释——基于诺奖"就业搜寻摩擦理论" DMP 模型的新进展分析 [J]. 晋阳学刊, 2013 (1): 130-135.

[176] 王增文, 何冬梅. "民工潮"与"民工荒"并存经济学诠释——基于诺奖"就业搜寻摩擦理论" DMP 模型的新进展分析 [J]. 晋阳学刊, 2013 (1): 130-135.

[177] 魏立萍, 肖利宏. 中等职业教育与普通高中失业者失业持续时间和再就业机会的差异分析 [J]. 职教论坛, 2008 (13): 40-44.

[178] 翁杰, 周必彧, 韩翼祥. 中国大学毕业生就业稳定性的变迁——基于浙江省的实证研究 [J]. 中国人口科学, 2008 (2): 33-41.

[179] 翁杰, 周必彧. 基于劳动力市场工资匹配的大学生失业问题研究 [J]. 中国人口科学, 2009 (3): 32-35.

[180] 翁秋怡, 蒋承. 教育能够促进工作转换吗——基于 CHNS 数据的实证分析 [J]. 教育与经济, 2013 (5): 31-37.

[181] 吴冰. 高校毕业生首份工作的纵向生存研究 [M]. 北京: 光明日报出版社, 2011.

[182] 吴克明, 孙百才. 大学生就业期望偏高的经济学分析 [J]. 教育与经济, 2005 (4): 52-55.

[183] 吴克明, 王平杰. 大学毕业生与农民工工资趋同的经济学分析 [J]. 高等教育研究, 2010 (6): 41-42.

[184] 吴克明, 余晶, 卢同庆. 大学毕业生与青年农民工就业比较研究 [J]. 教育与经济, 2015 (4): 40-41.

[185] 吴克明, 赖德胜. 大学生自愿性失业的经济学分析 [J]. 高等教育研究, 2004 (2): 38-41

[186] 吴克明. 职业搜寻理论与大学生自愿性失业 [J]. 教育科学, 2004 (8): 41-43.

[187] 吴蓉芳. 新形势下高校应届毕业生就业期望匹配度调查研究——以武汉大学 2017 届毕业生为例 [J]. 中国大学生就业(理论版), 2018(7): 34-40.

[188] 吴晓琪. 基于生存分析法的失业持续期影响因素研究 [J]. 江淮论坛, 2008, 232 (6): 113-118.

[189] 吴愈晓. 劳动力市场分割、职业流动与城市劳动者经济地位获得的二元路径模式 [J]. 中国社会科学, 2011 (1): 119-139.

[190] 肖干. 职业适应期大学生员工频繁"跳槽"现象的调查分析与教育启示 [J]. 中国青年研究, 2014 (3): 84-88.

[191] 谢勇, 李珣. 大学生的工作搜寻时间及其影响因素研究 [J]. 北大教育评论, 2010 (2): 158-167.

[192] 邢戈, 张福明. 个体特征对大学毕业生初次就业在职时间影响的实证研究 [J]. 中国青年研究, 2010 (2): 90-93.

[193] 熊丙奇. 谁制造了大学生就业期望落差？ [J]. 教育与职业, 2007 (4): 83-83.

[194] 熊丙奇. 起薪期待过高易成就业绊脚石 [N]. 中国教育报, 2014-08-15.

[195] 徐博. 人力资源社会保障部: 高校毕业生多为摩擦性失业 [EB/OL]. (2009-08-18). http://www.gov.cn/jrzg/2009-08/19/content_1395844.htm.

[196] 徐瑞哲. 大学生就业"薪酬差"历年最大 招聘应聘双方预期落差 1762 元 [N]. 上海观察, 2016-12-19.

[197] 杨金阳, 周应恒, 严斌剑. 劳动力市场分割、保留工资与"知识失业" [J]. 人口学刊, 2014, 36 (5): 25-36.

[198] 杨林, 李正升. 发达地区与欠发达地区人力资源开发的比较分析 [J]. 云南财贸学院学报 (社会科学版), 2006 (6): 95-98.

[199] 杨钊, 田艳春. 顶岗实习对高职毕业生保留工资的影响 [J]. 教育学术月刊, 2014 (6): 54-60.

[200] 杨伟文. 失业不一定是经济衰退问题 [J]. 信报财经月刊, 2011 (9): 122-125.

[201] 尤青, 蔡江东. 对高校毕业生频繁跳槽现象的理性思考 [J]. 2012 (3): 93-94.

[202] 于静.《大学生职业适应状况调查报告》显示: 六成新人三年内跳槽超两次 [EB/OL]. (2012-11-28). http://cppcc.people.com.cn/n/2012/1128/c34948-19723351.html.

[203] 袁畅, 马凌军. 我国当代大学生职业流动分析 [J]. 黄冈职业技术学院学报, 2007, 9 (4): 66-68.

[204] 袁红清, 李荔波. 农村大学生就业质量分析——基于浙江省1 514 名农村大学毕业生的调查 [J]. 农业经济问题, 2013, 34 (11): 65-70.

[205] 岳昌君, 周丽萍. 中国高校毕业生就业趋势分析: 2003—2017 年 [J]. 北京大学教育评论, 2017, 15 (4): 87-10.

［206］岳昌君.高校毕业生就业状况分析：2003—2011［J］.北京大学教育评论，2012，10（1）：32-47.

［207］张建武，崔惠斌.大学生就业保留工资影响因素的实证分析［J］.中国人口科学，2007（6）：68-74.

［208］张抗私，盈帅.性别如何影响就业质量？——基于女大学生就业评价指标体系的经验研究［J］.财经问题研究，2012（3）：83-90.

［209］张秋山，李维意，杜平，谢红.大学毕业生职业生活状况追踪调查［J］.河北大学学报（哲学社会科学版），2007（3）：83-88.

［210］张新岭.社会资本、人力资本与农民工工作搜寻和保留工资［J］.人口与发展，2010，16（5）：60-69.

［211］赵延东.求职者的社会网络与就业保留工资——以下岗职工再就业过程为例［J］.社会学研究，2003（4）：51-60.

［212］郑晓明，王丹.高校毕业生"慢就业"现象的成因与治理策略［J］.社会科学战线，2019（3）：276-280.

［213］朱生玉，周晓蕾.我国大学生就业期望的调查与影响因素分析——基于中西部十省份的实证研究［J］.现代教育管理，2010（11）：118-121.